Gerhard Wehr
Friedrich Nietzsche
Du sollst der werden, der du bist

Friedrich Nietzsche
Du sollst der werden, der du bist

Psychologische Schriften

Ausgewählt
und herausgegeben
von Gerhard Wehr

Mit einem einleitenden Essay des Herausgebers:
»Nietzsche als Tiefenpsychologe«
sowie einer Hinführung zu den Texten und
Erläuterungen

verlegt bei Kindler

Redaktion: Helga Watson
Korrekturen: M. Flach
Gesamtherstellung: Kösel, Kempten
Umschlaggestaltung: H. Numberger
Printed in Germany
ISBN 3 463 00667 7

Inhalt

I Hinführung

II Die Texte

III Erläuterungen

I

Hinführung

Nietzsche als Tiefenpsychologe

Am Ende der 18. seiner einführenden Vorlesungen über die Psychoanalyse spricht Sigmund Freud von den drei folgenschweren »Kränkungen ihrer Eigenliebe«, die die Menschheit im Laufe der letzten Jahrhunderte habe erdulden müssen: die eine, die sich an den Namen des Kopernikus knüpft und die besagt, daß unsere Erde nicht im Mittelpunkt des Weltalls steht; die zweite, durch Charles Darwin bewirkte, die unter Hinweis auf die stammesgeschichtlichen Entwicklungen das Schöpfungsvorrecht des Menschen angetastet hat; schließlich: »Die dritte und empfindlichste Kränkung aber soll die menschliche Größensucht durch die heutige psychologische Forschung erfahren, welche dem Ich nachweisen will, daß es nicht einmal Herr ist im eigenen Hause, sondern auf kärgliche Nachrichten angewiesen bleibt von dem, was unbewußt in seinem Seelenleben vorgeht[1].

Freud räumt zwar ein, daß die Psychoanalytiker weder die ersten noch die einzigen seien, die die Mahnung zur Ein- und Umkehr ausgesprochen haben, »aber« – so fährt er fort – »es scheint uns beschieden, sie am eindringlichsten zu vertreten und durch Erfahrungsmaterial, das jedem einzelnen nahegeht, zu erhärten.« Dieser Hinweis auf den vornehmlich empirischen Charakter der modernen Tiefenpsychologie, zu dem sich im besonderen auch C.G. Jung ausdrücklich bekannt hat, ist trotz gelegentlichen Widerspruchs sicher berechtigt. Dagegen darf gefragt werden, ob der Ruhm, die erwähnte dritte »Kränkung« des Menschen bewirkt zu haben, erstmals Freud und der empirisch arbeitenden Psychoanalyse gebührt. Wer von psychologischen Gesichtspunkten aus Nietzsches Werke – angefangen mit *Die Geburt der Tragödie* – liest, wird den Gedanken nicht unterdrücken können, daß der scharfsichtig analysierende Nietzsche dem Begründer der Psychoanalyse in dieser Hinsicht zuvorgekommen sein könnte. Und man muß gar nicht Psychologe sein, um dies festzustellen. Nietzsche spricht unverhohlen aus, daß er sich psychologischer Beobachtung befleißigt, wenn er sich (z.B. in: *Menschliches, Allzumenschliches* I, 475) über »Vorteile der psychologischen Beobachtung« ausläßt oder (in: *Nietzsche contra Wagner* II, 1056 ff.) als selbstkritischer, selbstanalysierender Psychologe das Wort nimmt: »Je mehr ein Psycholog, ein geborner, ein unvermeidlicher Psycholog und Seelen-Errater, sich den ausgesuchteren Fällen und Menschen zukehrt, um so größer wird seine Gefahr, am Mitleiden zu ersticken...«

Die im Rahmen der Nietzsche-Diskussion wiederholt gestellte Frage, ob der *Philosoph mit dem Hammer*, der Dichter des *Zarathustra* und der *Dionysos-Dithyramben* mehr Denker oder mehr Poet sei, soll hier nicht etwa dahingehend zu beantworten versucht werden, daß er in erster Linie als Psychologe angesprochen werden müsse, als Seelenzergliederer. Fest steht immerhin, daß Nietzsche, der »Seelen-Errater«, von seinen ersten philosophischen Schriften bis hin zu seinem Spätwerk sich eben als der betätigt hat, für den er sich ausgibt.

Einsichten, von denen die Kathederpsychologen seiner Zeit kaum eine Ahnung hatten, brachen sich bei ihm Bahn: Einsichten in die schamhaft verleugneten Verstecktheiten der Einzelpsyche und Einblicke in die Zusammenhänge von Kultur und Religion, von Gesellschaft und allgemeiner Moral. Nietzsche wendet nicht allein eine kausale und damit rückwärts gewandte Betrachtungsweise an, wie wir sie von der klassischen Psychoanalyse kennen. Der Verkünder des Übermenschen[2] blickt vielmehr nach vorne. Nicht erst Ernst Bloch hat auf den finalen, auf das Ziel und auf die Vollendbarkeit des Menschen bezogenen Aspekt im Werk Nietzsches aufmerksam gemacht, indem er zeigte, wie »das dionysische Wunschbild mit Raubtier und buntgefleckter Regressio nicht beschlossen [sei], es kommt *Wollust des Zukünftigen*, steht bei einem Rätselgott des Werdens...[3]«. C.G. Jung blieb es in der Hauptsache vorbehalten, diesem finalen Aspekt in seiner analytischen Psychologie bis in die psychotherapeutische Praxis hinein Geltung zu verschaffen.

Nietzsche, der in seinem *Antichrist* mit geradezu prophetischem Pathos proklamiert, daß ihm eigentlich erst »das Übermorgen« gehöre, blickt nach vorne, das heißt dorthin, wo Erkenntnis, eben auch und gerade psychologisches Erkennen sich als eine schaffende Macht erweist. »Das Erkennen, das die Außenwelt wiedergibt, genügt nicht: es muß diese Erkenntnis in sich fruchtbar sich steigern; Selbstbetrachtung ist innere Armut. Erzeugnis eines neuen Innern, das alles überstrahlt, was der Mensch in sich schon ist, ersteht in Nietzsches Seele: im Menschen wird das Noch-nicht-Daseiende, der Übermensch, als der Sinn des Daseins, geboren. Erkenntnis wächst über das hinaus, was sie war; sie wird zur schaffenden Macht[4].«

Indem er nun dieser schaffenden Macht nachspürt, ist er genötigt, den Erkenntnisraum einer bloßen Bewußtseinspsychologie zu verlassen und zur Dimension der Tiefe vorzustoßen. Hier trifft er auf jene Dynamik, die das Menschenmaß übersteigt, sie zum Dionysischen – ›acheronta‹

nennt Freud diese Macht der ›unteren Götter‹ – hin transzendiert. Aus der schicksalsmächtigen Konfrontation mit diesen archaischen Gewalten, die von der Tiefenpsychologie (nicht nur im verengten Freudschen Sinne!) als Libido bekannt gemacht und beschrieben worden sind. Kennengelernt, das heißt erlebt und erlitten hat Nietzsche diese Mächte wie kaum einer seiner Zeitgenossen. Er ist an ihnen schließlich zerbrochen! Er, der mit schonungsloser Radikalität den Dingen auf den Grund ging, schrieb bereits in jungen Jahren: »Kommt es denn darauf an, die Anschauung über Gott, Welt und Versöhnung zu bekommen, bei der man sich am bequemsten befindet? Ist nicht vielmehr für den wahren Forscher das Resultat seiner Forschung geradezu etwas Gleichgültiges? Suchen wir denn bei unseren Forschern Ruhe, Frieden, Glück? Nein, nur die Wahrheit, und wäre sie höchst erschreckend und häßlich[5].« Konnte der Einundzwanzigjährige ahnen, daß er Archetypen beschwor, die sich erfahrungsgemäß als übermächtig erweisen? Freilich, bevor der mit Dionysos und dem Antichristen Paktierende zusammenbrach, hatte der Denker in der Erkenntnis seiner Flammennatur den »Wenigen« das Licht zu bereiten, von denen er sich gerufen fühlte. »Die psychologische Betrachtungsweise war wie ein neues Licht, das ihm aufging, ihn entzückte und blendete, so daß er sich ihm vorbehaltlos hingab[6].« In dieser Hingabe entwickelte er geradezu eine »Sympathie für das Schreckliche und Fragwürdige, weil man, unter anderem, schrecklich und fragwürdig ist: das Dionysische in Wille, Geist, Geschmack«, heißt es einmal in den nachgelassenen Papieren aus den achtziger Jahren[7].

Zum Psychologen der Tiefe wurde Nietzsche, ohne im Grunde der schulmäßigen Vertreter zu bedürfen. Bei ihnen konnte er gerade nicht jene »Ausspürung und Entdeckung der Seele« erlernen, die er die »Psychologie des Um-die-Ecke-Sehens« zu benennen beliebte. Und wenn Leopold Zahn im Blick auf diese spezifische Sichtweise die Vermutung aussprach, »daß das Labyrinth bei Nietzsche die Stelle einnimmt, die bei Pascal der Abgrund innehat[8]«, dann ist damit das Feld der tiefenpsychologischen Betrachtung betreten, und zwar nicht allein das einer nur triebpsychologischen Analyse. Walther Nigg ist zuzustimmen: »Labyrinth und Abgrund sind überpsychologische Realitäten, die nach metaphysischer Deutung verlangen. Panischen Schrecken flößen die verschlungenen Gänge der Seele ein, denen Nietzsche nachging, um dem letzten Kern des Menschen auf die Spur zu kommen[9].«

So wurde Nietzsche einerseits zum Überwinder einer im Begrifflichen steckenbleibenden Schulpsychologie, andererseits zu einem intuitiv arbeitenden Wegbereiter der entlarvenden Tiefenpsychologie. In Übereinstimmung mit Leibniz und Schopenhauer, mit Goethe und Carus – um nur diese zu nennen – leugnete er, »daß irgend etwas vollkommen gemacht werde, solange es noch mit Bewußtsein gemacht wird.« Und nicht genug damit: Nietzsche hält es nicht aus, nur »Seelen-Errater« zu sein. Die Psychologie, die er meint, er-kennt er als im Somatischen verankert. So ist es kein Zufall, wenn er einen seiner Aphorismen überschreibt: »Am Leitfaden des Leibes« und ausführt: »Gesetzt, daß die ›Seele‹ ein anziehender und geheimnisvoller Gedanke war, von dem sich die Philosophen mit Recht nur widerstrebend getrennt haben – vielleicht ist das, was sie nunmehr dagegen einzutauschen lernen, noch anziehender, noch geheimnisvoller...[10] « Und für ihn trifft es zu, daß der Leib »ein erstaunlicherer Gedanke als die alte ›Seele‹« ist. Nietzsches Seelenbegriff wird dadurch weniger begrenzt als vielmehr begründet. Und wenn eben erst begonnen wird, das Werk Nietzsches »am Leitfaden des Leibes« prüfend neu zu entdecken, so darf die psychologische Fragestellung damit rechnen, daß auch sie dabei profitiert[11].

Auch wenn hier der naheliegenden Versuchung zu widerstehen ist, »die psychologischen Errungenschaften Nietzsches« – so Ludwig Klages – aus der Perspektive der wissenschaftlichen Tiefenpsychologie zu deuten, so ist doch nicht zu leugnen, daß Nietzsche auf die psychologischen Theoretiker und Praktiker mehr oder weniger stark eingewirkt hat, jedenfalls nicht minder stark als auf andere zeitgenössische Denker. Bis tief in den Raum jüdischer Philosophen und der neuhebräischen Literatur ist das festzustellen. Der junge Martin Buber, dessen erste schriftstellerische Arbeit *Nietzsche und den Lebenswerten* (Berlin 1900) gewidmet ist, hat beispielsweise die Wirkung von Nietzsches *Also sprach Zarathustra* mit einem »Überfall« und mit einer beängstigenden »Freiheitsberaubung« verglichen, die er lange nicht habe überwinden können[12].

Wie Klages aus eigener Beobachtung bezeugt, habe »der Anhauch des Nietzscheschen Geistes ein Ereignis bedeutet, das sich allenfalls nur vergleichen ließe einem besinnungraubenden Taifun oder Erdbeben oder Vulkanausbruch...Nietzsche, kaum daß wir zu lesen begonnen haben, nötigt uns, einen Zauberwagen zu besteigen, der mit reißender Schnelligkeit Gegend auf Gegend durchfliegt, Höhlen der Erdtiefe mit vergletscherten Gebirgsgraten tauschend, alles indes verbunden durch ein wesentlich entfremdendes, oft schreckhaftes, drohendes, immer plötzliches und überraschendes Licht[13] «.

Sigmund Freud

Was nun die eingestandenen und uneingestandenen Beziehungen oder Einflüsse des Philosophen auf die Gründergestalten der modernen Tiefenpsychologie und den Kreis ihrer Schüler betrifft, so spricht Sigmund Freud in seiner *Selbstdarstellung* (niedergeschrieben 1924, erstveröffentlicht 1925) zunächst einmal von »weitgehenden Übereinstimmungen der Psychoanalyse mit der Philosophie Schopenhauers«, dem er das Zeugnis ausstellt, daß er nicht nur den Primat der Affektivität und »die überragende Bedeutung der Sexualität« vertreten, sondern auch Einblicke in den »Mechanismus der Verdrängung« gewonnen habe[14]. Freud weist jedoch gleichzeitig darauf hin, daß von einer Beeinflussung Schopenhauers auf ihn und seine Theoriebildung nicht gesprochen werden könne, weil er »sehr spät« dessen Schriften gelesen habe.

Daß Nietzsche für Freud einen Sonderfall darstellt, geht aus der Art und Weise hervor, wie er sich diesem seinem unmittelbaren Zeitgenossen gegenüber verhält. Einen Begriff von der zeitlichen Unmittelbarkeit kann man sich machen, wenn man bedenkt, daß vergleichsweise C.G. Jung, Freuds ursprünglicher »Kronprinz«, immerhin 19 Jahre jünger war als Freud selbst. Zwischen dem 1844 geborenen Nietzsche und dem Geburtsjahr Freuds (1856) liegen dagegen nur knappe 12 Jahre.

Natürlich konnte dem literarisch versierten Freud nicht verborgen bleiben, welche ebenso brisante wie für ihn als Psychologen relevante Denkleistung von Nietzsche vollbracht worden ist. So findet sich an der gleichen Stelle der *Selbstdarstellung* die psychologisch aufschlußreiche Notiz: »Nietzsche, den anderen, dessen Ahnungen und Einsichten sich oft in der erstaunlichsten Weise mit den mühsamen Ergebnissen der Psychoanalyse decken, habe ich gerade darum lange gemieden; an der Priorität lag mir ja weniger als an der Erhaltung meiner Unbefangenheit[15].« – Es ist die Frage zu stellen: Gibt einer, der an seiner diesbezüglichen Unbefangenheit so sehr interessiert ist wie Freud, nicht etwa zu, daß er im Blick auf Nietzsche eben doch befangen ist? – Der Leser der Werke Freuds kann übrigens nicht erwarten, oft auf die Erwähnung Nietzsches zu stoßen.

In seiner großen Freud-Biographie *Das Leben und Werk von Sigmund Freud* (3 Bde. 1960-62, in Bd. I, S. 404) gibt Ernest Jones den Text eines Briefs an Wilhelm Fließ aus dem Jahr 1900 wieder, der den Beleg darstellt, daß sich Freud »jetzt den Nietzsche beigelegt« d.h. zugelegt habe[16]. Max Schur, der lange Jahre Freuds Hausarzt gewesen ist, meint zwar, die Briefstelle zeige, daß Freud vor 1900 mit Nietzsches Werk nicht,»jedenfalls nicht gründlich« vertraut gewesen sei. Doch ist gerade die Formulierung »jedenfalls nicht gründlich« für den psychologisch geschulten Beobachter verräterisch genug, und dies um so mehr, wenn man die zitierte Stelle aus der *Selbstdarstellung* hinzunimmt.

An einer bedeutsamen indirekten Beziehung persönlicher Art fehlte es ebenfalls nicht, denn als im September 1911 in Weimar der dritte psychoanalytische Kongreß abgehalten wurde, da fand sich jene Lou Andreas-Salomé unter den Teilnehmern, die einst mit Nietzsche in Verbindung gestanden hat, die er – vergebens freilich – umworben hatte. Und Lous Brief vom 27. September 1912 an Freud belegt die Tatsache, daß sie sich fortan zur Schule Freuds rechnete, von ihm auch ausdrücklich als Schülerin akzeptiert war. Ihr Tagebuch *Aus der Schule Freuds* zeigt, wie sie psychoanalytisches Gedankengut mit Formulierungen Nietzsches in Zusammenhang zu bringen suchte [17].

Schließlich ist auf den späten Briefwechsel zu verweisen, den Freud mit Arnold Zweig zwischen 1927 und 1939 geführt hat. Der damals (1930) in Berlin-Grunewald lebende Schriftsteller berichtete von seinem Vorhaben, ein Nietzsche-Buch zu schreiben. Sowohl Aufsätze als auch ein Nietzsche-Roman wurden diskutiert. Und so berichtete er im Brief vom 2. Dezember 1930 nach Wien, er, Arnold Zweig, sehe die Sache so, daß Freud als Psychologe alles das getan habe, was Friedrich Nietzsche »intuitiv als Aufgabe empfand, ohne doch imstande zu sein, es mit seinem, von genialen Inspirationen durchleuchteten Dichter-Idealismus wirklich zu erreichen«. Und dann umreißt Arnold Zweig die tatsächlichen psychologischen Errungenschaften Freuds, die Nietzsche dichterisch-visionär geschaut, um nicht zu sagen: vorweggenommen und als Forderung formuliert hat, nämlich:

»Er versuchte, *die Geburt der Tragödie* zu gestalten, Sie [Freud] haben es in *Totem und Tabu* (1912/13) getan; er ersehnte ein *Jenseits von Gut und Böse*, Sie haben durch die Analyse ein Reich aufgedeckt, auf das zunächst einmal dieser Satz paßt. Die Analyse hat sich alle Werte umgewertet, sie hat das Christentum überwunden, sie hat den wahren ›Antichrist‹ gestaltet und den Genius des aufsteigenden Lebens vom asketischen Ideal befreit.

Sie haben den *Willen zur Macht* auf das zurückgeführt, was ihm zu Grunde liegt, ja in Einzelfragen, die Nietzsche sehr beschäftigten, über die sprachliche Herkunft moralischer Begriffe ein unendlich viel größeres und wichtigeres Problem des Sprechens und Aussprechens, Gedan-

14

kenverbindens und Mitteilens angeschnitten und gelöst. Den logizistischen Geist, den er als den sokratischen ablehnte, haben Sie in seiner Bedingtheit, seiner Beschränktheit auf die bewußten Reiche viel schärfer eingekreist und, dank der Tatsache, daß Sie ein Naturforscher sind und ein Schritt für Schritt vorwärtsgehender Psychologe dazu, das erreicht, was Nietzsche gern vollbracht hätte: die wissenschaftliche Beschreibung und Verständlichmachung der menschlichen Seele – und darüber hinaus, da Sie ja Arzt sind, ihre Regulierbarkeit, den heilenden Eingriff gelehrt und geschaffen. Ich glaube auch, daß eine Fülle von einzelnen Beobachtungen, die zum Beispiel den Schriftsteller Freud betreffen, Brücken zu Nietzsche hinüber zeigen und daß die Unerschrockenheit des ›mit dem Hammer philosophierenden‹ Nietzsche weit übertroffen wird von derjenigen, die das Orphische und Dionysische Nietzsches in schlicht sachlich wirkender Richtung suchte und aufdeckte, in der es heute in jedem von uns wirksam ist [18].«

Mußte eine solche engagierte Würdigung durch den als Nietzsche-Freund ausgewiesenen Briefpartner die bekannten Bedenken Freuds nicht beseitigen oder doch verringern? Die Reaktion ist eine andere. Nach dem bereits Gesagten wundert es nicht mehr, wenn Freud – übrigens mit nachhaltiger Unterstützung der in den Briefen mehrfach erwähnten »Frau Lou« – die Abfassung eines Nietzsche-Buches, wie es Zweig vorschwebte, zu verhindern trachtete. Freud schützte in einem späteren Brief an den an seinem Plan beharrlich festhaltenden Schriftsteller einen gewissen Informationsmangel vor. Man wisse im besonderen zu wenig über Nietzsches Sexualkonstitution, um sein Schicksal mit den Mitteln psychoanalytischer Biographik erhellen zu können. Aber sollte dieser prinzipielle Einwand tatsächlich das eigentliche Motiv für seine Reserviertheit gewesen sein?

Im Brief vom 7. Dezember 1930 findet sich die aufschlußreiche Stelle: »Schreiben Sie (über das Verhältnis von Nietzsches Wirkung zu meiner) wenn ich nicht mehr da bin... [19]« Damit distanziert sich Freud weniger von der Person und dem Werk Nietzsches als solchem, als eher von der Tatsache, daß Nietzsche – der Beteuerung Freuds zum Trotz – eben doch als einer empfunden worden zu sein scheint, der eine gewisse Priorität beanspruchen kann. Dabei bleibe dahingestellt, inwieweit dies objektiv zutrifft.

In seiner weit ausgreifenden geistesgeschichtlichen Darstellung *Die Entdeckung des Unbewußten* (1973) hat Henry F. Ellenberger das ideelle Quellgebiet beschrieben, das durch mannigfache Rinnsale mit dem Feld der Psychoanalyse verbunden ist. Von Nietzsche kann Ellenberger sagen, daß der Philosoph den Begründer der Psychoanalyse beeinflußt habe. Und diese Einflußnahme durchziehe »die ganze Psychoanalyse [20]«. Inwieweit das zutrifft, läßt sich freilich erst mit letzter Sicherheit ausmachen, nachdem Nietzsches einschlägige Äußerungen aus ihrem jeweiligen Kontext heraus abgeleitet und am Kontext Freuds überprüft sind. Dabei gibt Ellenberger mit Recht zweierlei zu bedenken: Einmal ist Nietzsche keinesfalls der einzige, der Freud in irgendeiner Weise beeinflußt hat; er ist einer unter mehreren. Zum andern muß er einräumen, daß Freud das Ideenmaterial erst integrieren und schöpferisch verarbeiten mußte. Es oblag ihm die Aufgabe, »diese Ideen zu kristallisieren und ihnen eine originäre Form zu geben«. Wenn Ellenberger – wie übrigens schon Karl Jaspers und andere – davon abrät, daß man Freud etwas als psychologische Einsicht zurechnet, was lange vor ihm erkannt oder wenigstens geahnt worden ist, so ist doch auch die Überlegung von Peter Seidmann zu berücksichtigen, der einwendet: »Aber es ist nie zu vergessen, daß selbst hundert Einflüsse zusammen noch kein Genie ergeben und ein Dutzend herrliche wegbereitende Intuitionen und Aphorismen – und kämen sie von Goethe und Nietzsche – noch nicht die eine tiefenpsychologische Methode, geschweige ihre alltägliche praktische Bewährung begründen [21].«

Gewiß liegt hier der Angelpunkt für eine sachgemäße Beurteilung. Daß letztlich die Entwicklung der psychoanalytischen Technik und die praktische Handhabung der mühsam errungenen Methode »unbestreitbar eine Neuerung Freuds« darstellt, für die dieser »Originalität« beanspruchen kann, wird denn auch von Ellenberger ausdrücklich bestätigt. Erst *nach* dieser wesentlichen Einschränkung, die die Originalität der Leistung Sigmund Freuds ausdrücklich bestätigt, sind jene Ähnlichkeiten von Belang, die sich im Denken Nietzsches und Freuds bei einem Vergleich feststellen lassen. Dafür einige Beispiele: Nietzsche und Freud erblicken im Denken und Tun, in allen Äußerungsformen menschlichen Lebens beim einzelnen und in der Gesamtmenschheit Manifestationen einer »Tiefe«. Nicht das Bewußte, sondern das zugrundeliegende Unbewußte hat dabei die Priorität. Es dominieren die Antriebskräfte, die aus den unbewußten Regionen der Psyche aufsteigen. Sie sind »älter«, elementarer als die rationale Funktion. Insofern offenbaren sie mehr vom Menschen, der sich naturgemäß hinter Masken aller Art zu verbergen sucht, – gemäß der Freudschen Traumtheorie sogar in seinen Träumen. Deshalb meint Nietzsche aus emotionalen Äußerungen eines Menschen Aufschlußreicheres, Wahreres herauslesen zu können als aus dem, was der abwägende, berechnende, planende Verstand zuzugeben bereit ist.

Und was Freuds Eingeständnis anlangt, Nietzsches Schriften enthielten Ahnungen und Einsichten intuitiver Art, die sich oft mit den Ergebnissen der empirisch arbeitenden Psychoanalyse decken, so kann in der Tat auf eine Reihe von begrifflichen Elementen verwiesen werden, die sich – zumindest im Keimzustand – bei Nietzsche aufspüren lassen und die später in der Psychoanalyse in theoretischer Ausformung auftauchen. Zu nennen ist beispielsweise der Terminus »das Es«, dem man im ersten Buch von *Also sprach Zarathustra* begegnet. Viel wichtiger sind jedoch grundsätzliche Einsichten. Hier mag die Zusammenstellung genügen, die Henry Ellenberger in seinem Werk bietet:

»Das dynamische Konzept der Psyche mit den Vorstellungen von psychischer Energie, Mengen von latenter oder gehemmter Energie, Energie-Abfuhr oder -Übertragungen von einem Trieb auf den anderen, ist auch bei Nietzsche zu finden. Schon vor Freud stellte sich Nietzsche die Seele als ein System von Trieben vor, die zusammenstoßen oder miteinander verschmelzen können. Im Gegensatz zu Freud stellt Nietzsche jedoch den Sexualtrieb (dessen Bedeutung er gebührend würdigte), nicht an die erste Stelle, sondern Aggressions- und Selbstzerstörungstriebe. Nietzsche verstand die Prozesse sehr gut, die Freud als ›Abwehrmechanismen‹ bezeichnet hat, besonders die Sublimierung (ein Wort, das in Nietzsches Werken mindestens ein dutzendmal vorkommt), Verdrängung (unter der Bezeichnung ›Hemmung‹) und die Wendung der Triebe gegen das eigene Selbst. Die Konzepte der Vater- und Mutter-Imago sind bei Nietzsche auch implizit vorhanden. Die Beschreibungen des Ressentiments, des falschen Gewissens und der falschen Moral nahmen Freuds Beschreibungen der neurotischen Schuldgefühle und des Über-Ichs vorweg. Freuds *Unbehagen in der Kultur* weist ebenfalls eine bemerkenswerte Parallele zu Nietzsches *Genealogie der Moral* auf: Beide bringen Diderots alte Annahme in neuer Form zum Ausdruck, daß der moderne Mensch von einer eigenartigen, mit der Zivilisation verbundenen Krankheit befallen sei, weil die Zivilisation vom Menschen fordert, er solle auf die Befriedigung seiner Triebe verzichten.«

So finden sich über alle Werke Nietzsches verstreut Vorstellungen, Gedanken, Ansätze zu Begriffsbildungen, deren tiefenpsychologische Relevanz außer Frage steht. Stellt man in Rechnung, daß beide Männer als Zeitgenossen sensibilisiert waren und an sich selbst die Krankheit ihrer Zeit erfuhren, bedenkt man, daß Nietzsche von seiner alsbald umstrittenen Erstlingsschrift *Die Geburt der Tragödie* an, besonders aber seit den achtziger, neunziger Jahren eine lebhaft diskutierte Figur darstellte, so liegt auch Freuds frühzeitige Bekanntschaft mit Nietzsches Gedanken im Bereich des Wahrscheinlichen. Doch selbst wenn man unterstellt, daß Freud alle tiefenpsychologischen Aphorismen und Gedankensplitter des Philosophen gekannt hat, bedurfte es der schöpferischen Genialität eines Sigmund Freud, um die Psychoanalyse als wissenschaftliche Theorie und die auf ihr basierende Psychotherapie als Methode zu entwickeln und in der Praxis zu bewähren.

Alfred Adler

In der Individualpsychologie von Alfred Adler (1870 – 1937) kommt ein Thema zur Geltung, das – oberflächlich betrachtet – der Nietzscheschen Frage- und Zielvorstellung in mannigfacher Hinsicht angenähert erscheint. Man wird sich jedoch davor hüten müssen, vorschnell Übereinstimmungen oder Parallelen feststellen zu wollen.

Adler, der das Minderwertigkeitsgefühl den Grundtatsachen des menschlichen Seelenlebens zurechnet und der für die individuelle Charakterbestimmung wie für das soziale Miteinander daraus entsprechende Folgerungen zieht, geht soweit, zu sagen, daß der Mensch dank des Minderwertigkeitsgefühls das Wesen sei, das »ununterbrochen« nach Vervollkommnung seiner Persönlichkeit strebe. Wird das latente Sicherheits- und Geltungs- oder Machtstreben empfindlich gestört, dann treten neurotische Symptome auf. So ist es zunächst verständlich, wenn die Adlersche Psychologie bisweilen mit einer Psychologie des Machttriebs, ja mit einer Psychologie des »Willens zur Macht« gleichgesetzt wird. Damit ist zumindest ein Gleich*laut* mit einigen Formulierungen Nietzsches gegeben, wodurch eine enge Beziehung, wenn nicht eine Abhängigkeit nahegelegt wird. Doch eine derart kurzschlüssige Reduktion und Identifikation verfehlt offensichtlich die Wirklichkeit, wenngleich Adler mit größerer Aufgeschlossenheit das Werk des Philosophen gelesen und von Fall zu Fall auch rezipiert zu haben scheint, als dies bei Freud der Fall ist.

Nun ist es zweifellos richtig, daß Alfred Adler in einer gewissen Abkehr von der Triebpsychologie Freuds die »Erhöhung des Persönlichkeitsgefühls« als die leitende Kraft und als Endzweck der aus dem Minderwertigkeitsgefühl erwachsenen Neurose angesehen hat. Dabei kommt ein Machtpotential zur Auswirkung. In seinem Werk *Über den nervösen Charakter* (1912) akzeptiert Adler den »Willen zur Macht« als Ausdrucksform des von ihm untersuchten Strebens. Und bereits in der Einleitung zum theoretischen Teil seines Buches findet sich die Bemerkung: »Diesem Leitgedanken ordnen sich auch Libido, Sexualtrieb und Perversionsneigung, wo immer sie hergekommen sein mögen, ein. Nietzsches *Wille zur Macht* und *Wille zum Schein* umfassen vieles von unserer Auffassung, die sich wieder in manchen Punkten mit Anschauungen Férés und älterer Autoren berührt...[22]«.

So ist es nicht unverständlich, wenn selbst Adler-Schüler wie Manès Sperber von sich sagen können: »Als ich, ein leidenschaftlicher Nietzsche-Leser, Adler begegnete und seine Lehre zu erfassen begann, daß sich mir immer deutlicher das Bild vom Menschen darbot, wie er es sah, erkannte ich, daß Adler ein Nachfahre des Entlarvungspsychologen Nietzsche war, daß er aber weit über seinen Vorläufer hinausging, und überdies, daß er sich fast in der genau entgegengesetzten Richtung bewegte[23].« Daß sich »ein leidenschaftlicher Nietzsche-Leser« in den Kreis um Adler hineinstellt, ist übrigens keine seltene Ausnahme, wenn man daran erinnert, daß die von Nietzsche herkommende Lou Andreas-Salomé den Kontakt mit Adler in den kritischen Jahren 1912/13 aufrechterhielt, als die Trennung Adlers von Freud bereits vollzogen war. Und allein ihr hatte Freud erlaubt, sowohl in seine Mittwochs-Zusammenkünfte zu gehen als auch den Adler-Kreis zu besuchen, bevor die für Psychoanalyse besonders aufgeschlossene Schriftstellerin Freud ihre ungeteilte Gefolgschaft schenkte.

An Bekenntnissen zu Nietzsche fehlt es bei Adler nicht. Das frühe Werk *Über den nervösen Charakter* wurde bereits genannt. Es enthält u.a. zahlreiche Hinweise und Anspielungen auf Nietzsche. In seiner gemeinsam mit Carl Furtmüller herausgegebenen Schrift *Heilen und Bilden*, in der er sich für das intuitive Erfassen der pädagogisch-therapeutischen Aufgabe ausspricht, heißt es einmal: »Wenn ich den Namen Nietzsche nenne, so ist eine der ragenden Säulen unserer Kunst enthüllt. Jeder Künstler, der uns seine Seele schenkt, jeder Philosoph, der uns verstehen läßt, wie er sich geistig des Lebens bemächtigt, jeder Lehrer und Erzieher, der uns fühlen läßt, wie sich in ihm die Welt spiegelt, geben unserem Blick Richtung, unserem Wollen ein Ziel, sind uns die Führer im weiten Land der Seele[24].«

Dabei darf nicht übersehen werden, daß Adlers philosophische

Grundposition nicht allein durch Nietzsche bestimmt sein kann, so oft auch der Begründer der Individualpsychologie auf ihn Bezug nimmt. Der Individualpsychologe Josef Rattner gibt daher in seiner Adler-Monographie zu bedenken, »daß ein Großteil seiner Gedankengänge mit der sogenannten ›Lebensphilosophie‹ parallel läuft und vielleicht auch teilweise aus ihr stammt[25]«. Darunter ist bekanntlich jene philosophische Strömung zu verstehen, die dem Leben den Vorrang über dem Bewußtsein einräumt und die – vor Bergson, Simmel und Klages – neben Schopenhauer eben auch durch Nietzsche vertreten ist.

So läßt sich die Adlersche Position nicht einfach durch diejenige Nietzsches bestimmen. Erstere ist sicher vor einem breiteren und tieferen geistesgeschichtlichen Horizont zu sehen, obwohl Nietzsche darin für Adler eine dominierende Stellung einnimmt. Dies gilt, wenn man sich offenkundigen sachlichen Differenzen nicht verschließt. »Jedenfalls ist der Wille zur Macht, wie Nietzsche ihn auffaßte, durchaus verschieden von jenem Machtstreben, dem Adler besonders in seiner Neurosenlehre einen großen Platz einräumt. Es besteht kein Zweifel, daß Nietzsche den Willen zur Macht als einen Ausdruck höheren Menschentums, als Mittel und Ziel der Überwindung der Menschlichkeit zugunsten des Übermenschen aufgefaßt hat«, ergänzt Manés Sperber[26]. Entsprechendes zeigt sich bei einem Vergleich der Menschenbilder. Dies wird deutlich, wenn man sieht, wie Adler den Willen zur Macht nicht etwa als einen Ausfluß von Stärke und Selbstsicherheit betrachtet, sondern wenn er, im Gegensatz dazu, in dieser Nietzscheschen Position »ein aus tiefster Entmutigung und vielerlei Ängsten erflossenes, überkompensatorisches Streben« erblickt, über andere Herrschaft auszuüben, anderen die angebliche »Stärke« spüren zu lassen[27]. So gesehen, spricht manches für die Auffassung Sperbers, wonach Adler auch ohne die Kenntnis der Schriften Nietzsches zu seinen psychologischen Einsichten gelangt wäre. Es wäre ohnehin problematisch, wenn man einen Menschen und sein Werk lediglich aus den Einflüssen und etwaigen literarischen Abhängigkeiten erklären wollte. Gerade die psychologische Fragestellung erfordert es, den Blick im besonderen immer zuerst auf denjenigen Menschen zu richten, der sich für ganz bestimmte Einflüsse offenhält, indem er sie gleichsam als eine Art von Grundstoff benützt, um aus ihm auf Grund einer individuellen Entscheidung das Eigentliche, das eigene Werk zu formen und so sich selbst zu verwirklichen.

So gesehen, überwiegt Adlers Absage an Nietzsche gegenüber den angeführten zustimmenden Äußerungen. Und so sehr Henry F. Ellenberger Nietzsches Einfluß auf die Psychiatrie hervorhebt und ihn als die »gemeinsame Quelle Freuds, Adlers und Jungs« bezeichnet, so beachtenswert ist, was Peter Seidmann zu unserem Problem sagt: »Man könnte sich keine deutlichere Absage an die Preisung und Förderung des Machtwillens als gerade durch Adlers Individualpsychologie denken, die zwar zunächst scheinbar ähnlich wie Nietzsche das Machtstreben als eine hinter vielen Maskierungen und Selbsttäuschungen dynamisch wirksame Bewegung der Seele sieht, es aber als zersetzend und hemmend anklagt und verwirft. So wie Freud dem unbewußten Getriebenwerden durch das Trieb-Werk der Seele die ordnende Entschlossenheit bewußtmachender und bewußthaltender intellektueller Urteilskraft und Besonnenheit entgegensetzte, so sah Adler im Gemeinschaftsgefühl den abwehrenden Damm gegen den Ansturm des Machtstrebens.«

Zwar ging auch Alfred Adler von der Annahme aus, daß es einen psychischen Dualismus gebe – man denke an Freuds Lustprinzip und Realitätsprinzip, an den Liebes- und an den Destruktionstrieb! –, aber in der Individualpsychologie macht sich das Streben nach Ausgleich geltend. Machtstreben und Gemeinschaftsgefühl verlangen nach einer Harmonisierung. Diesem Trend zur Mitte und zum Ausgleich trägt Adler Rechnung – ganz im Gegensatz zu Nietzsche, »dem der Wille zur Macht den ursprünglichsten und fundamentalsten Lebensinstinkt und die Mitte aller Existenz bedeutete, sah Adler in dem jedem Menschen angeborenen Gemeinschaftsgefühl das Ursprünglichste und Grundlegende im Menschenleben, demgegenüber das Machtstreben eine erst aus dem Minderwertigkeitskomplex hervorquellende seelische Bewegung ist, die das Wesen des Menschen verunstaltet. Denn der Mensch ist für Adlers Individualpsychologie nicht ein Einzelfall des Machtwillens, sondern primär ein Gemeinschaftswesen. Daher mißt sie den einzelnen Menschen am ›Idealbild eines Gemeinschaftsmenschen‹, das heißt eines Menschen, der ›die Spielregeln der menschlichen Gesellschaft befolgt‹« (P. Seidmann).

Ganz abgesehen von der offenkundigen Fehldeutung Nietzsches durch die faschistischen Ideologen und Akteure ist es schließlich nicht verwunderlich, wenn man bei Nietzsche nur die Leitlinien zur ›Herrenmoral‹ fand, während Adler und die ihm Geistesverwandten bis in die pädagogische Praxis hinein den Weg konsequenter Mitmenschlichkeit gingen. An dieser Mitmenschlichkeit ändert auch die Behauptung Freuds nichts, der seinem abtrünnig gewordenen Gefolgsmann unterstelle, daß das aus dem Adlerschen System hervorgehende »Lebensbild ganz auf dem Aggressionstrieb gegründet« sei und keinen Raum für die Liebe lasse.

C. G. Jung

Es liegt nahe, nun auch noch die dritte der Gründergestalten heutiger Tiefenpsychologie im Hinblick auf ihre etwaige Beziehung zu Nietzsche zu befragen, um zu sehen, inwiefern und in welcher Weise der »Seelen-Errater« auf den Begründer der analytischen bzw. komplexen Psychologie gewirkt hat.

Während Freud – wie wir gesehen haben – eher bemüht ist, die mögliche und tatsächliche Beeinflussung durch Nietzsche zu verschleiern, zögert Carl Gustav Jung (1875 – 1961) nicht, die Bedeutung Nietzsches, die positive wie die negative, als ein diskussionswürdiges Faktum entgegenzunehmen.

Beginnen wir mit einem Zeugnis aus der letzten Lebenszeit, das heißt mit einem Brief an einen amerikanischen Theologen, den der Fünfundachtzigjährige nur wenige Monate vor seinem Tod niedergeschrieben hat:

»Ein ausführlicher Bericht über den Einfluß von Nietzsches Gedanken auf meine eigene Entwicklung wäre für mich eine zu anspruchsvolle Aufgabe. Meine Jugend verbrachte ich in der Stadt, wo Nietzsche als Professor der klassischen Philologie gelebt hatte; so wuchs ich in einer Atmosphäre auf, die noch unter der Wucht seiner Lehre vibrierte, obwohl sein Angriff meist auf Widerstand gestoßen war[28]. Ich konnte mich dem Eindruck seiner echten Inspiration (›Ergriffenheit‹) nicht entziehen. Er war aufrichtig, was von so manchen akademischen Lehrern, denen Karriere und Prestige unendlich viel mehr bedeuten als Wahrheit, nicht behauptet werden kann. Was mich am meisten beeindruckte, war seine Begegnung mit Zarathustra und dann seine ›religiöse‹ Kritik, die der Leidenschaft als echtem Motiv des Philosophierens einen Platz in der Philosophie zuweist. Die *Unzeitgemäßen Betrachtungen* öffneten mir die Augen, weniger die *Genealogie der Moral* oder seine Idee von der ›ewigen Wiederkehr‹ aller Dinge. Sein alles durchdringendes psychologisches Urteil gab mir eine tiefe Einsicht in das, was Psychologie zu leisten vermag. – Alles in allem war Nietzsche für mich der einzige Mensch jener Zeit, der mir einige adäquate Antworten auf gewisse, damals mehr gefühlte als gedachte, dringende Fragen erteilte[29].«

Dieses unverhohlene Eingeständnis einer unleugbaren Einwirkung kommentiert sich selbst. In den autobiographischen *Erinnerungen, Träumen, Gedanken* berichtet Jung, wie er bereits als Student neugierig und entschlossen Nietzsche las. Das Resultat: »Ich war restlos begeistert, und bald las ich auch *Also sprach Zarathustra*. Das war, wie Goethes *Faust*, ein stärkstes Erlebnis [30].« Der Tragweite solcher und ähnlicher Zeugnisse aus der Feder des Psychologen wird man sicher nur dann voll gerecht, wenn man sich über die religiöse Problematik des frühen Jung im klaren ist, der als Pfarrerssohn – ähnlich wie Nietzsche! – mit seinen ersten religiösen Erfahrungen und Fragen allein gelassen war, weil sein eigener Vater und die zahlreichen Theologen in der Verwandtschaft nicht in der Lage waren, in der erforderlichen Weise seelsorgerisch Rede und Antwort zu stehen. Ungleich Nietzsche fand jedoch Jung den Weg zu Christus, freilich auf einem unkonventionellen Weg [31].

In seiner in mehreren Auflagen verbreiteten, vom Verfasser immer wieder überarbeiteten Elementarschrift *Über die Psychologie des Unbewußten* (1912 ff.), weist C.G. Jung darauf hin, mit welcher Vorbereitung er zur Tiefenpsychologie gelangt sei, nämlich durch Nietzsche: »Ich kam von der Psychiatrie her, von Nietzsche für die moderne Psychologie wohl vorbereitet... [32].«

Ein erster Niederschlag seiner Nietzsche-Lektüre während der Studentenzeit wird durch die medizinische Dissertationsschrift *Zur Psychologie und Pathologie sogenannter okkulter Phänomene* (1902) eindrucksvoll belegt. Jung untersucht hier einen Fall von Kryptomnesie [verborgene, unbewußte Erinnerung], auf den er bei der Nietzsche-Lektüre gestoßen ist und um dessen Aufdeckung willen sich der junge Doktorant mit Elisabeth Förster-Nietzsche in Verbindung setzt. Wenig später (1905) kehrt er zum selben Thema zurück, wobei er sich zu den psychischen Tatbeständen des »Dämons des Unbewußten« vorzutasten sucht, unter dessen Einfluß und Inspiration der Philosoph bei der Niederschrift seines *Zarathustra* gestanden haben muß. Und Jung kommentiert: »Diese erschütternden, tiefsten Schwankungen der Gefühle, die weit über den Umfang des Bewußtseins hinausgreifen, sind die Kräfte, welche die äußersten und verborgensten Assoziationen ans Licht gerufen haben. Hier hat das Bewußtsein, wie ich vorhin sagte, nur die Sklavenrolle gegenüber dem Dämon des Unbewußten gespielt, der das Bewußtsein tyrannisiert und mit fremden Einfällen überschüttet. Niemand hat den Zustand des Bewußtseins eines unbewußten automatischen Komplexes besser beschrieben als Nietzsche selbst [33].«

Vier Jahre später (1909), in einem Brief an Freud, bemüht sich der 34jährige Psychiater, seinem Adressaten in Wien die Bedeutung der griechischen Dämonologie, namentlich die Gestalt des Dionysos zu erläutern, und zwar unter ausdrücklichem Hinweis auf Nietzsche *(Geburt der Tragödie):* »Nietzsche scheint davon sehr viel geahnt zu haben. Mir kommt es vor, als ob das Dionysische eine in ihrer historischen Bedeutung nicht genügend gewürdigte Rückschlagwelle der Sexualität gewesen sei, von der wesentliche Elemente ins Christentum hinüberflossen, aber in einer andern Kompromißverwendung... [34] « – Jung ist sich dabei bewußt, daß er für Freud »Banalitäten oder Hieroglyphen« schreibe. Er selbst ist offensichtlich in einer anderen, Nietzsche näheren Weise mit den Dimensionen der Tiefen der Psyche vertraut.

Fortan gehört die Gestalt Nietzsches, sein Denken, seine Bildgestaltung, das Beispiel seiner Träume, nicht zuletzt das Ausmaß seiner Wirkungen und Folgen zu den reichlich angeführten Kontexten der geschriebenen Werke Jungs. Das gleiche gilt für seine Vorträge und Seminare. Und wie anhand von einigen Zitaten gezeigt wurde, reicht der in der Jugend geknüpfte Faden bis in die allerletzte Lebenszeit Jungs.

Dabei ist der Begründer der analytischen Psychologie alles andere als ein Nietzsche-Begeisterter geworden. Indem er sich wandelte, genauer: indem er sich selbst fand, lernte er den offenbaren und heimlichen Lehrmeister der Psychologie seiner frühen Jahre im Lauf der Zeit mit ganz anderen Augen, vor allem aus einer kritischen Distanz heraus zu sehen. Hierfür zwei Beispiele:

In den *Psychologischen Typen* (1921), dem ersten großen Werk nach *Wandlungen und Symbole der Libido*, mit dem sich Jung einst (1912/13) von Freud getrennt hatte, wird Nietzsche nicht nur ausführlich zitiert. Er dient vor allem als Beispielgestalt für die Ankündigung einer neuen Bewußtseinsart, die die Realität des Dunklen, Triebhaften zu bewältigen hat. Indem er das Nietzschesche fundamentale Gegensatzpaar Apollinisch-Dionysisch (aus: *Geburt der Tragödie*) in Erinnerung ruft, setzt Jung sich zugleich mit der ihm zugrunde liegenden Triebdynamik kritisch auseinander. Geistesgeschichtliche Vergleiche, z.B. solche mit Schillers *Briefen über ästhetische Erziehung* unterstützen die Kontrastwirkung. Seine Distanz zu Nietzsche verdeutlicht Jung in diesem Zusammenhang dadurch, daß er auf die von Nietzsche wie auch von Schiller übergangene religiöse Dimension aufmerksam macht. Jung verweist dabei auf den mystisch-spekulativen Einschlag, durch den beispielsweise der Dionysoskult in der Antike vielerorts geprägt gewesen sei.

Eine bloße ästhetische Deutung vermöge den spezifisch religiösen Gesichtspunkt nicht zu erfassen. »So ist mit der Auffassung, der Kampf zwischen Apollo und Dionysos sei eine Frage gegensätzlicher Kunsttriebe, das Problem in einer historisch und materiell ungerechtfertigten Weise auf das ästhetische Gebiet verschoben, womit es einer Teilbetrachtung unterworfen wird, die niemals imstande ist, seinem wirklichen Inhalt gerecht zu werden[35].«

Jung verkennt jedoch nicht die besondere Tiefe, mit der Nietzsche das Problem trotz ästhetischer Selbstsicherung erfaßt hat. Er »war der Wirklichkeit schon so nahe, daß sein späteres dionysisches Erleben beinahe als unvermeidliche Konsequenz erscheint. Sein Angriff auf Sokrates in der *Geburt der Tragödie* gilt dem Rationalisten, der sich für den dionysischen Orgiasmus als unzulänglich erweist[36]«.

Indem Jung das Begriffspaar Apollinisch-Dionysisch auf seine eigentümlichen psychologischen Qualitäten hin überprüft, entdeckt der Autor der *Psychologischen Typen* Bezüge zu den von ihm benannten seelischen Funktionen und Grundeinstellungen. Sie spielen bei Jung bekanntlich einerseits als die vier Funktionstypen (Denken, Fühlen, Empfinden, Intuieren), andererseits als die beiden Einstellungstypen (Introversion und Extraversion) eine maßgebende Rolle.

Demzufolge läßt sich eine Beziehung zwischen den Nietzscheschen Begriffen und der Jungschen Typologie herstellen. Das was Nietzsche das Dionysische nennt, läßt sich am ehesten einer extraversiven, vornehmlich auf äußere Objekte gerichteten »Gefühlsempfindung« im Jungschen Sinne annähern. »Es sind daher mehr Affekte, welche in diesem Zustande hervorbrechen, also Triebmäßiges, blind Zwingendes, das sich namentlich in einer Affektion der Körpersphäre ausdrückt. – Demgegenüber ist das Apollinische eine Wahrnehmung der inneren Bilder der Schönheit, des Maßes und der in Proportionen gebändigten Gefühle. Der Vergleich mit dem Traum weist deutlich auf den Charakter des apollinischen Zustandes hin: es ist ein Zustand der Introspektion, der nach innen, nach der Traumwelt ewiger Ideen gekehrten Kontemplation, also ein Zustand der Introversion[37].«

Eine weitere Differenzierung seiner typologischen Aussage läßt Jung im gleichen Zusammenhang folgen. Sie erlaubt ihm schließlich, Nietzsches Typus in psychologischer Hinsicht näher zu bestimmen, wenn er schreibt: »Die Tatsache, daß Nietzsche gerade die psychologische Funktion der Intuition einerseits und die der Empfindung und des Triebes andererseits hervorhebt, dürfte kennzeichnend sein für seine eigene, persönliche Psychologie. Er ist wohl dem intuitiven Typus zuzurechnen mit Neigung nach der introvertierten Seite. Für ersteres spricht seine vorwiegend intuitiv-künstlerische Art der Produktion, für welche gerade seine uns vorliegende Schrift über die *Geburt der Tragödie* sehr charakteristisch ist, in noch höherem Maße aber sein Hauptwerk *Also sprach Zarathustra*. Für seine introvertiert-intellektuelle Seite kennzeichnend sind seine aphoristischen Schriften, die trotz eines starken gefühlsmäßigen Einschlages den ausgesprochen kritischen Intellektualismus in der Art der französischen Intellektuellen des 18. Jahrhunderts zeigen. Für seinen intuitiven Typus im allgemeinen spricht die mangelnde rationale Beschränkung und Geschlossenheit. Es ist bei dieser Sachlage nicht erstaunlich, daß er in seinem Anfangswerk die Tatsachen seiner persönlichen Psychologie unbewußt in den Vordergrund stellt. Dies entspricht der intuitiven Einstellung, welche in erster Linie über das Innere das Äußere wahrnimmt, bisweilen sogar auf Kosten der Realität. Mittels dieser Einstellung gewann er auch die tiefe Einsicht in die dionysischen Qualitäten seines Unbewußten, deren rohe Form allerdings, soweit wir wissen, erst beim Ausbruch seiner Krankheit die Oberfläche des Bewußtseins erreichte, nachdem sie sich in mannigfachen erotischen Andeutungen in seinen Schriften schon vorher verraten hatte[38].«

Das zweite Beispiel, das für die große Bedeutsamkeit der Geistgestalt Nietzsches im Werk Jungs spricht, sei anhand solcher Texte gewonnen, in denen der Schweizer Psychologe von seinem spezifischen Beobachtungsort her das deutsche Schicksal betrachtet hat.

Schon in dem großen Werk über die psychologischen Typen finden sich Andeutungen, durch die der Verfasser sagt, wie etwa Nietzsches *Zarathustra* Inhalte des kollektiven Unbewußten ans Licht hebt, was mit der Präsentation des »häßlichen Menschen« zu »jener in Zarathustra sich darstellenden erschütternden unbewußten Tragödie führt.« Jung verweist auf Anarchismus, Fürstenmord, auf »Abspaltung eines nihilistischen Elementes von der äußersten Linken« u.ä. Sollte er für die von der äußersten politischen Rechten drohenden Gefahren völlig blind gewesen sein, wie man ihm seit langem nachsagt?

Als Jung davon schrieb, konnte noch niemand in Mitteleuropa wissen, daß mit dem Durchbruch des Faschismus eine Tragödie unerhörten Ausmaßes für Hunderte von Millionen von Menschen nahe bevorstand. Unter diesem Gesichtspunkt betrachtet, ist es ganz besonders bemerkenswert, daß Jung bereits in einer kleinen Studie *Über das Unbewußte* aus dem Jahre 1918 auf jene psychologischen Tatbestände zu sprechen kommt, die den »germanischen Barbaren« betreffen. Demnach habe das Christentum nur die obere, »helle Seite« dieser Menschengruppe zu domestizieren vermocht, während die untere Wesenshälfte noch der Erlösung harre. Ein Problem übrigens, von dem Jung meint, daß es für den jüdischen Menschen *so* nicht bestehe! Deshalb sei der »arische Europäer«, also nicht nur der Deutsche, in besonderem Maße vom Untergrund des kollektiven Unbewußten her gefährdet. Und – unter deutlicher Bezugnahme auf Nietzsche – »die blonde Bestie« könne sich in ihrem unterirdischen Gefängnis umdrehen »und uns mit einem Ausbruch mit verheerenden Folgen bedrohen«. Jung fügt bedeutsam hinzu: »Diese Erscheinung findet als psychologische Revolution beim einzelnen statt, wie sie auch als soziales Phänomen auftreten kann...[39]«

Nun haben die Geschichtsereignisse Jung recht gegeben. Die »blonde Bestie« hat sich erhoben und fürchterlich ausgetobt... Das Beispiel Jungs zeigt, daß man vor Ausbruch der Katastrophe eben mit ganz anderen Augen Nietzsche lesen konnte als jene, die seiner Faszination verfielen. Und so heißt es in jenem Text aus dem Jahr 1918: »Wir Germanen haben noch einen echten Barbaren in uns, der nicht mit sich spaßen läßt und dessen Erscheinen für uns keine Erleichterung und keinen angenehmen Zeitvertreib bedeutet... Diese ärgerliche Eigentümlichkeit des Barbaren ist auch Nietzsche aufgefallen, wohl aus eigenster Erfahrung...[40]«.

In seinen Aufsätzen zur Zeitgeschichte, namentlich in der Abhandlung *Wotan* (1936) hat Jung die Bezüge sichtbar gemacht, die zwischen diesem germanischen Brausegott auf der einen Seite, Nietzsches prophetischen Visionen auf der anderen zur »arisch«-europäischen Gegenwartsproblematik gehören. (Inwieweit die an Jung geübte Kritik hinsichtlich seiner Bewertung des Nationalsozialismus zurecht besteht, liegt außerhalb dieser Fragestellung und bedarf einer gesonderten, sorgfältigen Untersuchung, die immer noch ein Desiderat darstellt.) Jung war es indessen darum zu tun, zu zeigen, daß archetypische Triebkräfte ungeahnten Ausmaßes durch Nietzsche benannt, ja verkündet worden sind, wodurch der als »Seelen-Errater« angetretene Philosoph zum Dämonenbeschwörer geworden ist, zum apokalyptischen Seher, für den die psychologische Entlarvung nur ein vorläufiges Unterfangen bleiben mußte:

»Wehe dieser großen Stadt – Und ich wollte, ich sähe schon die Feuersäule, in der sie verbrannt wird! Denn solche Feuersäulen müssen dem großen Mittage vorangehen. Doch dies hat seine Zeit und sein eigenes Schicksal!«

Die apokalyptische Symbolhaltigkeit solcher Ausrufe steht außer jedem Zweifel. Schon die »große Stadt« mutet an wie ein irdisch-allzuirdisches Gegenbild (›Babylon‹) zum ›himmlischen Jerusalem‹ der *Johannes-Offenbarung*. Und die ›Feuersäule‹ repräsentiert in dem von Nietzsche wegen seiner Monumentalität hochgeschätzten Alten Testament die dynamische Anwesenheit Gottes, und zwar unter seinem richtenden, vernichtenden Aspekt. Allein schon dieser Bildworte wegen – ganz zu schweigen vom symbolträchtigen Nietzscheschen Terminus des ›großen Mittag‹ – wird der Leser vor einer historisch-verengten Deutung bewahrt, als hätte der Dichter des *Zarathustra* allein an eine physische Zerstörung gedacht, wie sie der Faschismus in unseren Tagen ausgelöst hat. Echte Symbole sind mehrdimensional und daher auch mehrdeutig.

Da seherisch Begabte, vom Geist Ergriffene offensichtlich auch bei unterschiedlichster Orientierung an ein gemeinsames pneumatisch-psychisches Kraftfeld angeschlossen sind – die analytische Psychologie spricht vom kollektiven Unbewußten –, wird man bei einem geistesgeschichtlich so versierten Psychologen wie C.G. Jung einräumen müssen, daß er auch dort nicht ausschließlich unter dem ›Einfluß‹ Nietzsches stand, wo das Werk des Psychologen den Vergleich mit Äußerungen des Philosophen nahelegt. Schon Nietzsche ist, etwa dank seiner anfänglichen Schopenhauer-Verehrung, mit jener geistigen Tradition verbunden, die durch Namen wie Nikolaus von Cues, Leibniz, Jakob Böhme, gerade Böhme, markieren läßt. Und die Genannten sind es auch, vornean Böhme, die Jung neben anderen Geistesverwandten aufmerksam studiert hat. Seine Werke liefern dafür vielfältige Belege.

Daraus resultiert, daß mit der Beantwortung der immer wieder gestellten Frage nach etwaigen Abhängigkeiten oder Einflüssen das Entscheidende noch nicht gesagt ist, so bemerkenswert und interessant es sein mag, da oder dort entsprechende ›Verbindungslinien‹ zu entdecken.

»...*Flamme bin ich sicherlich*«

Kehren wir zum Ausgangspunkt, nämlich zur Frage nach dem Tiefenpsychologen Nietzsche zurück, um uns alsbald seinen Texten zuzuwenden. Aber sind es denn ›Texte‹, die aus einer sicheren Distanz heraus zu lesen oder als Objekte philologischer Analyse zu zerlegen sind? Wird eine objektiv-kühle Einstellung Nietzsche gegenüber überhaupt gerecht?

Damit stellt sich die Frage nach der Art und Weise des Umgangs, den das Gedankengut dieses entflammten, entflammenden Philosophen verlangt, der in seinen *Ecce homo* überschriebenen Versen die folgende Selbstcharakteristik gefunden hat:

> Ja! Ich weiß, woher ich stamme!
> Ungesättigt gleich der Flamme
> Glühe und verzehr' ich mich.
> Licht wird alles, was ich fasse,
> Kohle alles, was ich lasse:
> Flamme bin ich sicherlich!

Wer also darf sagen, daß er auf dem Wege sei, Nietzsche zu ›verstehen‹, der nicht von dieser Flammennatur angerührt ist? – Aber hier bricht ein besonderes Problem auf: Einerseits bleibt den trockenen, kalten Seelen das Eigentümliche an ihm, dem Naturereignis im Geistesbereich, fremd; denn Nietzsche »ist kein historisches Objekt, das man *sine ira et studio* analysieren kann [41]«. Andererseits droht jedem Gefahr, der ungewappnet in den Feuerkreis eintritt, dessen Glut Zerstörung verbreitet. Dafür gibt es Beispiele aus dem individuellen Bereich, aber auch darüber hinaus, wenn man die Tatsachensprache der Geschichte des 20. Jahrhunderts ernst genug nimmt.

Wie also ist Nietzsche, wie sind im besonderen seine psychologisch relevanten Texte zu lesen? – Auch hier scheint ein Einerseits-Andererseits angebracht zu sein:

Einerseits bedarf es einer gewissen Kongenialität, einer Bereitschaft zur ›Gleichzeitigkeit‹ im Sinne Kierkegaards und zur Gleichsinnigkeit, wie sie der Analytiker im Dialog seinem Analysanden entgegenbringen muß. Andererseits ist doch eine Distanz vonnöten. Durch ›Urdistanz und Beziehung‹ hat einst Martin Buber das zwischenmenschliche Kraftfeld begrenzt gesehen, in dem sich die volle Ich-Du-Beziehung ereignen kann. Und was das Rüstzeug dessen anlangt, der dem Feuerbrand der Rhetorik und Beschwörung Nietzsches naht, so wird eine Kenntnis der tiefenpsychologischen Übertragungsdynamik von Nutzen sein. Mit diesem Wissen und Vermögen läßt sich am ehesten der Faszinationskraft begegnen. Nietzsche appelliert eben nicht allein an die Ratio, auch nicht nur an den Sinn ästhetischer Wahrnehmung und Wertung, sondern hier experimentiert, manipuliert ein Magier mit den Wirkkräften archetypischer Potenzen, denen man durch begriffliche Definition ebensowenig gewachsen ist wie durch den Versuch einer rationalen Widerlegung. Nietzsche wußte das aus eigenem Erleben und Erleiden.

Und übersehen wir nicht, daß der seiner Verführungskraft Bewußte im Umgang mit sich selbst behilflich ist, indem er einen geradezu psychotherapeutischen Wink gibt:

»Ihr hattet euch noch nicht gesucht: da fandet ihr mich. So tun alle Gläubigen; darum ist es so wenig mit allem Glauben. Nun heiße ich euch, mich verlieren und euch finden; denn erst wenn ihr mich alle verleugnet habt, will ich euch wiederkehren...« (II, 1068).

Dieser mahnende Hinweis auf die Selbst-Findung jedes einzelnen meint eben qualitativ mehr als der Appell an den Durchsetzungs-›Willen‹ eines morbiden Ich. Sie – C.G. Jung nennt es den Reifungsprozeß der Individuation – ist letztlich nur möglich, wenn das Ich sein Vertrauen nicht auf äußere Autoritäten, Meister oder sonstige geistige Führer-Persönlichkeiten setzt. Sie gilt es zu »verlieren«, – wie Nietzsche selbst! Man muß es lernen, die Fesseln abzulegen, mit denen sie den Menschen an sich und an ihre Ideologie zu binden und in rauschhafter Abhängigkeit zu halten vermögen.

Doch damit ist die Reichweite der Psychologie im engeren Sinne des Wortes bereits verlassen. Von ihr schreibt Friedrich Georg Jünger einmal: »Wäre Nietzsche nur Psychologe, dann wäre er nicht eben viel. Denn man muß begreifen, daß die Psychologie auf bloßen Verzehr hinausläuft, daß in ihr ein Denken am Werke ist, welches den Menschen nur konsumiert. Je ursprünglicher, sinnlich kräftiger, geistig lebendiger der Mensch sich aus den Quellen nährt, desto weniger treibt er Psychologie. Wo er baut, ackert, liebt, zeugt, gebiert, dort bleibt die Psychologie außer Betracht... [42] «

Es gibt aber nicht nur die Methode der Psycho-*Analyse*, die der Entlarvung dienen will, der Festlegung des Menschen auf die Kausalität von ›Triebschicksalen‹, die aus frühen Phasen menschlicher Entwicklung oder Fehlentwicklung herrührt. Um das Elend *dieser* Psychologie, die Jünger im Sinne hat, zu überwinden, bedarf es noch ganz anderer Dimensionen und Kategorien. Es bedarf einer Psychologie, die der *Synthese* fähig ist, einer Psychologie, die sich in der angedeuteten Weise »nach vorne« öffnet, indem sie dem Menschen zu seiner vollen Menschwerdung verhilft. Gemeint ist eine Psychologie, die Führung und Geleit auf dem Individuationsweg von Mensch und Menschheit zu geben vermag und für die »Analyse«, »Seelen-Erratung« nur ein handwerklich bedingtes Beiwerk, keinesfalls aber die Hauptsache ist.

In einer solchen Psycho-Synthese bekommt das Ackern und das Säen, das Zeugen und das Gebären, das Lieben und das Hoffen, kurz: alles schöpferische, friedenbegründende Tun des Menschen in der unbefriedeten, unfruchtbaren Welt einen neuen Sinn. – Und was nun Nietzsche, den Tiefenpsychologen selbst betrifft, so war es ihm beschieden, in einem geschichtlichen Augenblick auf den Plan zu treten, als eine »Bruchstelle der Menschheitsgeschichte« (L. Klages) sichtbar zu machen war, und zwar nicht nur die Hohlheit und Brüchigkeit der untergehenden alten bürgerlichen Welt, sondern die Geistes- und Bewußtseinsart einer ganzen Epoche, die nicht wahrhaben wollte, daß ihr ›Gott tot‹ und ihre ›Tafeln‹ wertlos geworden sind. Aber die meisterhafte psychologische Analyse, die einer »Umzentrierung der Wertewelt aus dem Logos in den Bios« (Hans Joachim Schoeps) gleichkommt, wurde weder von einem ›Starken‹ noch von einem ›Übermenschen‹, weder von der oftmals beschworenen »blonden Bestie« noch von einem hymnisch besungenen »sieghaften Tänzer« eingeleitet, sondern von einem frühzeitig beurlaubten Professor, einem schwächlichen, magen- und nervenkranken Mann mit einem durch Schlafmittel vollkommen zerrütteten Organismus. Deshalb hat Hans Joachim Schoeps mit Recht von einer »vollständigen Kontrastideologie« gesprochen, mit der Nietzsche allein als Entwurzelter das Ausmaß an Entwurzelung sichtbar und deutbar zu machen vermochte:

»Es soll also keinen Mißverständnissen ausgesetzt sein, wenn das prinzipielle Auseinanderfallen von Sein und Sehnsucht in Nietzsche durch einige hergebrachte, etwas triviale Gegenüberstellungen in folgendem verdeutlicht wird:

Der schonungslose Bekämpfer jeder absolut geltenden Moral, insonderheit aller Mitleidsmoral, ist ein Mensch der peinlichst korrekten, praktischen Moral von überempfindlicher Rücksicht und Mitleidigkeit in jeder konkreten Lebenssituation.

Der Vertreter eines Kriegerethos, das ›sein Paradies unter dem Schatten der Schwerter‹ findet, ist ein fast stets bis an die Grenze des biologisch noch Möglichen Kranker, der, von Kriegerexistenz zu schweigen, auch nicht das Leben eines Krankenpflegers länger als wenige Wochen erträgt.

Der Entdecker und Verkünder des Wertes ungebrochenen, rauschhaften dionysischen Lebens ist ein Mann, der jedem wirklichen Erlebnis in dem repräsentativsten, geladensten, paradoxesten Lebensbereich: dem des geschlechtlichen Eros, aus dem Wege ging [43]«.

So beliebt das Sprichwort sein mag: Arzt hilf dir selber – auf Nietzsche, den Analytiker, läßt es sich schwerlich ungestraft anwenden, wenn dies mit der Absicht geschieht, seinem entlarvenden Griff zu entgehen. Seine intellektuelle Redlichkeit, seine vorausblickende Hellsicht, sein apokalyptisches Pathos verweisen auf unumgängliche existentiell bedeutsame Tatbestände, die angenommen und bewältigt werden wollen. Eine Zuflucht für Schwärmer und eine Bastion für Nietzsche-Fanatiker, gleich welcher Couleur, wollte und konnte der nicht sein, der im *Zarathustra* von sich gesagt hat:

»Ich bin ein Geländer am Strom – fasse mich, wer mich fassen kann! Eure Krücke aber bin ich nicht.«

Zu den Texten

Seitdem Karl Schlechtas dreibändige Nietzsche-Ausgabe (Hanser Verlag München 1966 ff.) vorliegt, die in den Bänden I und II sämtliche von Friedrich Nietzsche veröffentlichten oder von ihm für die Veröffentlichung bestimmten philosophischen Werke bietet, ist eine zuverlässige Textgrundlage gegeben[44]. Auf ihr basiert die vorliegende Auswahl. Alle im Blick auf unser Thema zitierten Stellen sind zwar fortlaufend numeriert, der Fundort ist jedoch gleichzeitig kenntlich gemacht, so daß er im Zusammenhang gelesen werden kann. Die Ziffern I bis III bezeichnen die drei Bände der genannten Ausgabe; die nach dem Komma folgenden arabischen Ziffern geben die betreffende Seite an.

Was die Anordnung der hier gebotenen Textabschnitte betrifft, so war zu entscheiden, ob eine thematische Gesichtspunkte berücksichtigende Gliederung getroffen werden soll. Wenn davon Abstand genommen wurde, dann nicht zuletzt mit Rücksicht auf Nietzsches Eigenart einer aphoristischen und somit unsystematischen Weise seines Philosophierens. Bei dem mit dem Werk noch nicht vertrauten Leser sollte nicht der Eindruck erweckt werden, als habe sich der Autor des *Zarathustra* zusammenhängend über Psychologie geäußert oder als sei der »Seelen-Errater« in erster Linie Psychologe gewesen. Selbst Ludwig Klages, der die Anschauung vertritt, »daß mit Nietzsche die Seelenforschung (=Psychologie) im allereigensten Sinne überhaupt erst begonnen habe«, muß einschränkende Gesichtspunkte gelten lassen[45]. Es ist eben nicht zu leugnen, daß andere Philosophen, religiöse Denker und Dichter, die Jahrhunderte, Jahrtausende vor Nietzsche gewirkt haben, nicht eben *auch* »Seelen-Errater« gewesen sind.

Eine im wesentlichen chronologische Abfolge der Textauszüge ist zwar mit dem Nachteil behaftet, daß unter Umständen thematisch Zusammengehöriges auf verschiedene Stellen des Buches verstreut ist. Aber dafür wird der zeitliche Kontext gewahrt, in dem der von plötzlichen Eingebungen abhängige Autor seine Gedankenblitze aphoristisch »abgeleitet«hat.

Nochmals Klages: »Niemanden gab es bisher und konnte es geben, der im Stollen- und Gängegewirr dieses Gedankenbergwerks alle Erzadern zu kennen sich vermessen durfte... Allein die Unübersehlichkeit der Gedanken zusamt einer Wandelbarkeit der gleichsam wie im Wet-

33

terschein aufzuckenden ›Ansichten‹, die ihren Träger von sich selber zu glauben berechtigte: ›nur wer sich wandelt, bleibt mit mir verwandt‹« [46] – läßt die hier getroffene Anordnung sinnvoll erscheinen. Dabei soll nicht unterschätzt sein, daß sich bei Nietzsche innere Kontinuitäten feststellen lassen, die sich zwischen einzelnen Aphorismen zum selben Thema ergeben, auch wenn Jahre zwischen der Niederschrift des früheren und des späteren Textes liegen mögen.

Was nun die Auswahlgesichtspunkte angeht, nach denen hier Nietzsche als Psychologe vorgestellt werden soll, so hat sich der Herausgeber von der Überlegung leiten lassen, daß Psychologie letztlich auf alles beziehbar ist, was als eine Hervorbringung der menschlichen Psyche anzusehen ist. Es waren also von Fall zu Fall auch solche Textbeispiele aufzunehmen, die nicht im engeren Sinne als tiefenpsychologisch relevant angesehen werden müssen. Eigenentdeckungen und der unerläßlichen Kritik an den Positionen, vor allem an den daraus sich ergebenden Folgerungen, die teils von ihm selbst, teils von gewissen Epigonen speziell im politischen Bereich gezogen worden sind, sollte der Weg geöffnet bleiben. Nicht zuletzt deshalb wurde auf die Kennzeichnung der Fundstellen großer Wert gelegt.

Ein Letztes: Daß wir – nach Freud und Jung – den dithyrambischen Aphoristiker mit anderen Augen lesen als er vermutlich selbst gelesen sein wollte, bedarf wohl keiner besonderen Legitimation. Auch dann nicht, wenn man im Gesamtwerk Nietzsches lediglich »eine Summe von Selbstauslegungen« erblickt oder wenn man mit Walter Jens zu dem Schluß kommen sollte: »Das Werk, das er (Nietzsche) im Januar 1889 hinterließ, als er wahnsinnig wurde, ist das umfassendste Seelen-Tagebuch, die offenherzigste Konfession, das unbarmherzigste Journal – unbarmherzig bis zur Schamlosigkeit – das jemals geführt worden ist [47].«

Man warte es ab; man prüfe und probe, ob der, der nicht »Krücke« sein will, sondern »Geländer am Strom«, jenen Halt tatsächlich bietet, den er zu geben verspricht, – wenn er den Fragenden, Suchenden gewiß nicht auf den so oder so zu beurteilenden Friedrich Nietzsche verweist, wohl aber auf sich selbst, auf sein eigentliches Selbst, – wenn er in der *Fröhlichen Wissenschaft* mahnt:

»Du sollst der werden, der du bist« (II, 159).

II

Die Texte

Die Geburt der Tragödie

1

Wir werden viel für die ästhetische Wissenschaft gewonnen haben, wenn wir nicht nur zur logischen Einsicht, sondern zur unmittelbaren Sicherheit der Anschauung gekommen sind, daß die Fortentwickelung der Kunst an die Duplizität des *Apollinischen* und des *Dionysischen* gebunden ist: in ähnlicher Weise, wie die Generation von der Zweiheit der Geschlechter, bei fortwährendem Kampfe und nur periodisch eintretender Versöhnung, abhängt. Diese Namen entlehnen wir von den Griechen, welche die tiefsinnigen Geheimlehren ihrer Kunstanschauung zwar nicht in Begriffen, aber in den eindringlich deutlichen Gestalten ihrer Götterwelt dem Einsichtigen vernehmbar machen. An ihre beiden Kunstgottheiten, Apollo und Dionysus, knüpft sich unsere Erkenntnis, daß in der griechischen Welt ein ungeheurer Gegensatz, nach Ursprung und Zielen, zwischen der Kunst des Bildners, der apollinischen, und der unbildlichen Kunst der Musik, als der des Dionysus, besteht: beide so verschiedne Triebe gehen nebeneinander her, zumeist im offnen Zwiespalt miteinander und sich gegenseitig zu immer neuen kräftigeren Geburten reizend, um in ihnen den Kampf jenes Gegensatzes zu perpetuieren, den das gemeinsame Wort ›Kunst‹ nur scheinbar überbrückt; bis sie endlich, durch einen metaphysischen Wunderakt des hellenischen ›Willens‹, miteinander gepaart erscheinen und in dieser Paarung zuletzt das ebenso dionysische als apollinische Kunstwerk der attischen Tragödie erzeugen.

Um uns jene beiden Triebe näherzubringen, denken wir sie uns zunächst als die getrennten Kunstwelten des *Traumes* und des *Rausches*; zwischen welchen physiologischen Erscheinungen ein entsprechender Gegensatz wie zwischen dem Apollinischen und dem Dionysischen zu bemerken ist. I,21

2

Der schöne Schein der Traumwelten, in deren Erzeugung jeder Mensch voller Künstler ist, ist die Voraussetzung aller bildenden Kunst, ja auch, wie wir sehen werden, einer wichtigen Hälfte der Poesie. Wir genießen im unmittelbaren Verständnisse der Gestalt, alle Formen sprechen zu uns, es gibt nichts Gleichgültiges und Unnötiges. Bei dem höchsten Leben dieser Traumwirklichkeit haben wir doch noch die durchschimmernde Empfindung ihres *Scheins*: wenigstens ist dies meine Erfahrung, für deren Häufigkeit, ja Normalität, ich manches Zeugnis und die Aussprüche der Dichter beizubringen hätte. Der philosophische Mensch hat sogar das Vorgefühl, daß auch unter dieser Wirklichkeit, in der wir leben und sind, eine zweite ganz andre verborgen liege, daß also auch sie ein Schein sei; und Schopenhauer bezeichnet geradezu die Gabe, daß einem zuzeiten die Menschen und alle Dinge als bloße Phantome oder Traumbilder vorkommen, als das Kennzeichen philosophischer Befähigung.

Wie nun der Philosoph zur Wirklichkeit des Daseins, so verhält sich der künstlerisch erregbare Mensch zur Wirklichkeit des Traumes; er sieht genau und gern zu: denn aus diesen Bildern deutet er sich das Leben, an diesen Vorgängen übt er sich für das Leben. Nicht etwa nur die angenehmen und freundlichen Bilder sind es, die er mit jener Allverständlichkeit an sich erfährt: auch das Ernste, Trübe, Traurige, Finstere, die plötzlichen Hemmungen, die Neckereien des Zufalls, die bänglichen Erwartungen, kurz die ganze ›göttliche Komödie‹ des Lebens, mit dem *Inferno*, zieht an ihm vorbei, nicht nur wie ein Schattenspiel – denn er lebt und leidet mit an diesen Szenen – und doch auch nicht ohne jene flüchtige Empfindung des Scheins; und vielleicht erinnert sich mancher, gleich mir, in den Gefährlichkeiten und Schrecken des Traumes sich mitunter ermutigend und mit Erfolg zugerufen zu haben: ›Es ist ein Traum! Ich will ihn weiter träumen!‹ Wie man mir auch von Personen erzählt hat, die die Kausalität eines und desselben Traumes über drei und mehr aufeinanderfolgende Nächte hin fortzusetzen imstande waren: Tatsachen, welche deutlich Zeugnis dafür abgeben, daß unser innerstes Wesen, der gemeinsame Untergrund von uns allen, mit tiefer Lust und freudiger Notwendigkeit den Traum an sich erfährt.

Diese freudige Notwendigkeit der Traumerfahrung ist gleichfalls von den Griechen in ihrem Apollo ausgedrückt worden: Apollo, als der Gott aller bildnerischen Kräfte, ist zugleich der wahrsagende Gott. Er, der seiner Wurzel nach die ›Scheinende‹, die Lichtgottheit ist, beherrscht auch den schönen Schein der inneren Phantasie-Welt. Die höhere Wahrheit, die Vollkommenheit dieser Zustände im Gegensatz zu der lückenhaft verständlichen Tageswirklichkeit, sodann das tiefe Bewußtsein von der in Schlaf und Traum heilenden und helfenden Natur ist zugleich das symbolische Analogon der wahrsagenden Fähigkeit und überhaupt der Künste, durch die das Leben möglich und lebenswert gemacht wird. Aber auch jene zarte Linie, die das Traumbild nicht überschreiten darf, um nicht pathologisch zu wirken, widrigenfalls der Schein als plumpe Wirklichkeit uns betrügen würde – darf nicht im Bilde des Apollo fehlen: jene maßvolle Begrenzung, jene Freiheit von den wilderen Regungen, jene weisheitsvolle Ruhe des Bildnergottes. Sein Auge muß ›sonnenhaft‹, gemäß seinem Ursprunge, sein; auch wenn es zürnt und unmutig blickt, liegt die Weihe des schönen Scheines auf ihm.   I, 22f.

3

Wenn wir uns den Träumenden vergegenwärtigen, wie er, mitten in der Illusion der Traumwelt und ohne sie zu stören, sich zuruft: ›es ist ein Traum, ich will ihn weiter träumen‹, wenn wir hieraus auf eine tiefe innere Lust des Traumanschauens zu schließen haben, wenn wir andererseits, um überhaupt mit dieser inneren Lust am Schauen träumen zu können, den Tag und seine schreckliche Zudringlichkeit völlig vergessen haben müssen: so dürfen wir uns alle diese Erscheinungen etwa in folgender Weise, unter der Leitung des traumdeutenden Apollo, interpretieren.

So gewiß von den beiden Hälften des Lebens, der wachen und der träumenden Hälfte, uns die erste als die ungleich bevorzugtere, wichtigere, würdigere, lebenswertere, ja allein gelebte dünkt: so möchte ich doch, bei allem Anscheine einer Paradoxie, für jenen geheimnisvollen Grund unseres Wesens, dessen Erscheinung wir sind, gerade die entgegengesetzte Wertschätzung des Traumes behaupten. Je mehr ich nämlich in der Natur jene allgewaltigen Kunsttriebe und in ihnen eine inbrünstige Sehnsucht zum Schein, zum Erlöstwerden durch den Schein gewahr werde, um so mehr fühle ich mich zu der metaphysischen Annahme gedrängt, daß das Wahrhaft-Seiende und Ur-Eine, als das Ewig-Leidende und Widerspruchsvolle, zugleich die entzückende Vision, den lustvollen Schein zu seiner steten Erlösung braucht: welchen Schein wir, völlig in ihm befangen und aus ihm bestehend, als das Wahrhaft-Nicht-Seiende, d.h. als ein fortwährendes Werden in Zeit, Raum und Kausalität, mit anderen Worten, als empirische Realität zu empfinden genötigt sind. Sehen wir also einmal von unsrer eignen ›Realität‹ für einen Augenblick ab, fassen wir unser empirisches Dasein, wie das der Welt überhaupt, als eine in jedem Moment erzeugte Vorstellung des Ur-Einen, so muß uns jetzt der Traum als der *Schein des Scheins*, somit als eine noch höhere Befriedigung der Urbegierde nach dem Schein hin gelten.   I 32f.

4

Nur soweit der Genius im Aktus der künstlerischen Zeugung mit jenem Urkünstler der Welt verschmilzt, weiß er etwas über das ewige Wesen der Kunst; denn in jenem Zustande ist er, wunderbarerweise, dem unheimlichen Bild des Märchens gleich, das die Augen drehn und sich selber anschaun kann; jetzt ist er zugleich Subjekt und Objekt, zugleich Dichter, Schauspieler und Zuschauer. I, 40

5

Der Satyr wie der idyllische Schäfer unserer neueren Zeit sind beide Ausgeburten einer auf das Ursprüngliche und Natürliche gerichteten Sehnsucht; aber mit welchem festen unerschrocknen Griffe faßte der Grieche nach seinem Waldmenschen, wie verschämt und weichlich tändelt der moderne Mensch mit dem Schmeichelbild eines zärtlichen, flötenden, weichgearteten Hirten! Die Natur, an der noch keine Erkenntnis gearbeitet, in der die Riegel der Kultur noch unerbrochen sind – das sah der Grieche in seinem Satyr, der ihm deshalb noch nicht mit dem Affen zusammenfiel. Im Gegenteil: es war das Urbild des Menschen, der Ausdruck seiner höchsten und stärksten Regungen, als begeisterter Schwärmer, den die Nähe des Gottes entzückt, als mitleidender Genosse, in dem sich das Leiden des Gottes wiederholt, als Weisheitsverkünder aus der tiefsten Brust der Natur heraus, als Sinnbild der geschlechtlichen Allgewalt der Natur, die der Grieche gewöhnt ist mit ehrfürchtigem Staunen zu betrachten. Der Satyr war etwas Erhabenes und Göttliches: so mußte er besonders dem schmerzlich gebrochnen Blick des dionysischen Menschen dünken. Ihn hätte der geputzte, erlogene Schäfer beleidigt: auf den unverhüllten und unverkümmert großartigen Schriftzügen der Natur weilte sein Auge in erhabener Befriedigung; hier war die Illusion der Kultur von dem Urbilde des Menschen weggewischt, hier enthüllte sich der wahre Mensch, der bärtige Satyr, der zu seinem Gotte aufjubelt. Vor ihm schrumpfte der Kulturmensch zur lügenhaften Karikatur zusammen. I, 49

6

Der eine wahrhaft reale Dionysus erscheint in einer Vielheit der Gestalten, in der Maske eines kämpfenden Helden und gleichsam in das Netz des Einzelwillens verstrickt. So wie jetzt der erscheinende Gott redet und handelt, ähnelt er einem irrenden strebenden leidenden Individuum: und daß er überhaupt mit dieser epischen Bestimmtheit und Deutlichkeit *erscheint*, ist die Wirkung des Traumdeuters Apollo, der dem Chore seinen dionysischen Zustand durch jene gleichnisartige Erscheinung deutet. In Wahrheit aber ist jener Held der leidende Dionysus der Mysterien, jener die Leiden der Individuation an sich erfahrende Gott, von dem wundervolle Mythen erzählen, wie er als Knabe von den Titanen zerstückelt worden sei und nun in diesem Zustande als Zagreus verehrt werde: wobei angedeutet wird, daß diese Zerstückkelung, das eigentlich dionysische *Leiden*, gleich einer Umwandlung in Luft, Wasser, Erde und Feuer sei, daß wir also den Zustand der Individuation als den Quell und Urgrund alles Leidens, als etwas an sich Verwerfliches, zu betrachten hätten. Aus dem Lächeln dieses Dionysus sind die olympischen Götter, aus seinen Tränen die Menschen entstanden. In jener Existenz als zerstückelter Gott hat Dionysus die Doppelnatur eines grausamen verwilderten Dämons und eines milden sanftmütigen Herrschers. Die Hoffnung der Epopten ging aber auf eine Wiedergeburt des Dionysus, die wir jetzt als das Ende der Individuation ahnungsvoll zu begreifen haben; diesem kommenden dritten Dionysus erscholl der brausende Jubelgesang der Epopten.   I, 61f.

7

Ohne Mythus geht jede Kultur ihrer gesunden schöpferischen Naturkraft verlustig: erst ein mit Mythen umstellter Horizont schließt eine ganze Kulturbewegung zur Einheit ab. Alle Kräfte der Phantasie und des Apollinischen Traumes werden erst durch den Mythus aus ihrem wahllosen Herumschweifen gerettet. Die Bilder des Mythus müssen die unbemerkt allgegenwärtigen dämonischen Wächter sein, unter deren Hut die junge Seele heranwächst, an deren Zeichen der Mann sich sein Leben und seine Kämpfe deutet: und selbst der Staat kennt keine mächtigeren ungeschriebnen Gesetze als das mythische Fundament, das seinen Zusammenhang mit der Religion, sein Herauswachsen aus mythischen Vorstellungen verbürgt.

Man stelle jetzt daneben den abstrakten, ohne Mythen geleiteten Menschen, die abstrakte Erziehung, die abstrakte Sitte, das abstrakte Recht, den abstrakten Staat: man vergegenwärtige sich das regellose, von keinem heimischen Mythus gezügelte Schweifen der künstlerischen Phantasie: man denke sich eine Kultur, die keinen festen und heiligen Ursitz hat, sondern alle Möglichkeiten zu erschöpfen und von allen Kulturen sich kümmerlich zu nähren verurteilt ist – das ist die

Gegenwart, als das Resultat jenes auf Vernichtung des Mythus gerichteten Sokratismus. Und nun steht der mythenlose Mensch, ewig hungernd, unter allen Vergangenheiten und sucht grabend und wühlend nach Wurzeln, sei es, daß er auch in den entlegensten Altertümern nach ihnen graben müßte. Worauf weist das ungeheure historische Bedürfnis der unbefriedigten modernen Kultur, das Umsichsammeln zahlloser anderer Kulturen, das verzehrende Erkennenwollen, wenn nicht auf den Verlust des Mythus, auf den Verlust der mythischen Heimat, des mythischen Mutterschoßes? Man frage sich, ob das fieberhafte und so unheimliche Sichregen dieser Kultur etwas anderes ist als das gierige Zugreifen und Nach-Nahrung-Haschen des Hungernden – und wer möchte einer solchen Kultur noch etwas geben wollen, die durch alles, was sie verschlingt, nicht zu sättigen ist, und bei deren Berührung sich die kräftigste, heilsamste Nahrung in ›Historie und Kritik‹ zu verwandeln pflegt.   I, 125f.

Unzeitgemäße Betrachtungen

Zweites Stück: Vom Nutzen und Nachteil der Historie für das Leben

8

Das Unhistorische und das Historische ist gleichermaßen für die Gesundheit eines einzelnen, eines Volkes und einer Kultur nötig... Wir werden die Fähigkeit, in einem bestimmten Grade unhistorisch empfinden zu können, für die wichtigere und ursprünglichere halten müssen, insofern in ihr das Fundament liegt, auf dem überhaupt erst etwas Rechtes, Gesundes und Großes, etwas wahrhaft Menschliches wachsen kann. Das Unhistorische ist einer umhüllenden Atmosphäre ähnlich, in der sich Leben allein erzeugt, um mit der Vernichtung dieser Atmosphäre wieder zu verschwinden. Es ist wahr: erst dadurch, daß der Mensch denkend, überdenkend, vergleichend, trennend, zusammenschließend jenes unhistorische Element einschränkt, erst dadurch, daß innerhalb jener umschließenden Dunstwolke ein heller blitzender Lichtschein entsteht – also erst durch die Kraft, das Vergangene zum Leben zu gebrauchen und aus dem Geschehenen wieder Geschichte zu machen, wird der Mensch zum Menschen: aber in einem Übermaße von Historie hört der Mensch wieder auf, und ohne jene Hülle des Unhistorischen würde er nie angefangen haben und anzufangen wagen. Wo finden sich Taten, die der Mensch zu tun vermöchte, ohne vorher in jene Dunstschicht des Unhistorischen eingegangen zu sein?   I, 214f.

Drittes Stück: Schopenhauer als Erzieher

9

Wenn der große Denker die Menschen verachtet, so verachtet er ihre Faulheit: denn ihrethalben erscheinen sie als Fabrikware, als gleichgültig, des Verkehrs und der Belehrung unwürdig. Der Mensch, welcher nicht zur Masse gehören will, braucht nur aufzuhören, gegen sich bequem zu sein; er folge seinem Gewissen, welches ihm zuruft: ›sei du selbst, das bist du alles nicht, was du jetzt tust, meinst, begehrst.‹

Jede junge Seele hört diesen Zuruf bei Tag und bei Nacht und erzittert dabei; denn sie ahnt ihr seit Ewigkeiten bestimmtes Maß von Glück, wenn sie an ihre wirkliche Befreiung denkt: zu welchem

Glücke ihr, so lange sie in Ketten der Meinungen und der Furcht gelegt ist, auf keine Weise verholfen werden kann. Und wie trost- und sinnlos kann ohne diese Befreiung das Leben werden! Es gibt kein öderes und widrigeres Geschöpf in der Natur als den Menschen, welcher seinem Genius ausgewichen ist und nun nach rechts und nach links, nach rückwärts und überallhin schielt. Man darf einen solchen Menschen zuletzt gar nicht mehr angreifen, denn er ist ganz Außenseite ohne Kern, ein anbrüchiges, gemaltes, aufgebauschtes Gewand, ein verbrämtes Gespenst, das nicht einmal Furcht und gewiß auch kein Mitleiden erregen kann.   I, 287f.

10

Orient und Okzident sind Kreidestriche, die uns jemand vor unsre Augen hinmalt, um unsre Furchtsamkeit zu narren. Ich will den Versuch machen, zur Freiheit zu kommen, sagt sich die junge Seele; und da sollte es sie hindern, daß zufällig zwei Nationen sich hassen und bekriegen, oder daß ein Meer zwischen zwei Erdteilen liegt, oder daß rings umher eine Religion gelehrt wird, welche doch vor ein paar tausend Jahren noch nicht bestand. Das bist du alles nicht selbst, sagt sie sich. Niemand kann dir die Brücke bauen, auf der gerade du über den Fluß des Lebens schreiten mußt, niemand außer dir allein. Zwar gibt es zahllose Pfade und Brücken und Halbgötter, die dich durch den Fluß tragen wollen; aber nur um den Preis deiner selbst; du würdest dich verpfänden und verlieren. Es gibt in der Welt einen einzigen Weg, auf welchem niemand gehen kann, außer dir: wohin er führt? Frage nicht, gehe ihn.   I, 289

11

Aber wie finden wir uns selbst wieder? Wie kann sich der Mensch kennen? Er ist eine dunkle und verhüllte Sache; und wenn der Hase sieben Häute hat, so kann der Mensch sich sieben mal siebzig abziehn und wird doch nicht sagen können: ›das bist du nun wirklich, das ist nicht mehr Schale‹. Zudem ist es ein quälerisches gefährliches Beginnen, sich selbst derartig anzugraben und in dem Schacht seines Wesens auf dem nächsten Wege gewaltsam hinabzusteigen. Wie leicht beschädigt er sich dabei so, daß kein Arzt ihn heilen kann. Und überdies: wozu wäre es nötig, wenn doch alles Zeugnis von unserm Wesen ablegt, unsre Freund- und Feindschaften, unser Blick und Händedruck, unser Gedächtnis und das, was wir vergessen, unsre Bücher und die Züge unsrer Feder. Um aber das wichtigste Verhör zu veranstalten, gibt es dies Mittel. Die junge Seele sehe auf das Leben zurück mit der Frage: was hast du bis jetzt wahrhaft geliebt, was hat deine Seele hinangezogen, was hat sie beherrscht und zugleich beglückt? Stelle dir die Reihe dieser verehrten Gegenstände vor dir auf, und vielleicht ergeben sie dir, durch ihr Wesen und ihre Folge, ein Gesetz, das Grundgesetz deines eigentlichen Selbst. Vergleiche diese Gegenstände, sieh, wie einer den andern ergänzt, erweitert, überbietet, verklärt, wie sie eine Stufenleiter bilden, auf welcher du bis jetzt zu dir selbst hingeklettert bist; denn dein wahres Wesen liegt nicht tief verborgen in dir, sondern unermeßlich hoch über dir, oder wenigstens über dem, was du gewöhnlich als dein Ich nimmst. Deine wahren Erzieher und Bildner verraten dir, was der wahre Ursinn und Grundstoff deines Wesens ist, etwas durchaus Unerziehbares und Unbildbares, aber jedenfalls schwer Zugängliches, Gebundenes, Gelähmtes: deine Erzieher vermögen nichts zu sein als deine Befreier. Und das ist das Geheimnis aller Bildung: sie verleiht nicht künstliche Gliedmaßen, wächserne Nasen, bebrillte Augen – vielmehr ist das, was diese Gaben zu geben vermöchte, nur das Afterbild der Erziehung. Sondern Befreiung ist sie, Wegräumung alles Unkrauts, Schuttwerks, Gewürms, das die zarten Keime der Pflanzen antasten will, Ausströmung von Licht und Wärme, liebevolles Niederrauschen nächtlichen Regens, sie ist Nachahmung und Anbetung der Natur, wo diese mütterlich und barmherzig gesinnt ist, sie ist Vollendung der Natur, wenn sie ihren grausamen und unbarmherzigen Anfällen vorbeugt und sie zum Guten wendet, wenn sie über die Äußerungen ihrer stiefmütterlichen Gesinnung und ihres traurigen Unverstandes einen Schleier deckt.   I, 289f.

12

Ach, ich merke wohl, ihr wißt nicht, was Vereinsamung ist. Wo es mächtige Gesellschaften, Regierungen, Religionen, öffentliche Meinungen gegeben hat, kurz, wo je eine Tyrannei war, da hat sie den einsamen Philosophen gehaßt; denn die Philosophie eröffnet dem Menschen ein Asyl, wohin keine Tyrannei dringen kann, die Höhle des Innerlichen, das Labyrinth der Brust: und das ärgert die Tyrannen. Dort verbergen sich die Einsamen: aber dort lauert die größte Gefahr der Einsamen. Diese Menschen, die ihre Freiheit in das Innerliche geflüchtet haben, müssen auch äußerlich leben, sichtbar werden, sich sehen lassen; sie stehen in zahllosen menschlichen Verbindungen durch

Geburt, Aufenthalt, Erziehung, Vaterland, Zufall, Zudringlichkeit anderer; ebenfalls zahllose Meinungen werden bei ihnen vorausgesetzt, einfach weil sie die herrschenden sind; jede Miene, die nicht verneint, gilt als Zustimmung; jede Handbewegung, die nicht zertrümmert, wird als Billigung gedeutet. Sie wissen, diese Einsamen und Freien im Geiste – daß sie fortwährend irgendworin anders scheinen als sie denken: während sie nichts als Wahrheit und Ehrlichkeit wollen, ist rings um sie ein Netz von Mißverständnissen; und ihr heftiges Begehren kann es nicht verhindern, daß doch auf ihrem Tun ein Dunst von falschen Meinungen, von Anpassung, von halben Zugeständnissen, von schonendem Verschweigen, von irrtümlicher Ausdeutung liegenbleibt. Das sammelt eine Wolke von Melancholie auf ihrer Stirne: denn daß das Scheinen Notwendigkeit ist, hassen solche Naturen mehr als den Tod; und eine solche andauernde Erbitterung darüber macht sie vulkanisch und bedrohlich. Von Zeit zu Zeit rächen sie sich für ihr gewaltsames Sich-Verbergen, für ihre erzwungene Zurückhaltung. Sie kommen aus ihrer Höhle heraus, mit schrecklichen Mienen; ihre Worte und Taten sind dann Explosionen, und es ist möglich, daß sie an sich selbst zugrunde gehen. I, 301f.

13

Ein jeder trägt eine produktive Einzigkeit in sich, als den Kern seines Wesens; und wenn er sich dieser Einzigkeit bewußt wird, erscheint um ihn ein fremdartiger Glanz, der des Ungewöhnlichen. Dies ist den meisten etwas Unerträgliches: weil sie, wie gesagt, faul sind und weil an jener Einzigkeit eine Kette von Mühen und Lasten hängt. Es ist kein Zweifel, daß für den Ungewöhnlichen, der sich mit dieser Kette beschwert, das Leben fast alles, was man von ihm in der Jugend ersehnt, Heiterkeit, Sicherheit, Leichtigkeit, Ehre, einbüßt; das Los der Vereinsamung ist das Geschenk, welches ihm die Mitmenschen machen; die Wüste und die Höhle ist sofort da, er mag leben, wo er will. Nun sehe er zu, daß er sich nicht unterjochen lasse, daß er nicht gedrückt und melancholisch werde. I, 306

14

Wenn die gesamte Natur sich zum Menschen hindrängt, so gibt sie dadurch zu verstehen, daß er zu ihrer Erlösung vom Fluche des Tierlebens nötig ist und daß endlich in ihm das Dasein sich einen Spiegel vorhält, auf dessen Grunde das Leben nicht mehr sinnlos, sondern in

46

seiner metaphysischen Bedeutsamkeit erscheint. Doch überlege man wohl: wo hört das Tier auf, wo fängt der Mensch an? Jener Mensch, an dem allein der Natur gelegen ist! Solange jemand nach dem Leben wie nach einem Glücke verlangt, hat er den Blick noch nicht über den Horizont des Tieres hinausgehoben, nur daß er mit mehr Bewußtsein will, was das Tier im blinden Drange sucht. Aber so geht es uns allen, den größten Teil des Lebens hindurch: wir kommen für gewöhnlich aus der Tierheit nicht heraus, wir selbst sind die Tiere, die sinnlos zu leiden scheinen.

Aber es gibt Augenblicke, *wo wir dies begreifen*: dann zerreißen die Wolken, und wir sehen, wie wir samt aller Natur uns zum Menschen hindrängen, als zu einem Etwas, das hoch über uns steht. Schaudernd blicken wir, in jener plötzlichen Helle, um uns und rückwärts: da laufen die verfeinerten Raubtiere und wir mitten unter ihnen. Die ungeheure Bewegtheit der Menschen auf der großen Erdwüste, ihr Städte- und Staatengründen, ihr Kriegeführen, ihr rastloses Sammeln und Auseinander-streuen, ihr Durcheinander-rennen, Von-einander-ablernen, ihr gegenseitiges Überlisten und Niedertreten, ihr Geschrei in Not, ihr Lustgeheul im Siege – alles ist Fortsetzung der Tierheit: als ob der Mensch absichtlich zurückgebildet und um seine metaphysische Anlage betrogen werden sollte, ja als ob die Natur, nachdem sie so lange den Menschen ersehnt und erarbeitet hat, nun vor ihm zurückbebte und lieber wieder zurück in die Unbewußtheit des Triebes wollte.

Ach, sie braucht Erkenntnis, und ihr graut vor der Erkenntnis, die ihr eigentlich nottut; und so flackert die Flamme unruhig und, gleichsam vor sich selbst erschreckt, hin und her und ergreift tausend Dinge zuerst, bevor sie das ergreift, dessentwegen die Natur überhaupt der Erkenntnis bedarf. Wir wissen es alle in einzelnen Augenblicken, wie die weitläufigsten Anstalten unseres Lebens nur gemacht werden, um vor unserer eigentlichen Aufgabe zu fliehen, wie wir gerne irgendwo unser Haupt verstecken möchten, als ob uns dort unser hundertäugiges Gewissen nicht erhaschen könnte, wie wir unser Herz an den Staat, den Geldgewinn, die Geselligkeit oder die Wissenschaft hastig wegschenken, bloß um es nicht mehr zu besitzen, wie wir selbst der schweren Tagesarbeit hitziger und besinnungsloser frönen, als nötig wäre, um zu leben: weil es uns nötiger scheint, nicht zu Besinnung zu kommen. Allgemein ist die Hast, weil jeder auf der Flucht vor sich selbst ist; allgemein auch das scheue Verbergen dieser Hast, weil man zufrie-

47

den scheinen will und die scharfsichtigeren Zuschauer über sein Elend täuschen möchte; allgemein das Bedürfnis nach neuen klingenden Wort-Schellen, mit denen behängt das Leben etwas Lärmend-Festliches bekommen soll. Jeder kennt den sonderbaren Zustand, wenn sich plötzlich unangenehme Erinnerungen aufdrängen, und wir dann durch heftige Gebärden und Laute bemüht sind, sie uns aus dem Sinne zu schlagen: aber die Gebärden und Laute des allgemeinen Lebens lassen erraten, daß wir uns alle und immerdar in einem solchen Zustande befinden, in Furcht vor der Erinnerung und Verinnerlichung. Was ist es doch, was uns so häufig anficht, welche Mücke läßt uns nicht schlafen? Es geht geisterhaft um uns zu, jeder Augenblick des Lebens will uns etwas sagen, aber wir wollen diese Geisterstimme nicht hören. Wir fürchten uns, wenn wir allein und stille sind, daß uns etwas in das Ohr geraunt werden könnte, und so hassen wir die Stille und betäuben uns durch Geselligkeit.

Dies alles begreifen wir, wie gesagt, dann und wann einmal und wundern uns sehr über alle die schwindelnde Angst und Hast und über den ganzen traumartigen Zustand unseres Lebens, dem vor dem Erwachen zu grauen scheint und das um so lebhafter und unruhiger träumt, je näher es diesem Erwachen ist. Aber wir fühlen zugleich, wie wir zu schwach sind, jene Augenblicke der tiefsten Einkehr lange zu ertragen und wie nicht wir die Menschen sind, nach denen die gesamte Natur sich zu ihrer Erlösung hindrängt: viel schon, daß wir überhaupt einmal ein wenig mit dem Kopfe heraustauchen und es merken, in welchen Strom wir tief versenkt sind. Und auch dies gelingt uns nicht mit eigner Kraft, dieses Auftauchen und Wachwerden für einen verschwindenden Augenblick, wir müssen gehoben werden – und wer sind die, welche uns heben? I, 322 – 324

15

Es ist dies der Grundgedanke der *Kultur*, insofern diese jedem einzelnen von uns nur eine Aufgabe zu stellen weiß: *die Erzeugung des Philosophen, des Künstlers und des Heiligen in uns und außer uns zu fördern und dadurch an der Vollendung der Natur zu arbeiten*. Denn wie die Natur des Philosophen bedarf, so bedarf sie des Künstlers, zu einem metaphysischen Zwecke, nämlich zu ihrer eignen Aufklärung über sich selbst, damit ihr endlich einmal als reines und fertiges Gebilde entgegengestellt werde, was sie in der Unruhe ihres Werdens nie deutlich zu sehen bekommt – also zu ihrer Selbsterkenntnis. Goethe war es, der mit einem übermütig tiefsinnigen Worte es merken ließ, wie der Natur alle ihre Versuche nur so viel gelten, damit endlich der Künstler ihr Stammeln errät, ihr auf halbem Wege entgegenkommt und ausspricht, was sie mit ihren Versuchen eigentlich will. ›Ich habe es oft gesagt‹, ruft er einmal aus, ›und werde es noch oft wiederholen, die *causa finalis* der Welt- und Menschenhändel ist die dramatische Dichtkunst. Denn das Zeug ist sonst absolut zu nichts zu brauchen. Und so bedarf die Natur zuletzt des Heiligen, an dem das Ich ganz zusammengeschmolzen ist und dessen leidendes Leben nicht oder fast nicht mehr individuell empfunden wird, sondern als tiefstes Gleich-, Mit- und Eins-Gefühl in allem Lebendigen: des Heiligen, an dem jenes Wunder der Verwandlung eintritt, auf welches das Spiel des Werdens nie verfällt, jene endliche und höchste Menschwerdung, nach welcher alle Natur hindrängt und -treibt, zu ihrer Erlösung von sich selbst. Es ist kein Zweifel, wir alle sind mit ihm verwandt und verbunden, wie wir mit dem Philosophen und dem Künstler verwandt sind; es gibt Augenblicke und gleichsam Funken des hellsten liebevollsten Feuers, in deren Lichte wir nicht mehr das Wort ›ich‹ verstehen, es liegt jenseits unseres Wesens etwas, das in jenen Augenblicken zu einem Diesseits wird, und deshalb begehren wir aus tiefstem Herzen nach den Brücken zwischen hier und dort.   I, 326

16

Die Frage lautet doch so: wie erhält dein, des einzelnen Leben den höchsten Wert, die tiefste Bedeutung? Wie ist es am wenigsten verschwendet? Gewiß nur dadurch, daß du zum Vorteile der seltensten und wertvollsten Exemplare lebst, nicht aber zum Vorteile der meisten, das heißt der, einzeln genommen, wertlosesten Exemplare. Und gerade diese Gesinnung sollte in einem jungen Menschen gepflanzt und angebaut werden, daß er sich selbst gleichsam als ein mißlungenes Werk der Natur versteht, aber zugleich als ein Zeugnis der größten und wunderbarsten Absichten dieser Künstlerin: es geriet ihr schlecht, soll er sich sagen; aber ich will ihre große Absicht dadurch ehren, daß ich ihr zu Diensten bin, damit es ihr einmal besser gelinge.

Mit diesem Vorhaben stellt er sich in den Kreis der *Kultur*; denn sie ist das Kind der Selbsterkenntnis jedes einzelnen und des Ungenügens an sich. Jeder, der sich zu ihr bekennt, spricht damit aus: ›ich sehe etwas Höheres und Menschlicheres über mir, als ich selber bin; helft mir alle, es zu erreichen, wie ich jedem helfen will, der Gleiches erkennt und am gleichen leidet: damit endlich wieder der Mensch entstehe, welcher sich voll und unendlich fühlt im Erkennen und Lieben, im Schauen und Können, und mit aller seiner Ganzheit an und in der Natur hängt, als Richter und Wertmesser der Dinge.‹ Es ist schwer, jemanden in diesen Zustand einer unverzagten Selbsterkenntnis zu versetzen, weil es unmöglich ist, Liebe zu lehren; denn in der Liebe allein gewinnt die Seele nicht nur den klaren, zerteilenden und verachtenden Blick für sich selbst, sondern auch jene Begierde, über sich hinauszuschauen und nach einem irgendwo noch verborgenen höheren Selbst mit allen Kräften zu suchen. I, 328f.

Menschliches, Allzumenschliches

Ein Buch für freie Geister

Erster Band

17

»Du solltest Herr über dich werden, Herr auch über die eigenen Tugenden. Früher waren *sie* deine Herren; aber sie dürfen nur deine Werkzeuge neben andren Werkzeugen sein. Du solltest Gewalt über dein Für und Wider bekommen und es verstehn lernen, sie aus– und wieder einzuhängen, je nach deinem höheren Zwecke. Du solltest das Perspektivische in jeder Wertschätzung begreifen lernen...« I, 443

18

Dergestalt gibt der freie Geist in bezug auf jenes Rätsel von Loslösung sich Antwort und endet damit, indem er seinen Fall verallgemeinert, sich über sein Erlebnis also zu entscheiden. ›Wie es mir erging‹, sagt er sich, ›muß es jedem ergehn, in dem eine *Aufgabe* leibhaft werden und zur Welt kommen will.‹ Die heimliche Gewalt und Notwendigkeit dieser Aufgabe wird unter und in seinen einzelnen Schicksalen walten gleich einer unbewußten Schwangerschaft, – lange, bevor er diese Aufgabe selbst ins Auge gefaßt hat und ihren Namen weiß. Unsre Bestimmung verfügt über uns, auch wenn wir sie noch nicht kennen; es ist die Zukunft, die unserm Heute die Regel gibt. Gesetzt, daß es *das Problem der Rangordnung* ist, von dem wir sagen dürfen, daß es *unser* Problem ist, wir freien Geister: jetzt, in dem Mittage unsres Lebens, verstehn wir es erst, was für Vorbereitungen, Umwege, Proben, Versuchungen, Verkleidungen das Problem nötig hatte, ehe es vor uns aufsteigen *durfte*, und wie wir erst die vielfachsten und widersprechendsten Not– und Glücksstände an Seele und Leib erfahren mußten, als Abenteurer und Weltumsegler jener inneren Welt, die ›Mensch‹ heißt, als Ausmesser jedes ›Höher–‹ und ›Übereinander‹, das gleichfalls ›Mensch‹ heißt – überallhin dringend, fast ohne Furcht, nichts verschmähend, nichts verlierend, alles auskostend, alles vom Zufälligen reinigend und gleichsam aussiebend, – bis wir endlich sagen durften, wir freien Geister: ›Hier – ein *neues* Problem! Hier eine lange Leiter, auf deren Sprossen wir selbst gesessen und gestiegen sind, – die wir selbst irgendwann *gewesen* sind! Hier ein Höher, ein Tiefer, ein

Unter-uns, eine ungeheure lange Ordnung, eine Rangordnung, die wir *sehen*: hier − *unser* Problem!‹ I, 443f.

19

Es wird keinem Psychologen und Zeichendeuter einen Augenblick verborgen bleiben, an welche Stelle der eben geschilderten Entwicklung das vorliegende Buch gehört (oder gestellt ist −). Aber wo gibt es heute Psychologen? In Frankreich, gewiß; vielleicht in Rußland; sicherlich nicht in Deutschland. I, 444

20

Schätzung der unscheinbaren Wahrheiten. − Es ist das Merkmal einer höheren Kultur, die kleinen unscheinbaren Wahrheiten, welche mit strenger Methode gefunden wurden, höher zu schätzen als die beglückenden und blendenden Irrtümer, welche metaphysischen und künstlerischen Zeitaltern und Menschen entstammen. Zunächst hat man gegen erste den Hohn auf den Lippen, als könne hier gar nichts Gleichberechtigtes gegeneinander stehen: so bescheiden, schlicht, nüchtern, so scheinbar entmutigend stehen diese, so schön, prunkend, berauschend, ja vielleicht beseligend stehen jene da. Aber das Mühsam-Errungene, Gewisse, Dauernde und deshalb für jede weitere Erkenntnis noch Folgenreiche ist doch das Höhere; zu ihm sich zu halten ist männlich und zeigt Tapferkeit, Schlichtheit, Enthaltsamkeit an. Allmählich wird nicht nur der einzelne, sondern die gesamte Menschheit zu dieser Männlichkeit emporgehoben werden... I, 448f.

21

Mißverständnis des Traumes. − Im Traum glaubte der Mensch in den Zeitaltern roher uranfänglicher Kultur eine *zweite reale Welt* kennenzulernen; hier ist der Ursprung aller Metaphysik. Ohne den Traum hätte man keinen Anlaß zu einer Scheidung der Welt gefunden. Auch die Zerlegung in Seele und Leib hängt mit der ältesten Auffassung des Traumes zusammen, ebenso die Annahme eines Seelenscheinleibes, also die Herkunft alles Geisterglaubens und wahrscheinlich auch des Götterglaubens. ›Der Tote lebt fort; *denn* er erscheint dem Lebenden im Traume‹: so schloß man ehedem, durch viele Jahrtausende hindurch. I, 450

22

Traum und Kultur. – Die Gehirnfunktion, welche durch den Schlaf am meisten beeinträchtigt wird, ist das Gedächtnis: nicht daß es ganz pausierte – aber es ist auf einen Zustand der Unvollkommenheit zurückgebracht, wie es in Urzeiten der Menschheit bei jedermann am Tage und im Wachen gewesen sein mag. Willkürlich und verworren, wie es ist, verwechselt es fortwährend die Dinge auf Grund der flüchtigsten Ähnlichkeiten: aber mit derselben Willkür und Verworrenheit dichteten die Völker ihre Mythologien, und noch jetzt pflegen Reisende zu beobachten, wie sehr der Wilde zur Vergeßlichkeit neigt, wie sein Geist nach kurzer Anspannung des Gedächtnisses hin und her zu taumeln beginnt und er, aus bloßer Erschlaffung, Lügen und Unsinn hervorbringt. Aber wir alle gleichen im Traume diesem Wilden; das schlechte Wiedererkennen und irrtümliche Gleichsetzen ist der Grund des schlechten Schließens, dessen wir uns im Traume schuldig machen; so daß wir, bei deutlicher Vergegenwärtigung eines Traumes, vor uns erschrecken, weil wir so viel Narrheit in uns bergen. – Die vollkommne Deutlichkeit aller Traum-Vorstellungen, welche den unbedingten Glauben an ihre Realität zur Voraussetzung hat, erinnert uns wieder an Zustände früherer Menschheit, in der die Halluzination außerordentlich häufig war und mitunter ganze Gemeinden, ganze Völker gleichzeitig ergriff. Also: im Schlaf und Traum machen wir das Pensum früheren Menschentums noch einmal durch. I, 453f.

23

Logik des Traumes. – Im Schlafe ist fortwährend unser Nervensystem durch mannigfache innere Anlässe in Erregung, fast alle Organe sezernieren und sind in Tätigkeit, das Blut macht seinen ungestümen Kreislauf, die Lage des Schlafenden drückt einzelne Glieder, seine Decken beeinflussen die Empfindung verschiedenartig, der Magen verdaut und beunruhigt mit seinen Bewegungen andere Organe, die Gedärme winden sich, die Stellung des Kopfes bringt ungewöhnliche Muskellagen mit sich, die Füße, unbeschuht, nicht mit den Sohlen den Boden drückend, verursachen das Gefühl des Ungewöhnlichen ebenso wie die andersartige Bekleidung des ganzen Körpers, – alles dies, nach seinem täglichen Wechsel und Grade, erregt durch seine Außergewöhnlichkeit das gesamte System bis in die Gehirnfunktion hinein: und so gibt es hundert Anlässe für den Geist, um sich zu verwundern und nach *Gründen* dieser Erregung zu suchen:

Der Traum aber ist das *Suchen und Vorstellen der Ursachen* für jene erregten Empfindungen, das heißt der vermeintlichen Ursachen. Wer zum Beispiel seine Füße mit zwei Riemen umgürtet, träumt wohl, daß zwei Schlangen seine Füße umringeln: dies ist zuerst eine Hypothese, sodann ein Glaube, mit einer begleitenden bildlichen Vorstellung und Ausdichtung: ›diese Schlangen müssen die *causa* jener Empfindung sein, welche ich, der Schlafende, habe‹, – so urteilt der Geist des Schlafenden. Die so erschlossene nächste Vergangenheit wird durch die erregte Phantasie ihm zur Gegenwart. So weiß jeder aus Erfahrung, wie schnell der Träumende einen starken an ihn dringenden Ton, zum Beispiel Glockenläuten, Kanonenschüsse in seinen Traum verflicht, das heißt aus ihm *hinterdrein* erklärt, so daß er zuerst die veranlassenden Umstände, dann jenen Ton zu erleben *meint*.

Wie kommt es aber, daß der Geist des Träumenden immer so fehlgreift, während derselbe Geist im Wachen so nüchtern, behutsam und in bezug auf Hypothesen so skeptisch zu sein pflegt? – so daß ihm die erste beste Hypothese zur Erklärung eines Gefühls genügt, um sofort an ihre Wahrheit zu glauben? (Denn wir glauben im Traume an den Traum, als sei er Realität, das heißt, wir halten unsre Hypothese für völlig erwiesen.)

Ich meine: wie jetzt noch der Mensch im Traume schließt, so schloß die Menschheit *auch im Wachen* viele Jahrtausende hindurch: die erste *causa*, die dem Geiste einfiel, um irgend etwas, das der Erklärung bedurfte, zu erklären, genügte ihm und galt als Wahrheit. (So verfahren nach den Erzählungen der Reisenden die Wilden heute noch.) Im Traum übt sich dieses uralte Stück Menschentum in uns fort, denn es ist die Grundlage, auf der die höhere Vernunft sich entwickelte und in jedem Menschen sich noch entwickelt: der Traum bringt uns in ferne Zustände der menschlichen Kultur wieder zurück und gibt ein Mittel an die Hand, sie besser zu verstehen. Das Traumdenken wird uns jetzt so leicht, weil wir in ungeheuren Entwicklungsstrecken der Menschheit gerade auf diese Form des phantastischen und wohlfeilen Erklärens aus dem ersten beliebigen Einfalle heraus so gut eingedrillt worden sind. Insofern ist der Traum eine Erholung für das Gehirn, welches am Tage den strengen Anforderungen an das Denken zu genügen hat, wie sie von der höheren Kultur gestellt werden.

Einen verwandten Vorgang können wir geradezu als Pforte und Vorhalle noch bei wachem Verstande in Augenschein nehmen. Schließen wir die Augen, so produziert das Gehirn eine Menge von

Lichteindrücken und Farben, wahrscheinlich als eine Art Nachspiel und Echo aller jener Lichtwirkungen, welche am Tage auf dasselbe eindringen. Nun verarbeitet aber der Verstand (mit Phantasie im Bunde) diese an sich formlosen Farbenspiele sofort zu bestimmten Figuren, Gestalten, Landschaften, belebten Gruppen. Der eigentliche Vorgang dabei ist wiederum eine Art Schluß von der Wirkung auf die Ursache; indem der Geist fragt: woher diese Lichteindrücke und Farben, supponiert er als Ursachen jene Figuren, Gestalten; sie gelten ihm als die Veranlassungen jener Farben und Lichter, weil er, am Tage, bei offenen Augen, gewohnt ist, zu jeder Farbe, jedem Lichteindruck eine veranlassende Ursache zu finden. Hier also schiebt ihm die Phantasie fortwährend Bilder vor, indem sie an die Gesichtseindrücke des Tages sich in ihrer Produktion anlehnt, und gerade so macht es die Traumphantasie: – das heißt die vermeintliche Ursache wird aus der Wirkung erschlossen und *nach* der Wirkung vorgestellt: alles dies mit außerordentlicher Schnelligkeit, so daß hier wie beim Taschenspieler eine Verwirrung des Urteils entstehen und ein Nacheinander sich wie etwas Gleichzeitiges, selbst wie ein umgedrehtes Nacheinander ausnehmen kann.

Wir können aus diesen Vorgängen entnehmen, *wie spät* das schärfere logische Denken, das Strengnehmen von Ursache und Wirkung entwickelt worden ist, wenn unsere Vernunft- und Verstandesfunktionen *jetzt noch* unwillkürlich nach jenen primitiven Formen des Schließens zurückgreifen und wir ziemlich die Hälfte unseres Lebens in diesem Zustande leben.

Auch der Dichter, der Künstler *schiebt* seinen Stimmungen und Zuständen Ursachen *unter*, welche durchaus nicht die wahren sind; er erinnert insofern an älteres Menschentum und kann uns zum Verständnisse desselben verhelfen. I, 454ff.

24

Miterklingen. – Alle *stärkeren* Stimmungen bringen ein Miterklingen verwandter Empfindungen und Stimmungen mit sich: sie wühlen gleichsam das Gedächtnis auf. Es erinnert sich bei ihnen etwas in uns und wird sich ähnlicher Zustände und deren Herkunft bewußt. So bilden sich angewöhnte rasche Verbindungen von Gefühlen und Gedanken, welche zuletzt, wenn sie blitzschnell hintereinander erfolgen, nicht einmal mehr als Komplexe, sondern als *Einheiten* empfunden werden. In diesem Sinne redet man vom moralischen Gefühle, vom religiösen Gefühle, wie als ob dies lauter Einheiten seien: in Wahrheit sind sie Ströme mit hundert Quellen und Zuflüssen. Auch hier, wie so oft, verbürgt die Einheit des Wortes nichts für die Einheit der Sache.

I, 456f.

25

Das Unlogische notwendig. – Zu den Dingen, welche einen Denker in Verzweiflung bringen können, gehört die Erkenntnis, daß das Unlogische für den Menschen nötig ist, und daß aus dem Unlogischen vieles Gute entsteht. Es steckt so fest in den Leidenschaften, in der Sprache, in der Kunst, in der Religion und überhaupt in allem, was dem Leben Wert verleiht, daß man es nicht herausziehen kann, ohne damit diese schönen Dinge heillos zu beschädigen. Es sind nur die allzu naiven Menschen, welche glauben können, daß die Natur des Menschen in eine rein logische verwandelt werden könne; wenn es aber Grade der Annäherung an dieses Ziel geben sollte, was würde da nicht alles auf diesem Wege verloren gehen müssen! Auch der vernünftigste Mensch bedarf von Zeit zu Zeit wieder der Natur, das heißt seiner *unlogischen Grundstellung zu allen Dingen.*

I, 470

26

Ungerechtsein notwendig. – Alle Urteile über den Wert des Lebens sind unlogisch entwickelt und deshalb ungerecht. Die Unreinheit des Urteils liegt erstens in der Art, wie das Material vorliegt, nämlich sehr unvollständig, zweitens in der Art, wie daraus die Summe gebildet wird, und drittens darin, daß jedes einzelne Stück des Materials wieder das Resultat unreinen Erkennens ist, und zwar dies mit voller Notwendigkeit. Keine Erfahrung zum Beispiel über einen Menschen, stünde er uns auch noch so nah, kann vollständig sein, so daß wir ein logisches Recht zu seiner Gesamtabschätzung desselben hätten; alle Schätzungen sind voreilig und müssen es sein. Endlich ist das Maß, womit wir messen unser Wesen, keine unabänderliche Größe, wir haben Stimmungen und Schwankungen, und doch müßten wir uns selbst als ein festes Maß kennen, um das Verhältnis irgendeiner Sache zu uns gerecht abzuschätzen. Vielleicht wird aus alledem folgen, daß man gar nicht urteilen sollte; wenn man aber nur *leben* könnte ohne abzuschätzen, ohne Abneigung und Zuneigung zu haben! – denn alles Abgeneigtsein hängt mit einer Schätzung zusammen, ebenso alles Geneigtsein.

Ein Trieb zu etwas oder von etwas weg, ohne ein Gefühl davon, daß man das Förderliche wolle, dem Schädlichen ausweiche, ein Trieb ohne eine Art von erkennender Abschätzung über den Wert des Zieles existiert beim Menschen nicht. Wir sind von vornherein unlogische und daher ungerechte Wesen *und können dies erkennen:* dies ist eine der größten und unauflösbarsten Disharmonien des Daseins.

I, 470f.

27

Vorteile der psychologischen Beobachtung. — Daß das Nachdenken über Menschliches, Allzumenschliches — oder wie der gelehrtere Ausdruck lautet: die psychologische Beobachtung — zu den Mitteln gehöre, vermöge deren man sich die Last des Lebens erleichtern könne, daß die Übung in dieser Kunst Geistesgegenwart in schwierigen Lagen und Unterhaltung inmitten einer langweiligen Umgebung verleihe, ja daß man den dornenvollsten und unerfreulichsten Strichen des eigenen Lebens Sentenzen abpflücken und sich dabei ein wenig wohler fühlen könne: das glaubte man, wußte man — in früheren Jahrhunderten. Warum vergaß es dieses Jahrhundert, wo wenigstens in Deutschland, ja in Europa, die Armut an psychologischer Beobachtung durch viele Zeichen sich zu erkennen gibt?

Nicht gerade in Roman, Novelle und philosophischer Betrachtung, — diese sind das Werk von Ausnahmemenschen; schon mehr in der Beurteilung öffentlicher Ereignisse und Persönlichkeiten: vor allem aber fehlt die Kunst der psychologischen Zergliederung und Zusammenrechnung in der Gesellschaft aller Stände, in der man wohl viel über Menschen, aber gar nicht *über den Menschen* spricht. Warum doch läßt man sich den reichsten und harmlosesten Stoff der Unterhaltung entgehen? Warum liest man nicht einmal die großen Meister der psychologischen Sentenz mehr?

I, 476

28

Einwand. — Oder sollte es gegen jenen Satz, daß die psychologische Beobachtung zu den Reiz-, Heil- und Erleichterungs-Mitteln des Daseins gehöre, eine Gegenrechnung geben? Sollte man sich genug von den unangenehmen Folgen dieser Kunst überzeugt haben, um jetzt mit Absichtlichkeit den Blick der sich Bildenden von ihr abzulenken?

In der Tat, ein gewisser blinder Glaube an die Güte der menschlichen Natur, ein eingepflanzter Widerwille vor der Zerlegung menschlicher Handlungen, eine Art Schamhaftigkeit in Hinsicht auf die Nacktheit der Seele mögen wirklich für das gesamte Glück eines Menschen wünschenswertere Dinge sein, als jene in einzelnen Fällen hilfreiche Eigenschaft der psychologischen Scharfsichtigkeit; und vielleicht hat der Glaube an das Gute, an tugendhafte Menschen und Handlungen, an eine Fülle des unpersönlichen Wohlwollens in der Welt die Menschen besser gemacht, insofern er dieselben weniger mißtrauisch machte. Wenn man die Helden Plutarchs mit Begeisterung nachahmt und einen Abscheu davor empfindet, den Motiven ihres Handelns anzweifelnd nachzuspüren, so hat zwar nicht die Wahrheit, aber die Wohlfahrt der menschlichen Gesellschaft ihren Nutzen dabei: der psychologische Irrtum und überhaupt die Dumpfheit auf diesem Gebiete hilft der Menschlichkeit vorwärts, während die Erkenntnis der Wahrheit vielleicht durch die anregende Kraft einer Hypothese mehr gewinnt...   I, 476

29

Trotzdem. – Wie es sich nun mit Rechnung und Gegenrechnung verhalte: in dem gegenwärtigen Zustande einer bestimmten einzelnen Wissenschaft ist die Auferweckung der moralischen Beobachtung nötig geworden, und der grausame Anblick des psychologischen Seziertisches und seiner Messer und Zangen kann der Menschheit nicht erspart bleiben. Denn hier gebietet jene Wissenschaft, welche nach Ursprung und Geschichte der sogenannten moralischen Empfindungen fragt und welche im Fortschreiten die verwickelten soziologischen Probleme aufzustellen und zu lösen hat: – die ältere Philosophie kennt die letzteren gar nicht und ist der Untersuchung von Ursprung und Geschichte der moralischen Empfindungen unter dürftigen Ausflüchten immer aus dem Wege gegangen. Mit welchen Folgen: das läßt sich jetzt sehr deutlich überschauen, nachdem an vielen Beispielen nachgewiesen ist, wie die Irrtümer der größten Philosophen gewöhnlich ihren Ausgangspunkt in einer falschen Erklärung bestimmter menschlicher Handlungen und Empfindungen haben, wie auf Grund einer irrtümlichen Analyse, zum Beispiel der sogenannten unegoistischen Handlungen, eine falsche Ethik sich aufbaut, dieser zu Gefallen dann wiederum Religion und mythologisches Unwesen zu Hilfe genommen werden, und endlich die Schatten dieser trüben Geister auch in die Physik und die gesamte Weltbetrachtung hineinfallen. Steht es aber fest, daß die Oberflächlichkeit der psychologischen Beobachtung dem menschlichen Urteilen und Schließen die gefährlichsten Fallstricke gelegt hat und fortwährend von neuem legt, so bedarf es jetzt jener Ausdauer der Arbeit, welche nicht müde wird, Steine auf Steine, Steinchen auf Steinchen zu häufen, so bedarf es der enthaltsamen Tapferkeit, um sich einer solchen bescheidenen Arbeit nicht zu schämen und jeder Mißachtung derselben Trotz zu bieten.   I, 477

30

Inwiefern nützlich. – Also: ob die psychologische Beobachtung mehr Nutzen oder mehr Nachteil über die Menschen bringe, das bleibe immerhin unentschieden; aber fest steht, daß sie notwendig ist, weil die Wissenschaft ihrer nicht entraten kann. Die Wissenschaft aber kennt keine Rücksichten auf letzte Zwecke, ebensowenig als die Natur sie kennt: sondern wie diese gelegentlich Dinge von der höchsten Zweckmäßigkeit zustande bringt, ohne sie gewollt zu haben, so wird auch die echte Wissenschaft, als *die Nachahmung der Natur in Begriffen*, den Nutzen und die Wohlfahrt der Menschen gelegentlich, ja vielfach fördern und das Zweckmäßige erreichen – aber ebenfalls, *ohne es gewollt zu haben.*

Wem es aber bei dem Anhauche einer solchen Betrachtungsart gar zu winterlich zumute wird, der hat vielleicht nur zu wenig Feuer in sich: er möge sich indes umsehen und er wird Krankheiten wahrnehmen, in denen Eisumschläge nottun, und Menschen, welche so aus Glut und Geist ›zusammengeknetet‹ sind, daß sie kaum irgendwo die Luft kalt und schneidend genug für sich finden können. Überdies: wie allzu ernste einzelne und Völker ein Bedürfnis nach Leichtfertigkeiten haben, wie andere allzu Erregbare und Bewegliche zeitweilig schwere niederdrückende Lasten zu ihrer Gesundheit nötig haben: sollten *wir*, die *geistigeren* Menschen eines Zeitalters, welches ersichtlich immer mehr in Brand gerät, nicht nach allen löschenden und kühlenden Mitteln, die es gibt, greifen müssen, damit wir wenigstens so stetig, harmlos und mäßig bleiben, als wir es noch sind, und so vielleicht einmal dazu brauchbar werden, diesem Zeitalter als Spiegel und Selbstbesinnung über sich zu dienen!   I, 478f.

31

Das Über-Tier. – Die Bestie in uns will belogen sein; Moral ist Notlüge, damit wir von ihr nicht zerrissen werden. Ohne die Irrtümer, welche in den Annahmen der Moral liegen, wäre der Mensch Tier geblieben. So aber hat er sich als etwas Höheres genommen und sich strengere Gesetze auferlegt. Er hat deshalb einen Haß gegen die der Tierheit näher gebliebenen Stufen: woraus die ehemalige Mißachtung des Sklaven als eines Nicht-Menschen, als einer Sache, zu erklären ist.

I, 481

32

Der unveränderliche Charakter. – Daß der Charakter unveränderlich sei, ist nicht im strengen Sinne wahr; vielmehr heißt dieser beliebte Satz nur soviel, daß während der kurzen Lebensdauer eines Menschen die einwirkenden Motive nicht tief genug ritzen können, um die aufgeprägten Schriftzüge vieler Jahrtausende zu zerstören. Dächte man sich aber einen Menschen von achtzigtausend Jahren, so hätte man an ihm sogar einen absolut veränderlichen Charakter: so daß eine Fülle verschiedener Individuen sich nach und nach aus ihm entwickelte. Die Kürze des menschlichen Lebens verleitet zu manchen irrtümlichen Behauptungen über die Eigenschaften des Menschen.　　I, 481

33

Grausame Menschen als zurückgeblieben. – Die Menschen, welche jetzt grausam sind, müssen uns als Stufen *früherer Kulturen* gelten, welche übriggeblieben sind: das Gebirge der Menschheit zeigt hier einmal die tieferen Formationen, welche sonst versteckt liegen, offen. Es sind zurückgebliebene Menschen, deren Gehirn, durch alle möglichen Zufälle im Verlauf der Vererbung, nicht so zart und vielseitig fortgebildet worden ist. Sie zeigen uns, was wir alle *waren*, und machen uns erschrecken: aber sie selber sind so wenig verantwortlich, wie ein Stück Granit dafür, daß es Granit ist. In unserem Gehirne müssen sich auch Rinnen und Windungen finden, welche jener Gesinnung entsprechen, wie sich in der Form einzelner menschlicher Organe Erinnerungen an Fischzustände finden sollen. Aber diese Rinnen und Windungen sind nicht mehr das Bett, in welchem sich jetzt der Strom unserer Empfindung wälzt.　　I, 482

34

Ökonomie der Güte. – Die Güte und Liebe als die heilsamsten Kräuter und Kräfte im Verkehre der Menschen sind so kostbare Funde, daß man wohl wünschen möchte, es werde in der Verwendung dieser balsamischen Mittel so ökonomisch wie möglich verfahren: doch ist dies unmöglich. Die Ökonomie der Güte ist der Traum der verwegensten Utopisten. I, 484

35

Wohlwollen. – Unter die kleinen, aber zahllos häufigen und deshalb sehr wirkungsvollen Dinge, auf welche die Wissenschaft mehr achtzugeben hat als auf die großen seltenen Dinge, ist auch das Wohlwollen zu rechnen; ich meine jene Äußerungen freundlicher Gesinnung im Verkehr, jenes Lächeln des Auges, jene Händedrücke, jenes Behagen, von welchem für gewöhnlich fast alles menschliche Tun umsponnen ist. Jeder Lehrer, jeder Beamte bringt diese Zutat zu dem, was für ihn Pflicht ist, hinzu; es ist die fortwährende Betätigung der Menschlichkeit, gleichsam die Wellen ihres Lichtes, in denen alles wächst; namentlich im engsten Kreise, innerhalb der Familie, grünt und blüht das Leben nur durch jenes Wohlwollen. Die Gutmütigkeit, die Freundlichkeit, die Höflichkeit des Herzens sind immerquellende Ausflüsse des unegoistischen Triebes und haben viel mächtiger an der Kultur gebaut, als jene viel berühmteren Äußerungen desselben, die man Mitleiden, Barmherzigkeit und Aufopferung nennt. Aber man pflegt sie geringzuschätzen und in der Tat: es ist nicht gerade viel Unegoistisches daran. Die *Summe* dieser geringen Dosen ist trotzdem gewaltig, ihre gesamte Kraft gehört zu den stärksten Kräften. – Ebenso findet man viel mehr Glück in der Welt, als trübe Augen sehen: wenn man nämlich richtig rechnet und nur alle jene Momente des Behagens, an welchen jeder Tag in jedem, auch dem bedrängendsten Menschenleben reich ist, nicht vergißt. I, 485

36

Wie der Schein zum Sein wird. – Der Schauspieler kann zuletzt auch beim tiefsten Schmerz nicht aufhören, an den Eindruck seiner Person und den gesamten szenischen Effekt zu denken, zum Beispiel selbst beim Begräbnis seines Kindes; er wird über seinen eigenen Schmerz und dessen Äußerungen weinen, als sein eigener Zuschauer. Der Heuchler, welcher immer ein und dieselbe Rolle spielt, hört zuletzt auf, Heuchler zu sein; zum Beispiel Priester, welche als junge Männer gewöhnlich bewußt oder unbewußt Heuchler sind, werden zuletzt natürlich und sind dann wirklich, ohne Affektation, eben Priester; oder wenn es der Vater nicht soweit bringt, dann vielleicht der Sohn, der des Vaters Vorsprung benutzt, seine Gewöhnung erbt. Wenn einer sehr lange und hartnäckig etwas *scheinen* will, so wird es ihm zuletzt schwer, etwas anderes zu *sein*. Der Beruf fast jedes Menschen, sogar des Künstlers, beginnt mit Heuchelei, mit einem Nachmachen von außen her, mit einem Kopieren des Wirkungsvollen. Der, welcher immer die Maske freundlicher Mienen trägt, muß zuletzt eine Gewalt über wohlwollende Stimmungen bekommen, ohne welche der Ausdruck der Freundlichkeit nicht zu erzwingen ist, – und zuletzt wieder bekommen diese über ihn Gewalt, er *ist* wohlwollend.　　　　I, 487

37

Die Lüge. – Weshalb sagen zu allermeist die Menschen im alltäglichen Leben die Wahrheit? – Gewiß nicht, weil ein Gott das Lügen verboten hat. Sondern erstens: weil es bequemer ist; denn die Lüge erfordert Erfindung, Verstellung und Gedächtnis. (Weshalb Swift sagt: wer eine Lüge berichtet, merkt selten die schwere Last, die er übernimmt; er muß nämlich, um eine Lüge zu behaupten, zwanzig andere erfinden.) Sodann: weil es in schlichten Verhältnissen vorteilhaft ist, direkt zu sagen: ich will dies, ich habe dies getan, und dergleichen; also weil der Weg des Zwangs und der Autorität sicherer ist als der der List. –

Ist aber einmal ein Kind in verwickelten häuslichen Verhältnissen aufgezogen worden, so handhabt es ebenso natürlich die Lüge und sagt unwillkürlich immer das, was seinem Interesse entspricht; ein Sinn für Wahrheit, ein Widerwille gegen die Lüge an sich ist ihm ganz fremd und unzugänglich, und so lügt es in aller Unschuld.　　　　I, 488f.

38

Sieg der Erkenntnis über das radikale Böse. – Es trägt dem, der weise werden will, einen reichlichen Gewinn ein, eine Zeitlang einmal die Vorstellung vom gründlich bösen und verderbten Menschen gehabt zu haben: sie ist falsch, wie die entgegengesetzte; aber ganze Zeitstrecken hindurch besaß sie die Herrschaft, und ihre Wurzeln haben sich bis in uns und unsere Welt hinein verästet. Um *uns* zu begreifen, müssen wir *sie* begreifen; um aber dann höher zu steigen, müssen wir über sie hinwegsteigen. Wir erkennen dann, daß es keine Sünden im metaphysischen Sinne gibt; aber, im gleichen Sinne, auch keine Tugenden; daß dieser ganze Bereich sittlicher Vorstellungen fortwährend im Schwanken ist, daß es höhere und tiefere Begriffe von Gut und Böse, Sittlich und Unsittlich gibt. Wer nicht viel mehr von den Dingen begehrt, als Erkenntnis derselben, kommt leicht mit seiner Seele zur Ruhe und wird höchstens aus Unwissenheit, aber schwerlich aus Begehrlichkeit fehlgreifen (oder sündigen, wie die Welt es heißt). Er wird die Begierden nicht mehr verketzern und ausrotten wollen; aber sein einziges ihn völlig beherrschendes Ziel, zu aller Zeit so gut wie möglich zu *erkennen*, wird ihn kühl machen und alle Wildheit in seiner Anlage besänftigen. Überdies ist er eine Menge quälender Vorstellungen losgeworden, er empfindet nichts mehr bei dem Worte Höllenstrafen, Sündhaftigkeit, Unfähigkeit zum Guten: er erkennt darin nur die verschwebenden Schattenbilder falscher Welt- und Lebensbetrachtungen.

I, 489f.

39

Was man versprechen kann. — Man kann Handlungen versprechen, aber keine Empfindungen; denn diese sind unwillkürlich. Wer jemandem verspricht, ihn immer zu lieben oder immer zu hassen oder ihm immer treu zu sein, verspricht etwas, das nicht in seiner Macht steht; wohl aber kann er solche Handlungen versprechen, welche zwar gewöhnlich die Folgen der Liebe, des Hasses, der Treue sind, aber auch aus anderen Motiven entspringen können: denn zu einer Handlung führen mehrere Wege und Motive. Das Versprechen, jemanden immer zu lieben, heißt also: so lange ich dich liebe, werde ich dir die Handlungen der Liebe erweisen; liebe ich dich nicht mehr, so wirst du noch dieselben Handlungen, wenn auch aus anderen Motiven, immerfort von mir empfangen: so daß der Schein in den Köpfen der Mitmenschen bestehen bleibt, daß die Liebe unverändert und immer noch dieselbe sei. — Man verspricht also die Andauer des Anscheines der Liebe, wenn man ohne Selbstverblendung jemandem immerwährende Liebe gelobt.

I, 491

40

Der Aufbrausende. — Vor einem, der gegen uns aufbraust, soll man sich in acht nehmen wie vor einem, der uns einmal nach dem Leben getrachtet hat: denn *daß* wir noch leben, das liegt in der Abwesenheit der Macht zu töten; genügten Blicke, so wäre es längst um uns geschehen. Es ist ein Stück roher Kultur, durch Sichtbarwerdenlassen der physischen Wildheit, durch Furchterregen jemanden zum Schweigen zu bringen. — Ebenso ist jener kalte Blick, welchen Vornehme gegen ihre Bedienten haben, ein Überrest jener kastenmäßigen Abgrenzungen zwischen Mensch und Mensch, ein Stück rohen Altertums; die Frauen, die Bewahrerinnen des Alten, haben auch dies survival treuer bewahrt.   I, 493

41

Sträflich, nie gestraft. – Unser Verbrechen gegen Verbrecher besteht darin, daß wir sie wie Schufte behandeln.   I, 494

42

Haut der Seele. – Wie die Knochen, Fleischstücke, Eingeweide und Blutgefäße mit einer Haut umschlossen sind, die den Anblick des Menschen erträglich macht, so werden die Regungen und Leidenschaften der Seele durch die Eitelkeit umhüllt: sie ist die Haut der Seele.   I, 499

43

Feinheit der Scham. – Die Menschen schämen sich nicht, etwas Schmutziges zu denken, aber wohl, wenn sie sich vorstellen, daß man ihnen diese schmutzigen Gedanken zutraue.   I, 499

44

Lukas 18,14 verbessert. –Wer sich selbst erniedrigt, will erhöhet werden.   I, 500

45

Lust und sozialer Instinkt. –Aus seinen Beziehungen zu anderen Menschen gewinnt der Mensch eine neue Gattung von *Lust* zu jenen Lustempfindungen hinzu, welche er aus sich selber nimmt; wodurch er das Reich der Lustempfindung überhaupt bedeutend umfänglicher macht. Vielleicht hat er mancherlei, das hierher gehört, schon von den Tieren her überkommen, welche ersichtlich Lust empfinden, wenn sie miteinander spielen, namentlich die Mütter mit den Jungen. Sodann gedenke man der geschlechtlichen Beziehungen, welche jedem Männchen ungefähr jedes Weibchen interessant in Ansehung der Lust erscheinen lassen und umgekehrt. Die Lustempfindung auf Grund menschlicher Beziehungen macht im allgemeinen den Menschen besser; die gemeinsame Freude, die Lust, mitsammen genossen, erhöht dieselbe, sie gibt dem einzelnen Sicherheit, macht ihn gutmütiger, löst das Mißtrauen, den Neid: denn man fühlt sich selber wohl und sieht den andern in gleicher Weise sich wohlfühlen. Die *gleichartigen Äußerungen der Lust* erwecken die Phantasie der Mitempfindung, das Gefühl, etwas Gleiches zu sein: dasselbe tun auch die gemeinsamen Leiden, dieselben Unwetter, Gefahren, Feinde. Darauf baut sich dann wohl das älteste Bündnis auf, dessen Sinn die gemeinsame Beseitigung und Abwehr einer drohenden Unlust zum Nutzen jedes einzelnen ist. Und so wächst der soziale Instinkt aus der Lust heraus. I, 506

46

Scham. – Die Scham existiert überall, wo es ein ›Mysterium‹ gibt; dies ist aber ein religiöser Begriff, welcher in der älteren Zeit der menschlichen Kultur einen großen Umfang hatte. Überall gab es umgrenzte Gebiete, zu welchen das göttliche Recht den Zutritt versagte, außer unter bestimmten Bedingungen: zu allererst ganz räumlich, insofern gewisse Stätten vom Fuße der Uneingeweihten nicht zu betreten waren und in deren Nähe diese Schauder und Angst empfanden. Dies Gefühl wurde vielfach auf andere Verhältnisse übertragen, zum Beispiel auf die geschlechtlichen Verhältnisse, welche als ein Vorrecht und Adyton des reiferen Alters den Blicken der Jugend, zu deren Vorteil, entzogen werden sollten: Verhältnisse, zu deren Schutz und Heilighaltung viele Götter tätig und im ehelichen Gemache als Wächter aufgestellt gedacht wurden. (Im Türkischen heißt deshalb dies Gemach Harem, ›Heiligtum‹, wird also mit demselben Worte bezeichnet, welches für die Vorhöfe der Moscheen üblich ist.) So ist das Königtum als ein Zentrum, von wo Macht und Glanz ausstrahlt, dem Unterworfenen ein Mysterium voller Heimlichkeit und Scham: wovon viele Nachwirkungen noch jetzt, unter Völkern, die sonst keineswegs zu den verschämten gehören, zu fühlen sind. Ebenso ist die ganze Welt innerer Zustände, die sogenannte ›Seele‹, auch jetzt noch für alle Nicht-Philosophen ein Mysterium, nachdem diese endlose Zeiten hindurch, als göttlichen Ursprungs, als göttlichen Verkehrs würdig geglaubt wurde; sie ist demnach ein Adyton und erweckt Scham. I, 508

47

... Alle Lust an sich selber ist weder gut noch böse... I, 510

48

... Ohne Lust kein Leben; der Kampf um die Lust ist der Kampf um das Leben... I, 511

49

Der doppelte Kampf gegen das Übel. — Wenn uns ein Übel trifft, so kann man entweder so über dasselbe hinwegkommen, daß man seine Ursache hebt, oder so, daß man die Wirkung, welche es auf unsere Empfindung macht, verändert: also durch ein Umdeuten des Übels in ein Gut, dessen Nutzen vielleicht erst später ersichtlich wird. Religion und Kunst (auch die metaphysische Philosophie) bemühen sich, auf die Änderung der Empfindung zu wirken, teils durch Änderung unseres Urteils über die Erlebnisse (zum Beispiel mit Hilfe des Satzes: ›wen Gott lieb hat, den züchtigt er‹), teils durch Erweckung einer Lust am Schmerz, an der Emotion überhaupt (woher die Kunst des Tragischen ihren Ausgangspunkt nimmt). Je mehr einer dazu neigt, umzudeuten und zurechtzulegen, um so weniger wird er die Ursachen des Übels ins Auge fassen und beseitigen; die augenblickliche Milderung und Narkotisierung, wie sie zum Beispiel bei Zahnschmerz gebräuchlich ist, genügt ihm auch in ernsteren Leiden. Je mehr die Herrschaft der Religionen und aller Kunst der Narkose abnimmt, um so strenger fassen die Menschen die wirkliche Beseitigung der Übel ins Auge: was freilich schlimm für die Tragödiendichter ausfällt – denn zur Tragödie findet sich immer wenig Stoff, weil das Reich des unerbittlichen, unbezwinglichen Schicksals immer enger wird –, noch schlimmer aber für die Priester: denn diese lebten bisher von der Narkotisierung menschlicher Übel. I, 517

50

Also: eine bestimmte falsche Psychologie, eine gewisse Art von Phantastik in der Ausdeutung der Motive und Erlebnisse ist die notwendige Voraussetzung davon, daß einer zum Christen werde und das Bedürfnis der Erlösung empfinde. Mit der Einsicht in diese Verirrung der Vernunft und Phantasie hört man auf, Christ zu sein. I, 535

51

Glaube an Inspiration. — Die Künstler haben ein Interesse daran, daß man an die plötzlichen Eingebungen, die sogenannten Inspirationen glaubt; als ob die Idee des Kunstwerks, der Dichtung, der Grundgedanke einer Philosophie wie ein Gnadenschein vom Himmel herableuchte. In Wahrheit produziert die Phantasie des guten Künstlers oder Denkers fortwährend Gutes, Mittelmäßiges und Schlechtes, aber seine *Urteilskraft*, höchst geschärft und geübt, verwirft, wählt aus, knüpft zusammen; wie man jetzt aus den Notizbüchern Beethovens ersieht, daß er die herrlichsten Melodien allmählich zusammengetragen und aus vielfachen Ansätzen gewissermaßen ausgelesen hat. Wer weniger streng scheidet und sich der nachbildenden Erinnerung gern überläßt, der wird unter Umständen ein großer Improvisator werden können; aber die künstlerische Improvisation steht tief im Verhältnis zum ersten und mühevoll erlesenen Kunstgedanken. Alle Großen waren große Arbeiter, unermüdlich nicht nur im Erfinden, sondern auch im Verwerfen, Sichten, Umgestalten, Ordnen.   I, 549

52

Nochmals die Inspiration. − Wenn sich die Produktionskraft eine Zeitlang angestaut hat und am Ausfließen durch ein Hemmnis gehindert worden ist, dann gibt es endlich einen so plötzlichen Erguß, als ob eine unmittelbare Inspiration, ohne vorhergegangenes innres Arbeiten, also ein Wunder sich vollziehe. Dies macht die bekannte Täuschung aus, an deren Fortbestehen, wie gesagt, das Interesse aller Künstler ein wenig zu sehr hängt. Das Kapital hat sich eben nur angehäuft, es ist nicht auf einmal vom Himmel gefallen. Es gibt übrigens auch anderwärts solche scheinbare Inspiration, zum Beispiel im Bereiche der Güte, der Tugend, des Lasters.   I, 550

53

Der starke, gute Charakter. − Die Gebundenheit der Ansichten, durch Gewöhnung zum Instinkt geworden, führt zu dem, was man Charakterstärke nennt. Wenn jemand aus wenigen, aber immer aus den gleichen Motiven handelt, so erlangen seine Handlungen eine große Energie; stehen diese Handlungen im Einklange mit den Grundsätzen der gebundenen Geister, so werden sie anerkannt und erzeugen nebenbei in dem, der sie tut, die Empfindung des guten Gewissens. Wenige Motive, energisches Handeln und gutes Gewissen machen das aus, was man Charakterstärke nennt. Dem Charakterstarken fehlt die Kenntnis der vielen Möglichkeiten und Richtungen des Handelns; sein Intellekt ist unfrei, gebunden, weil er ihm in einem gegebenen Falle vielleicht nur zwei Möglichkeiten zeigt; zwischen diesen muß er jetzt, gemäß seiner ganzen Natur, mit Notwendigkeit wählen, und er tut dies leicht und schnell, weil er nicht zwischen fünfzig Möglichkeiten zu wählen hat. Die erziehende Umgebung will jeden Menschen unfrei machen, indem sie ihm die geringste Zahl von Möglichkeiten vor Augen stellt. Das Individuum wird von seinen Erziehern behandelt, als ob es zwar etwas Neues sei, aber eine *Wiederholung* werden solle. Erscheint der Mensch zunächst als etwas Unbekanntes, nie Dagewesenes, so soll er zu etwas Bekanntem, Dagewesenem gemacht werden. Einen guten Charakter nennt man an einem Kinde das Sichtbarwerden der Gebundenheit durch das Dagewesene; indem das Kind sich auf die Seite der gebundenen Geister stellt, bekundet es zuerst seinen erwachenden Gemeinsinn; auf der Grundlage dieses Gemeinsinns aber wird es später seinem Staate oder Stande nützlich.   I, 587

54

Das Vorurteil zugunsten der Größe. – Die Menschen überschätzen ersichtlich alles Große und Hervorstechende. Dies kommt aus der bewußten Einsicht her, daß sie es sehr nützlich finden, wenn einer alle Kraft auf *ein* Gebiet wirft und aus sich gleichsam *ein* monströses Organ macht. Sicherlich ist dem Menschen selber eine *gleichmäßige* Ausbildung seiner Kräfte nützlicher und glückbringender; denn jedes Talent ist ein Vampir, welcher den übrigen Blut und Kraft aussaugt, und eine übertriebene Produktion kann den begabtesten Menschen fast zur Tollheit bringen. Auch innerhalb der Künste erregen die extremen Naturen viel zu sehr die Aufmerksamkeit; aber es ist auch eine viel geringere Kultur nötig, um von ihnen sich fesseln zu lassen. Die Menschen unterwerfen sich aus Gewohnheit allem, was Macht haben will.
   I, 605

55

Hauptmangel des tätigen Menschen. – Den Tätigen fehlt gewöhnlich die höhere Tätigkeit: ich meine die individuelle. Sie sind als Beamte, Kaufleute, Gelehrte, das heißt als Gattungswesen tätig, aber nicht als ganz bestimmte einzelne und einzige Menschen; in dieser Hinsicht sind sie faul.

Es ist das Unglück der Tätigen, daß ihre Tätigkeit fast immer ein wenig unvernünftig ist. Man darf zum Beispiel bei dem geldsammelnden Bankier nach dem Zweck seiner rastlosen Tätigkeit nicht fragen: sie ist unvernünftig. Die Tätigen rollen, wie der Stein rollt, gemäß der Dummheit der Mechanik.

Alle Menschen zerfallen, wie zu allen Zeiten so auch jetzt noch, in Sklaven und Freie; denn wer von seinem Tage nicht zwei Drittel für sich hat, ist ein Sklave, er sei übrigens wer er wolle: Staatsmann, Kaufmann, Beamter, Gelehrter.   I, 619f.

56

Zugunsten der Müßigen. – Zum Zeichen dafür, daß die Schätzung des beschaulichen Lebens abgenommen hat, wetteifern die Gelehrten jetzt mit den tätigen Menschen in einer Art von hastigem Genusse, so daß sie also diese Art, zu genießen, höher zu schätzen scheinen als die, welche ihnen eigentlich zukommt und welche in der Tat viel mehr Genuß ist. Die Gelehrten schämen sich des *otium*. Es ist aber ein edel Ding um Muße und Müßiggehen.

Wenn Müßiggang wirklich der Anfang aller Laster ist, so befindet er sich also wenigstens in der nächsten Nähe aller Tugenden; der müßige Mensch ist immer noch ein besserer Mensch als der tätige. – Ihr meint doch nicht, daß ich mit Muße und Müßiggehen auf euch ziele, ihr Faultiere?   I, 620

57

Die moderne Unruhe. – Nach dem Westen zu wird die moderne Bewegtheit immer größer, so daß den Amerikanern die Bewohner Europas insgesamt sich als ruheliebende und genießende Wesen darstellen, während diese doch selbst wie Bienen und Wespen durcheinanderfliegen. Diese Bewegtheit wird so groß, daß die höhere Kultur ihre Früchte nicht mehr zeitigen kann; es ist, als ob die Jahreszeiten zu rasch aufeinander folgten. Aus Mangel an Ruhe läuft unsere Zivilisation in eine neue Barbarei aus. Zu keiner Zeit haben die Tätigen, das heißt die Ruhelosen, mehr gegolten. Es gehört deshalb zu den notwendigen Korrekturen, welche man am Charakter der Menschheit vornehmen muß, das beschauliche Element in großem Maße zu verstärken. Doch hat schon jeder einzelne, welcher in Herz und Kopf ruhig und stetig ist, das Recht zu glauben, daß er nicht nur ein gutes Temperament, sondern eine allgemein nützliche Tugend besitze und durch die Bewahrung dieser Tugend sogar eine höhere Aufgabe erfüllt.   I, 620f.

58

Inwiefern der Tätige faul ist. – Ich glaube, daß jeder über jedes Ding, über welches Meinungen möglich sind, eine eigene Meinung haben muß, weil er selber ein eigenes, nur einmaliges Ding ist, das zu allen anderen Dingen eine neue, nie dagewesene Stellung einnimmt. Aber die Faulheit, welche im Grunde der Seele des Tätigen liegt, verhindert den Menschen, das Wasser aus seinem eigenen Brunnen zu schöpfen.

Mit der Freiheit der Meinungen steht es wie mit der Gesundheit: beide sind individuell, von beiden kann kein allgemeingültiger Begriff aufgestellt werden. Das, was das eine Individuum zu seiner Gesundheit nötig hat, ist für ein anderes schon Grund zur Erkrankung, und manche Mittel und Wege zur Freiheit des Geistes dürfen höher entwickelten Naturen als Wege und Mittel zur Unfreiheit gelten.

I, 621

59

Wert der Krankheit. – Der Mensch, der krank zu Bette liegt, kommt mitunter dahinter, daß er für gewöhnlich an seinem Amte, Geschäfte oder an seiner Gesellschaft krank ist und durch sie jede Besonnenheit über sich verloren hat: er gewinnt diese Weisheit aus der Muße, zu welcher ihn seine Krankheit zwingt.

I, 622

60

Vorsicht der freien Geister. – Freigesinnte, der Erkenntnis allein lebende Menschen werden ihr äußerliches Lebensziel, ihre endgültige Stellung zu Gesellschaft und Staat bald erreicht finden und zum Beispiel mit einem kleinen Amte oder einem Vermögen, das gerade zum Leben ausreicht, gerne sich zufrieden geben; denn sie werden sich einrichten, so zu leben, daß eine große Verwandlung der äußeren Güter, ja ein Umsturz der politischen Ordnungen ihr Leben nicht mit umwirft. Auf alle diese Dinge verwenden sie so wenig wie möglich an Energie, damit sie mit der ganzen angesammelten Kraft und gleichsam mit einem langen Atem in das Element des Erkennens hinabtauchen. So können sie hoffen, tief zu tauchen und auch wohl auf den Grund zu sehen.

Von einem Ereignis wird ein solcher Geist gerne nur einen Zipfel nehmen, er liebt die Dinge in der ganzen Breite und Weitschweifigkeit ihrer Falten nicht: denn er will sich nicht in diese verwickeln.

Auch er kennt die Wochentage der Unfreiheit, der Abhängigkeit, der Dienstbarkeit. Aber von Zeit zu Zeit muß ihm ein Sonntag der Freiheit kommen, sonst wird er das Leben nicht aushalten. – Es ist wahrscheinlich, daß selbst seine Liebe zu dem Menschen vorsichtig und etwas kurzatmig sein wird, denn er will sich nur, soweit es zum Zweck der Erkenntnis nötig ist, mit der Welt der Neigungen und der

Blindheit einlassen. Er muß darauf vertrauen, daß der Genius der Gerechtigkeit etwas für seinen Jünger und Schützling sagen wird, wenn anschuldigende Stimmen ihn arm an Liebe nennen sollten.

Es gibt in seiner Lebens- und Denkweise einen *verfeinerten Heroismus*, welcher es verschmäht, sich der großen Massen-Verehrung, wie sein gröberer Bruder es tut, anzubieten, und still durch die Welt und aus der Welt zu gehen pflegt. Was für Labyrinthe er auch durchwandert, unter welchen Felsen sich auch sein Strom zeitweilig durchgequält hat – kommt er ans Licht, so geht er hell, leicht und fast geräuschlos seinen Gang und läßt den Sonnenschein bis in seinen Grund hinab spielen. I, 622f.

61

Vorwärts. – Und damit vorwärts auf der Bahn der Weisheit, guten Schrittes, guten Vertrauens! Wie du auch bist, so diene dir selber als Quell der Erfahrung! Wirf das Mißvergnügen über dein Wesen ab, verzeihe dir dein eignes Ich, denn in jedem Falle hast du an dir eine Leiter mit hundert Sprossen, auf welchen du zur Erkenntnis steigen kannst. Das Zeitalter, in welches du dich mit Leidwesen geworfen fühlst, preist dich selig dieses Glückes wegen; es ruft dir zu, daß dir jetzt noch an Erfahrungen zuteil werde, was Menschen späterer Zeit vielleicht entbehren müssen. Mißachte es nicht, noch religiös gewesen zu sein; ergründe es völlig, wie du noch einen echten Zugang zur Kunst gehabt hast. Kannst du nicht gerade mit Hilfe dieser Erfahrungen ungeheuren Wegstrecken der früheren Menschheit verständnisvoller nachgehen? Sind nicht gerade auf *dem* Boden, welcher dir mitunter so mißfällt, auf dem Boden des unreinen Denkens, viele der herrlichsten Früchte älterer Kultur aufgewachsen?

Man muß Religion und Kunst wie Mutter und Amme geliebt haben – sonst kann man nicht weise werden. Aber man muß über sie hinaussehen, ihnen entwachsen können; bleibt man in ihrem Banne, so versteht man sie nicht. Ebenso muß dir die Historie vertraut sein und das vorsichtige Spiel mit den Waagschalen ›einerseits – andererseits‹.

Wandle zurück, in die Fußstapfen tretend, in welchen die Menschheit ihren leidvollen großen Gang durch die Wüste der Vergangenheit macht: so bist du am gewissesten belehrt, wohin alle spätere Menschheit nicht wieder gehen kann oder darf. Und indem du mit aller Kraft vorausspähen willst, wie der Knoten der Zukunft noch geknüpft wird, bekommt dein eigenes Leben den Wert eines Werkzeuges und

Mittels zur Erkenntnis. Du hast es in der Hand, zu erreichen, daß all dein Erlebtes: die Versuche, Irrwege, Fehler, Täuschungen, Leidenschaften, deine Liebe und deine Hoffnung, in deinem Ziele ohne Rest aufgehn. Dieses Ziel ist, selber eine notwendige Kette von Kultur-Ringen zu werden und von dieser Notwendigkeit aus auf die Notwendigkeit im Gange der allgemeinen Kultur zu schließen.

Wenn dein Blick stark genug geworden ist, den Grund in dem dunklen Brunnen deines Wesens und deiner Erkenntnisse zu sehen, so werden dir vielleicht auch in seinem Spiegel die fernen Sternbilder zukünftiger Kulturen sichtbar werden. Glaubst du, ein solches Leben mit einem solchen Ziele sei zu mühevoll, zu ledig aller Annehmlichkeiten? So hast du noch nicht gelernt, daß kein Honig süßer als der der Erkenntnis ist, und daß die hängenden Wolken der Trübsal dir noch zum Euter dienen müssen, aus dem du die Milch zu deiner Labung melken wirst. Kommt das Alter, so merkst du erst recht, wie du der Stimme der Natur Gehör gegeben, jener Natur, welche die ganze Welt durch Lust beherrscht: dasselbe Leben, welches seine Spitze im Alter hat, hat auch seine Spitze in der Weisheit, in jenem milden Sonnenglanz einer beständigen geistigen Freudigkeit; beiden, dem Alter und der Weisheit, begegnest du auf *einem* Bergrücken des Lebens, so wollte es die Natur. Dann ist es Zeit und kein Anlaß zum Zürnen, daß der Nebel des Todes naht. Dem Lichte zu – deine letzte Bewegung; ein Jauchzen der Erkenntnis – dein letzter Laut.   I, 623f.

62

Zwiegespräch. – Das Zwiegespräch ist das vollkommene Gespräch, weil alles, was der eine sagt, seine bestimmte Farbe, seinen Klang, seine begleitende Gebärde *in strenger Rücksicht auf den anderen*, mit dem gesprochen wird, erhält, also dem entsprechend, was beim Briefverkehr geschieht, daß ein und derselbe zehn Arten des seelischen Ausdrucks zeigt, je nachdem er bald an diesen, bald an jenen schreibt. Beim Zwiegespräch gibt es nur eine einzige Strahlenbrechung des Gedankens: diese bringt der Mitunterredner hervor, als der Spiegel, in welchem wir unsere Gedanken möglichst schön wiedererblicken wollen. Wie aber ist es bei zweien, bei dreien und mehr Mitunterrednern? Da verliert notwendig das Gespräch an individualisierender Feinheit, die verschiedenen Rücksichten kreuzen sich, heben sich auf; die Wendung, welche dem einen wohl tut, ist nicht der Sinnesart des andern gemäß. Deshalb wird der Mensch im Verkehr mit mehreren gezwungen, sich auf sich zurückzuziehen, die Tatsachen hinzustellen, wie sie sind, aber jenen spielenden Äther der Humanität den Gegenständen zu nehmen, welcher ein Gespräch zu den angenehmsten Dingen der Welt macht. I, 643

63

Das vollkommene Weib. – Das vollkommene Weib ist ein höherer Typus des Menschen als der vollkommene Mann: auch etwas viel Selteneres. – Die Naturwissenschaft der Tiere bietet ein Mittel, diesen Satz wahrscheinlich zu machen. I, 647

64

Freundschaft und Ehe. – Der beste Freund wird wahrscheinlich die beste Gattin bekommen, weil die gute Ehe auf dem Talent zur Freundschaft beruht. I, 647

65

Fortleben der Eltern. – Die unaufgelösten Dissonanzen im Verhältnis von Charakter und Gesinnung der Eltern klingen in dem Wesen des Kindes fort und machen seine innere Leidensgeschichte aus. I, 647

66

Von der Mutter her. – Jedermann trägt ein Bild des Weibes von der Mutter her in sich: davon wird er bestimmt, die Weiber überhaupt zu verehren oder sie geringzuschätzen oder gegen sie im allgemeinen gleichgültig zu sein. I, 647

67

Die Natur korrigieren. – Wenn man keinen guten Vater hat, so soll man sich einen anschaffen. I, 647

68

Eine Männer-Krankheit. – Gegen die Männer-Krankheit der Selbstverachtung hilft es am sichersten, von einem klugen Weibe geliebt zu werden. I, 648

69

Ein Element der Liebe. – In jeder Art der weiblichen Liebe kommt auch etwas von der mütterlichen Liebe zum Vorschein. I, 649

70

Gewöhnliche Folgen der Ehe. – Jeder Umgang, der nicht hebt, zieht
nieder und umgekehrt; deshalb sinken gewöhnlich die Männer etwas,
wenn sie Frauen nehmen, während die Frauen etwas gehoben werden.
Allzu geistige Männer bedürfen ebensosehr der Ehe als sie ihr wie einer widrigen Medizin widerstreben.   I, 649

71

Tragödie der Kindheit. – Es kommt vielleicht nicht selten vor, daß
edel- und hochstrebende Menschen ihren härtesten Kampf in der
Kindheit zu bestehen haben; etwa dadurch, daß sie ihre Gesinnung gegen einen niedrig denkenden, dem Schein und der Lügnerei ergebenen
Vater durchsetzen müssen oder fortwährend, wie Lord Byron, im
Kampfe mit einer kindischen und zornwütigen Mutter leben. Hat man
so etwas erlebt, so wird man sein Leben lang es nicht verschmerzen, zu
wissen, wer einem eigentlich der größte, der gefährlichste Feind gewesen ist.   I, 656f.

72

Eltern-Torheit. – Die größten Irrtümer in der Beurteilung eines Menschen werden von dessen Eltern gemacht: dies ist eine Tatsache, aber
wie soll man sie erklären? Haben die Eltern zu viele Erfahrung von
dem Kinde und können sie diese nicht mehr zu einer Einheit zusam-
menbringen? Man bemerkt, daß Reisende unter fremden Völkern nur
in der ersten Zeit ihres Aufenthaltes die allgemeinen unterscheiden-
den Züge eines Volkes richtig erfassen; je mehr sie das Volk kennenlernen, desto mehr verlernen sie, das Typische und Unterscheidende
an ihm zu sehen. Sobald sie nach-sichtig werden, hören ihre Augen
auf, fern-sichtig zu sein. Sollten die Eltern deshalb falsch über das
Kind urteilen, weil sie ihm nie fern genug gestanden haben?
   Eine ganz andere Erklärung wäre folgende: die Menschen pflegen
über das Nächste, was sie umgibt, nicht mehr nachzudenken, sondern
es nur hinzunehmen. Vielleicht ist die gewohnheitsmäßige Gedanken-
losigkeit der Eltern der Grund, weshalb sie, einmal genötigt über ihre
Kinder zu urteilen, so schief urteilen.   I, 657

73

Zu nahe. – Leben wir zu nahe mit einem Menschen zusammen, so geht
es uns so, wie wenn wir einen guten Kupferstich immer wieder mit blo-

ßen Fingern anfassen: eines Tages haben wir schlechtes beschmutztes Papier und nichts weiter mehr in den Händen. Auch die Seele eines Menschen wird durch beständiges Angreifen endlich abgegriffen; mindestens erscheint sie uns endlich so – wir sehen ihre ursprüngliche Zeichnung und Schönheit nie wieder. – Man verliert immer durch den allzu vertraulichen Umgang mit Frauen und Freunden; und mitunter verliert man die Perle des Lebens dabei.　　　　　　　I, 659f.

74

Die goldene Wiege. – Der Freigeist wird immer aufatmen, wenn er sich endlich entschlossen hat, jenes mutterhafte Sorgen und Bewachen, mit welchem die Frauen um ihn walten, von sich abzuschütteln. Was schadet ihm denn ein rauherer Luftzug, den man so ängstlich von ihm wehrte, was bedeutet ein wirklicher Nachteil, Verlust, Unfall, eine Erkrankung, Verschuldung, Betörung mehr oder weniger in seinem Leben, verglichen mit der Unfreiheit der goldnen Wiege, des Pfauenschweif-Wedels und der drückenden Empfindung, noch dazu dankbar sein zu müssen, weil er wie ein Säugling gewartet und verwöhnt wird? Deshalb kann sich ihm die Milch, welche die mütterliche Gesinnung der ihn umgebenden Frauen reicht, so leicht in Galle verwandeln.

I, 660

75

Selbstbeobachtung. – Der Mensch ist gegen sich selbst, gegen Auskundschaftung und Belagerung durch sich selber sehr gut verteidigt, er vermag gewöhnlich nicht mehr von sich als seine Außenwerke wahrzunehmen. Die eigentliche Festung ist ihm unzugänglich, selber unsichtbar, es sei denn, daß Freunde und Feinde die Verräter machen und ihn selber auf geheimem Wege hineinführen.　　　I, 694

76

Ebbe und Flut zu benutzen. – Man muß zum Zwecke der Erkenntnis jene innere Strömung zu benutzen wissen, welche uns zu einer Sache hinzieht, und wiederum jene, welche uns, nach einer Zeit, von der Sache fortzieht.　　　　　　　　　　　　　　　I, 695

77

Menschenlos. – Wer tiefer denkt, weiß, daß er immer unrecht hat, er mag handeln und urteilen, wie er will.　　　　　　　I, 698

78

Gefahren der geistigen Befreiung. – Bei der ernstlich gemeinten geistigen Befreiung eines Menschen hoffen im stillen auch seine Leidenschaften und Begierden ihren Vorteil sich zu ersehen.   I, 701

79

Vom Stundenzeiger des Lebens. – Das Leben besteht aus seltenen einzelnen Momenten von höchster Bedeutsamkeit und unzählig vielen
Intervallen, in denen uns bestenfalls die Schattenbilder jener Momente umschweben. Die Liebe, der Frühling, jede schöne Melodie,
das Gebirge, der Mond, das Meer – alles redet nur einmal ganz zum
Herzen: wenn es überhaupt je ganz zu Worte kommt. Denn viele Menschen haben jene Momente gar nicht und sind selber Intervalle und
Pausen in der Symphonie des wirklichen Lebens.   I, 708

80

Lieben lernen. – Man muß lieben lernen, gütig sein lernen, und dies
von Jugend auf; wenn Erziehung und Zufall uns keine Gelegenheit zur
Übung dieser Empfindungen geben, so wird unsere Seele trocken und
selbst zu einem Verständnis jener zarten Erfindungen liebevoller
Menschen ungeeignet. Ebenso muß der Haß gelernt und genährt werden, wenn einer ein tüchtiger Hasser werden will: sonst wird auch der
Keim dazu allmählich absterben.   I, 713

81

Unmut über andere und die Welt. – Wenn wir, wie so häufig, unsern
Unmut an anderen auslassen, während wir ihn eigentlich über uns
empfinden, erstreben wir im Grunde eine Umnebelung und Täuschung unseres Urteils: wir wollen diesen Unmut a posteriori motivie-
ren, durch die Versehen, Mängel der anderen, und uns selber so aus
den Augen verlieren.
    Die religiös strengen Menschen, welche gegen sich selbst unerbittli-
che Richter sind, haben zugleich am meisten Übles der Menschheit
überhaupt nachgesagt: ein Heiliger, welcher sich die Sünden und den
anderen die Tugenden vorbehält, hat nie gelebt: ebenso wenig wie jener, welcher nach Buddhas Vorschrift sein Gutes vor den Leuten verbirgt und sie sein Böses allein sehen läßt.   I, 714f.

Ursache und Wirkung verwechselt. – Wir suchen unbewußt die Grundsätze und Lehrmeinungen, welche unserem Temperamente angemessen sind, so daß es zuletzt so aussieht, als ob die Grundsätze und Lehrmeinungen unseren Charakter geschaffen, ihm Halt und Sicherheit gegeben hätten: während es gerade umgekehrt zugegangen ist. Unser Denken und Urteilen soll nachträglich, so scheint es, zur Ursache unseres Wesens gemacht werden: aber tatsächlich ist *unser* Wesen die Ursache, daß wir so und so denken und urteilen.

Und was bestimmt uns zu dieser fast unbewußten Komödie? Die Trägheit und Bequemlichkeit und nicht am wenigsten der Wunsch der Eitelkeit, durch und durch als konsistent, in Wesen und Denken einartig erfunden zu werden: denn dies erwirbt Achtung, gibt Vertrauen und Macht. I, 715

Zurückgebliebene und vorwegnehmende Menschen. – Der unangenehme Charakter, welcher voller Mißtrauen ist, alles glückliche Gelingen der Mitbewerbenden und Nächsten mit Neid fühlt, gegen abweichende Meinungen gewalttätig und aufbrausend ist, zeigt, daß er einer frühen Stufe der Kultur zugehört, also ein Überbleibsel ist: denn die Art, in welcher er mit den Menschen verkehrt, war die rechte und zutreffende für die Zustände eines Faustrecht-Zeitalters; es ist ein *zurückgebliebener* Mensch. Ein anderer Charakter, welcher reich an Mitfreude ist, überall Freunde gewinnt, alles Wachsende und Werdende liebevoll empfindet, alle Ehren und Erfolge anderer mitgenießt und kein Vorrecht, das Wahre allein zu erkennen, in Anspruch nimmt, sondern voll eines bescheidenen Mißtrauens ist, – das ist ein vorwegnehmender Mensch, welcher einer höheren Kultur der Menschen entgegenstrebt. Der unangenehme Charakter stammt aus den Zeiten, wo die rohen Fundamente des menschlichen Verkehrs erst zu bauen waren, der andere lebt auf deren höchsten Stockwerken, möglichst entfernt von dem wilden Tier, welches in den Kellern, unter den Fundamenten der Kultur eingeschlossen, wütet und heult. I, 717f.

Philosophisch gesinnt sein. – Gewöhnlich strebt man dadurch, für alle Lebenslagen und Ereignisse *eine* Haltung des Gemüts, *eine* Gattung von Ansichten zu erwerben, das nennt man vornehmlich philosophisch gesinnt sein. Aber für die Bereicherung der Erkenntnis mag es höheren Wert haben, nicht in dieser Weise sich zu uniformieren, sondern auf die leise Stimme der verschiedenen Lebenslagen zu hören, diese bringen ihre eigenen Ansichten mit sich. So nimmt man erkennenden Anteil am Leben und Wesen vieler, indem man sich selber nicht als starres beständiges *eines* Individuum behandelt.   I, 719

85

Verkehr mit dem höheren Selbst. − Ein jeder hat seinen guten Tag, wo er sein höheres Selbst findet; und die wahre Humanität verlangt, jemanden nur nach diesem Zustande und nicht nach den Werktagen der Unfreiheit und Knechtung zu schätzen. Man soll zum Beispiel einen Maler nach seiner höchsten Vision, die er zu sehen und darzustellen vermochte, taxieren und verehren. Aber die Menschen selber verkehren sehr verschieden mit diesem ihrem höheren Selbst, und sind häufig ihre eigenen Schauspieler, insofern sie das, was sie in jenen Augenblicken sind, später immer wieder nachmachen. Manche leben in Scheu und Demut von ihrem Ideale und möchten es verleugnen: sie fürchten ihr höheres Selbst, weil es, wenn es redet, anspruchsvoll redet. Dazu hat es eine geisterhafte Freiheit, zu kommen und fortzubleiben, wie es will; es wird deswegen häufig eine Gabe der Götter genannt, während eigentlich alles andere Gabe der Götter (des Zufalls) ist: jenes aber ist der Mensch selber.   I, 720f.

86

Leben und Erleben. − Sieht man zu, wie einzelne mit ihren Erlebnissen − ihren unbedeutenden alltäglichen Erlebnissen − umzugehen wissen, so daß diese zu einem Ackerland werden, das dreimal des Jahres Frucht trägt; während andere − und wie viele! − durch den Wogenschlag der aufregendsten Schicksale, der mannigfaltigsten Zeit- und Volksströmungen hindurchgetrieben werden und doch immer leicht, immer obenauf, wie Kork, bleiben: so ist man endlich versucht, die Menschheit in eine Minorität (Minimalität) solcher einzuteilen, welche aus wenigem viel zu machen verstehen, und in eine Majorität derer, welche aus vielem wenig zu machen verstehen; ja man trifft auf jene umgekehrten Hexenmeister, welche, anstatt die Welt aus nichts, aus der Welt ein Nichts schaffen.   I, 722

87

Man glaubt im Grunde, daß niemand seine Meinungen verändert, solange sie ihm vorteilhaft sind, oder wenigstens solange sie ihm keinen
Schaden bringen. Steht es aber so, so liegt darin ein schlimmes Zeugnis
über die *intellektuelle* Bedeutung aller Überzeugungen. Prüfen wir
einmal, wie Überzeugungen entstehen, und sehen wir zu, ob sie nicht
bei weitem überschätzt werden; dabei wird sich ergeben, daß auch der
Wechsel von Überzeugungen unter allen Umständen nach falschem
Maße bemessen wird und daß wir bisher zu viel an diesem Wechsel zu
leiden pflegten.

Überzeugung ist der Glaube, in irgendeinem Punkte der Erkenntnis
im Besitze der unbedingten Wahrheit zu sein. Dieser Glaube setzt aber
voraus, daß es unbedingte Wahrheiten gebe; ebenfalls, daß jene vollkommenen Methoden gefunden seien, um zu ihnen zu gelangen; endlich, daß jeder, der Überzeugungen habe, sich dieser vollkommenen
Methoden bediene. Alle drei Aufstellungen beweisen sofort, daß der
Mensch der Überzeugungen nicht der Mensch des wissenschaftlichen
Denkens ist; er steht im Alter der theoretischen Unschuld vor uns und
ist ein Kind, wie erwachsen er auch sonst sein möge. Ganze Jahrtausende aber haben in jenen kindlichen Voraussetzungen gelebt, und aus
ihnen sind die mächtigsten Kraftquellen der Menschheit herausge-
strömt. Jene zahllosen Menschen, welche sich für ihre Überzeugungen
opferten, meinten es für die unbedingte Wahrheit zu tun. Sie alle hatten Unrecht darin: wahrscheinlich hat noch nie ein Mensch sich für die
Wahrheit geopfert; mindestens wird der dogmatische Ausdruck seines
Glaubens unwissenschaftlich oder halbwissenschaftlich gewesen sein.
Aber eigentlich wollte man recht behalten, weil man meinte, recht haben zu *müssen*. Seinen Glauben sich entreißen lassen, das bedeutete
vielleicht seine ewige Seligkeit in Frage stellen.   I, 724f.

88

Wer nicht durch verschiedene Überzeugungen hindurchgegangen ist,
sondern in dem Glauben hängenbleibt, in dessen Netz er sich zuerst
verfing, ist unter allen Umständen, eben wegen dieser Unwandelbar-
keit, ein Vertreter *zurückgebliebener* Kulturen; er ist gemäß diesem
Mangel an Bildung (welche immer Bildbarkeit voraussetzt) hart, un-
verständig, unbelehrbar, ohne Milde, ein ewiger Verdächtiger, ein
Unbedenklicher, der zu allen Mitteln greift, seine Meinung durchzu-
setzen, weil er gar nicht begreifen kann, daß es andere Meinungen ge-

ben müsse; er ist, in solchem Betracht, vielleicht eine Kraftquelle und in allzu frei und schlaff gewordenen Kulturen sogar heilsam, aber doch nur, weil er kräftig anreizt, ihm Widerpart zu halten: denn dabei wird das zartere Gebilde der neuen Kultur, welche zum Kampf mit ihm gezwungen ist, selber stark. I, 726

89

Der Betrug der Liebe. – Man vergißt manches aus seiner Vergangenheit und schlägt es sich absichtlich aus dem Sinn: das heißt, man will, daß unser Bild, welches von der Vergangenheit her uns anstrahlt, uns belüge, unserem Dünkel schmeichle – wir arbeiten fortwährend an diesem Selbstbetruge.

Und nun meint ihr, die ihr so viel vom ›Sichselbstvergessen in der Liebe‹, vom ›Aufgehen des Ich in der anderen Person‹ redet, und rühmt, die sei etwas wesentlich anderes? Also man zerbricht den Spiegel, dichtet sich in eine Person hinein, die man bewundert, und genießt nun das neue Bild seines Ich, ob man es schon mit dem Namen der anderen Person nennt – und dieser ganze Vorgang soll *nicht* Selbstbetrug, *nicht* Selbstsucht sein, ihr Wunderlichen!

Ich denke, die, welche etwas von sich *vor sich* verhehlen und die, welche sich als Ganzes vor sich verhehlen, sind darin gleich, daß sie in der Schatzkammer der Erkenntnis einen *Diebstahl* verüben: woraus sich ergibt, vor welchem Vergehen der Satz ›erkenne dich selbst‹ warnt. I, 758f.

90

Der Zorn als Spion. – Der Zorn schöpft die Seele aus und bringt selbst den Bodensatz ans Licht. Man muß deshalb, wenn man sonst sich nicht Klarheit zu schaffen weiß, seine Umgebung, seine Anhänger und Gegner in Zorn zu versetzen wissen, um zu erfahren, was im Grunde alles wider uns geschieht und gedacht wird. I, 763

91

Veränderte Meinungen verändern den Charakter eines Menschen nicht (oder ganz wenig); wohl aber beleuchten sie einzelne Seiten des Gestirns seiner Persönlichkeit, welche bisher, bei einer andern Konstellation von Meinungen, dunkel und unerkennbar geblieben waren. I, 764

92

Aus dem Traume deuten. – Was man mitunter im Wachen nicht genau
weiß und fühlt – ob man gegen eine Person ein gutes oder ein schlechtes Gewissen habe – darüber belehrt völlig unzweideutig der Traum.

I, 767

93

Philosophie des Parvenu. – Will man einmal eine Person sein, so muß
man auch seinen Schatten in Ehren halten. I, 768

94

Womit wir das Ideal sehen. – Jeder tüchtige Mensch ist verrannt in
seine Tüchtigkeit und kann aus ihr nicht frei hinausblicken. Hätte er
sonst nicht sein gut Teil von Unvollkommenheit, er könnte seiner Tugend halber zu keiner geistig-sittlichen Freiheit kommen. Unsre Mängel sind die Augen, mit denen wir das Ideal sehen. I, 769

95

Wohin man reisen muß. – Die unmittelbare Selbstbeobachtung reicht
lange nicht aus, um sich kennen zu lernen: wir brauchen Geschichte,
denn die Vergangenheit strömt in hundert Wellen in uns fort; wir selber sind ja nichts als das, was wir in jedem Augenblick von diesem
Fortströmen empfinden. Auch hier sogar, wenn wir in den Fluß unseres anscheinend eigensten und persönlichsten Wesens hinabsteigen
wollen, gilt Heraklits Satz: man steigt nicht zweimal in denselben Fluß.

Das ist eine Weisheit, die allmählich zwar altbacken geworden, aber
trotzdem ebenso kräftig und wahrhaftig geblieben ist, wie sie es je war:
ebenso wie jene, daß, um Geschichte zu verstehen, man die lebendigen
Überreste geschichtlicher Epochen aufsuchen müsse – daß man *reisen*
müsse, wie Altvater Herodot reiste, zu Nationen – diese sind ja nur
festgewordene ältere *Kulturstufen,* auf die man sich *stellen* kann –, zu
sogenannten wilden und halbwilden Völkerschaften, namentlich dorthin, wo der Mensch das Kleid Europas ausgezogen oder noch nicht an-
gezogen hat. Nun gibt es aber noch eine *feinere* Kunst und Absicht des
Reisens, welche es nicht immer nötig macht, von Ort zu Ort und über
Tausende von Meilen hin den Fuß zu setzen. Es leben sehr wahrscheinlich die letzten drei Jahrhunderte in allen ihren Kulturfärbungen
und -strahlenbrechungen auch in *unserer Nähe* noch fort: sie wollen
nur *entdeckt* werden... I, 823f.

Reisende und ihre Grade. – Unter den Reisenden unterscheide man nach fünf Graden: die des ersten niedrigsten Grades sind solche, welche reisen und dabei gesehen *werden* – sie werden eigentlich gereist und sind gleichsam blind; die nächsten sehen wirklich selber in die Welt; die dritten erleben etwas infolge des Sehens; die vierten leben das Erlebte in sich hinein und tragen es mit sich fort; endlich gibt es einige Menschen der höchsten Kraft, welche alles Gesehene, nachdem es erlebt und eingelebt worden ist, endlich auch notwendig wieder aus sich herausleben müssen, in Handlungen und Werken, sobald sie nach Hause zurückgekehrt sind.

Diesen fünf Gattungen von Reisenden gleich gehen überhaupt alle Menschen durch die ganze Wanderschaft des Lebens, die niedrigsten als reine Passiva, die höchsten als die Handelnden und Auslebenden ohne allen Rest zurückbleibender innerer Vorgänge.   I, 829

97

Maß und Mitte. – Von zwei ganz hohen Dingen: Maß und Mitte, redet man am besten nie. Einige wenige kennen ihre Kräfte und Anzeichen, aus den Mysterien-Pfaden innerer Erlebnisse und Umkehrungen: sie verehren in ihnen etwas Göttliches und scheuen das laute Wort. Alle übrigen hören kaum zu, wenn davon gesprochen wird, und wähnen, es handele sich um Langeweile und Mittelmäßigkeit: jene etwa noch ausgenommen, welche einen anmahnenden Klang aus jenem Reiche einmal vernommen, aber gegen ihn sich die Ohren verstopft haben. Die Erinnerung daran macht sie nun böse und aufgebracht.   I, 829f.

98

Die Tiefen. – Tiefdenkende Menschen kommen sich im Verkehr mit anderen als Komödianten vor, weil sie sich da, um verstanden zu werden, immer erst eine Oberfläche anheucheln müssen.   I, 830

99

Der Wanderer im Gebirge zu sich selber. – Es gibt sichere Anzeichen dafür, daß du vorwärts und höher hinauf gekommen bist: es ist jetzt freier und aussichtsreicher um dich als vordem, die Luft weht dich kühler, aber auch milder an – du hast ja die Torheit verlernt, Milde und Wärme zu verwechseln –, dein Gang ist lebhafter und fester geworden, Mut und Besonnenheit sind zusammen gewachsen: – aus allen diesen

Gründen wird dein Weg jetzt einsamer sein dürfen und jedenfalls gefährlicher sein als dein früherer, wenn auch gewiß nicht in dem Maße, als die glauben, welche dich Wanderer vom dunstigen Tale aus auf dem Gebirge schreiten sehen.　　　　　　　　　　　　　I, 831

100

Die Freunde als Gespenster. — Wenn wir uns stark verwandeln, dann werden unsere Freunde, die nicht verwandelten, zu Gespenstern unserer eigenen Vergangenheit: ihre Stimme tönt schattenhaft-schauerlich zu uns heran — als ob wir uns selber hörten, aber jünger, härter, ungereifter.　　　　　　　　　　　　　　　　　　　　　　I, 832

101

Anzeichen starker Wandlungen. — Es ist ein Zeichen, wenn man von lange Vergessenen oder Toten träumt, daß man eine starke Wandlung in sich durchlebt hat und daß der Boden, auf dem man lebt, völlig umgegraben worden ist: da stehen die Toten auf und unser Altertum wird Neutrum.　　　　　　　　　　　　　　　　　　　　　　　I, 861

102

Arznei der Seele. — Still-liegen und Wenig-denken ist das wohlfeilste Arzneimittel für alle Krankheiten der Seele und wird, bei gutem Willen, von Stunde zu Stunde seines Gebrauchs angenehmer.　　　I, 861

103

›*Wolle ein Selbst.*‹ — Die tätigen, erfolgreichen Naturen handeln nicht nach dem Spruche ›kenne dich selbst‹, sondern wie als ob ihnen der Befehl vorschwebte: *wolle* ein Selbst, so *wirst* du ein Selbst.

Das Schicksal scheint ihnen immer noch die Wahl gelassen zu haben; während die Untätigen und Beschaulichen darüber nachsinnen, wie sie jenes *eine* Mal, beim Eintritt ins Leben, gewählt *haben*.

I, 862

104

Das fehlende Ohr. — ›Man gehört noch zum Pöbel, so lange man immer auf andere die Schuld schiebt; man ist auf der Bahn der Weisheit, wenn man immer nur sich selber verantwortlich macht; aber der Weise findet niemanden schuldig, weder sich noch andere.‹

Wer sagt dies? — Epiktet, vor achtzehnhundert Jahren. Man hat es gehört aber vergessen. – Nein, man hat es nicht gehört und nicht vergessen; nicht jedes Ding vergißt sich. Aber man hatte das Ohr nicht dafür, das Ohr Epiktets. – So hat er es also sich selber ins Ohr gesagt? – So ist es: Weisheit ist das Gezischel des Einsamen mit sich auf vollem Markte. I, 866

105
Anzeichen der vornehmen Seele. – Eine vornehme Seele ist die nicht, welche der höchsten Aufschwünge fähig ist, sondern jene, welche sich wenig erhebt und wenig fällt, aber *immer* in einer freieren durchleuchteten Luft und Höhe wohnt. I, 868

106
Kloaken der Seele. – Auch die Seele muß ihre bestimmten Kloaken haben, wohin sie ihren Unrat abfließen läßt: dazu dienen Personen, Verhältnisse, Stände oder das Vaterland oder die Welt oder endlich – für die ganz Hoffärtigen (ich meine unsere lieben modernen ›Pessimisten‹) – der liebe Gott. I, 901

107
Der Traum. – Unsere Träume sind, wenn sie einmal ausnahmsweise gelingen und vollkommen werden – für gewöhnlich ist der Traum eine Pfuscher-Arbeit –, symbolische Szenen- und Bilder-Ketten an Stelle einer erzählenden Dichter-Sprache; sie umschreiben unsere Erlebnisse oder Erwartungen oder Verhältnisse mit dichterischer Kühnheit und Bestimmtheit, daß wir dann morgens immer über uns erstaunt sind, wenn wir uns unserer Träume erinnern. Wir verbrauchen im Traume zu viel Künstlerisches – und sind deshalb am Tage oft zu arm daran. I, 954

108
Es gibt keine Erzieher. – Nur von Selbst-Erziehung sollte man als Denker reden. Die Jugend-Erziehung durch andere ist entweder ein Experiment, an einem noch Unerkannten, Unerkennbaren vollzogen, oder eine grundsätzliche Nivellierung, um das neue Wesen, welches es auch sei, den Gewohnheiten und Sitten, welche herrschen, gemäß zu *machen*: in beiden Fällen also etwas, das des Denkers unwürdig ist, das Werk der Eltern und Lehrer, welche einer der verwegenen Ehrlichen *nos ennemis naturels* genannt hat.

Eines Tages, wenn man längst, nach der Meinung der Welt, erzogen ist, *entdeckt* man sich *selber*: da beginnt die Aufgabe des Denkers, jetzt ist es Zeit, ihn zu Hilfe zu rufen – nicht als einen Erzieher, sondern als einen Selbst-Erzogenen, der Erfahrung hat.   I, 978

109

Die goldene Losung. – Dem Menschen sind viele Ketten angelegt worden, damit er es verlerne, sich wie ein Tier zu gebärden: und wirklich, er ist milder, geistiger, freudiger, besonnener geworden, als alle Tiere sind. Nun aber leidet er noch daran, daß er so lange seine Ketten trug, daß es ihm so lange an reiner Luft und freier Bewegung fehlte: – diese Ketten aber sind, ich wiederhole es immer und immer wieder, jene schweren und sinnvollen Irrtümer der moralischen, der religiösen, der metaphysischen Vorstellungen. Erst wenn auch die *Ketten-Krankheit* überwunden ist, ist das erste große Ziel ganz erreicht: die Abtrennung des Menschen von den Tieren.

Nun stehen wir mitten in unserer Arbeit, die Ketten abzunehmen, und haben dabei die höchste Vorsicht nötig. Nur dem veredelten Menschen *darf die Freiheit des Geistes* gegeben werden; ihm allein naht *die Erleichterung des Lebens* und salbt seine Wunden aus; er zuerst darf sagen, daß er um der *Freudigkeit* willen lebe und um keines weiteren Zieles willen; und in jedem anderen Munde wäre sein Wahlspruch gefährlich: *Frieden um mich und ein Wohlgefallen an allen nächsten Dingen.*

Bei diesem Wahlspruch für einzelne gedenkt er eines alten großen und rührenden Wortes, welches *allen* galt, und das über der gesamten Menschheit stehengeblieben ist, als ein Wahlspruch und Wahrzeichen, an dem jeder zugrunde gehen soll, der damit zu zeitig sein Banner schmückt, – an dem das Christentum zugrunde ging. Noch immer, so scheint es, *ist es nicht Zeit,* daß es *allen* Menschen jenen Hirten gleich ergehen dürfe, die den Himmel über sich erhellt sahen und jenes Wort hörten: ›Friede auf Erden und den Menschen ein Wohlgefallen aneinander.‹ – Immer noch ist es *die Zeit des einzelnen.*   I, 1006

Morgenröte

Gedanken über die moralischen Vorurteile

110

Seid dankbar! – Das große Ergebnis der bisherigen Menschen ist, daß
wir nicht mehr beständige Furcht vor wilden Tieren, vor Barbaren, vor
Göttern und vor unseren Träumen zu haben brauchen.   I, 1018

111

Sittlichkeit und Verdummung. – Die Sitte repräsentiert die Erfahrungen früherer Menschen über das vermeintlich Nützliche und Schädliche, – aber *das Gefühl für die Sitte* (Sittlichkeit) bezieht sich nicht auf
jene Erfahrungen als solche, sondern auf das Alter, die Heiligkeit, die
Indiskutabilität der Sitte. Und damit wirkt dies Gefühl dem entgegen,
daß man neue Erfahrungen macht und die Sitten korrigiert: das heißt,
die Sittlichkeit wirkt der Entstehung neuer und besserer Sitten entgegen: sie verdummt.   I, 1028

112

›Erkenne dich selbst‹ ist die ganze Wissenschaft. – Erst am Ende der
Erkenntnis aller Dinge wird der Mensch sich selber erkannt haben.
Denn die Dinge sind nur die Grenzen des Menschen.   I, 1045

113

Wo sind die neuen Ärzte der Seele? – Die Mittel des Trostes sind es gewesen, durch welche das Leben erst jenen leidvollen Grundcharakter,
an den man jetzt glaubt, bekommen hat; die größte Krankheit der
Menschen ist aus der Bekämpfung der Krankheiten entstanden, und
die anscheinenden Heilmittel haben auf die Dauer Schlimmeres erzeugt, als das war, was mit ihnen beseitigt werden sollte. Aus Un-
kenntnis hielt man die augenblicklich wirkenden, betäubenden und
berauschenden Mittel, die sogenannten Tröstungen, für die eigentlichen Heilkräfte, ja man merkte nicht einmal, daß man diese sofortigen
Erleichterungen oft mit der allgemeinen und tiefen Verschlechterung
des Leidens bezahlte, daß die Kranken an der Nachwirkung des Rausches, später an der Entbehrung des Rausches und noch später an einem drückenden Gesamtgefühl von Unruhe, Nervenzittern und Un-

gesundheit zu leiden hatten. Wenn man bis zu einem gewissen Grade erkrankt war, genas man nicht mehr, – dafür sorgten die Ärzte der Seele, die allgemein beglaubigten und angebeteten. –

Man sagt Schopenhauer nach, und mit Recht, daß er die Leiden der Menschheit endlich einmal wieder ernst genommen habe: wo ist der, welcher endlich auch einmal die Gegenmittel gegen diese Leiden ernst nimmt und die unerhörte Quacksalberei an den Pranger stellt, mit der, unter den herrlichsten Namen, bis jetzt die Menschheit ihre Seelenkrankheiten zu behandeln gewöhnt ist?   I, 1047f.

114

Die Gedanken über die Krankheit! – Die Phantasie des Kranken beruhigen, daß er wenigstens nicht, wie bisher, *mehr* von seinen Gedanken über seine Krankheit zu leiden hat als von der Krankheit selber, – ich denke, das ist etwas! Und es ist nicht wenig! Versteht ihr nun unsere Aufgabe?   I, 1048

115

Die › Wege‹. – Die angeblichen ›kürzeren Wege‹ haben die Menschheit immer in große Gefahr gebracht; sie verläßt immer bei der frohen Botschaft, daß ein solcher kürzerer Weg gefunden sei, ihren Weg – und *verliert den Weg.*   I, 1049

116

Worin wir alle unvernünftig sind. – Wir ziehen immer noch die Folgerungen von Urteilen, die wir für falsch halten, von Lehren, an die wir nicht mehr glauben, – durch unsere Gefühle.   I, 1075

117

Einige Thesen. – Dem Individuum, *sofern* es sein Glück will, soll man keine Vorschriften über den Weg zum Glück geben: denn das individuelle Glück quillt aus eigenen, jedermann unbekannten Gesetzen, es kann mit Vorschriften von außen her nur verhindert, gehemmt werden.

Die Vorschriften, welche man ›moralisch‹ nennt, sind in Wahrheit gegen die Individuen gerichtet und wollen durchaus nicht deren Glück. Ebensowenig beziehn sich diese Vorschriften auf das ›Glück und die Wohlfahrt der Menschheit‹ – mit welchen Worten strenge Begriffe zu verbinden überhaupt nicht möglich ist, geschweige, daß man

sie als Leitsterne auf dem dunklen Ozean moralischer Bestrebungen
gebrauchen könnte. I, 1080

118

Von der Erkenntnis des Leidenden. – Der Zustand kranker Menschen,
die lange und furchtbar von ihren Leiden gemartert werden und deren
Verstand trotzdem dabei sich nicht trübt, ist nicht ohne Wert für die
Erkenntnis, – noch ganz abgesehn von den intellektuellen Wohltaten,
welche jede tiefe Einsamkeit, jede plötzliche und erlaubte Freiheit von
allen Pflichten und Gewohnheiten mit sich bringen. Der Schwerlei-
dende sieht aus seinem Zustande mit einer entsetzlichen Kälte *hinaus*
auf die Dinge: alle jene kleinen lügnerischen Zaubereien, in denen für
gewöhnlich die Dinge schwimmen, wenn das Auge des Gesunden auf
sie blickt, sind ihm verschwunden... I, 1088

119

Das sogenannte ›Ich‹. – Die Sprache und die Vorurteile, auf denen die
Sprache aufgebaut ist, sind uns vielfach in der Ergründung innerer
Vorgänge und Triebe hinderlich: zum Beispiel dadurch, daß eigentlich
Worte allein für *superlativische* Grade dieser Vorgänge und Triebe da
sind – ; nun aber sind wir gewohnt, dort, wo uns Worte fehlen, nicht
mehr genau zu beobachten, weil es peinlich ist, dort noch genau zu
denken; ja ehedem schloß man unwillkürlich, wo das Reich der Worte
aufhöre, höre auch das Reich des Daseins auf. Zorn, Haß, Liebe, Mit-
leid, Begehren, Erkennen, Freude, Schmerz, – das sind alles Namen
für *extreme* Zustände: die milderen, mittleren und gar die immerwäh-
rend spielenden niederen Grade entgehen uns, und doch weben sie gerade das Gespinst unseres Charakters und Schicksals. Jene extremen
Ausbrüche – und selbst das mäßigste *uns bewußte* Wohlgefallen oder
Mißfallen beim Essen einer Speise, beim Hören eines Tones ist vielleicht immer noch, richtig abgeschätzt, ein extremer Ausbruch – zerreißen sehr oft das Gespinst und sind dann gewalttätige Ausnahmen,
zumeist wohl infolge von Aufstauungen: – und wie vermögen sie als
solche den Beobachter irrezuführen! Nicht weniger, als sie den handelnden Menschen in die Irre führen. *Wir sind alle nicht das*, als was
wir nach den Zuständen erscheinen, für die wir allein Bewußtsein und
Worte – und folglich Lob und Tadel – haben; wir *verkennen* uns nach
diesen gröberen Ausbrüchen, die uns allein bekannt werden, wir machen einen Schluß aus einem Material, in welchem die Ausnahmen die

88

Regel überwiegen, wir verlesen uns in dieser scheinbar deutlichsten Buchstabenschrift unseres Selbst. *Unsere Meinung über uns* aber, die wir auf diesem falschen Wege gefunden haben, das sogenannte ›Ich‹, arbeitet fürderhin mit an unserem Charakter und Schicksal. I, 1090

120

Die unbekannte Welt des ›Subjekts‹. — Das, was den Menschen so schwer zu begreifen fällt, ist ihre Unwissenheit über sich selber, von den ältesten Zeiten bis jetzt! Nicht nur in bezug auf Gut und Böse, sondern in bezug auf viel Wesentlicheres! Noch immer lebt der uralte Wahn, daß man wisse, ganz genau wisse, *wie das menschliche Handeln zustande komme*, in jedem Falle. Nicht nur ›Gott, der ins Herz sieht‹, nicht nur der Täter, der seine Tat überlegt, — nein, auch jeder andere zweifelt nicht, das Wesentliche im Vorgange der Handlung jedes andern zu verstehen. ›Ich weiß, was ich will, was ich getan habe, ich bin frei und verantwortlich dafür, ich mache den andern verantwortlich, ich kann alle sittlichen Möglichkeiten und alle inneren Bewegungen, die es vor einer Handlung gibt, beim Namen nennen; ihr mögt handeln, wie ihr wollt, — ich verstehe darin mich und euch alle!‹ — so dachte ehemals jeder, so denkt fast noch jeder... I, 1090f.

121

Erleben und Erdichten. — Wie weit einer seine Selbstkenntnis auch treiben mag, nichts kann doch unvollständiger sein als das Bild der gesamten *Triebe*, die sein Wesen konstituieren. Kaum daß er die gröberen beim Namen nennen kann: ihre Zahl und Stärke, ihre Ebbe und Flut, ihr Spiel und Widerspiel untereinander und vor allem die Gesetze ihrer *Ernährung* bleiben ihm ganz unbekannt. Diese Ernährung wird also ein Werk des Zufalls: unsre täglichen Erlebnisse werfen bald diesem, bald jenem Triebe eine Beute zu, die er gierig erfaßt, aber das ganze Kommen und Gehen dieser Ereignisse steht außer allem vernünftigen Zusammenhang mit den Nahrungsbedürfnissen der gesamten Triebe: so daß immer zweierlei eintreten wird, das Verhungern und Verkümmern der einen und die Überfütterung der andern. Jeder Moment unsres Lebens läßt einige Polypenarme unsres Wesens wachsen und einige andere verdorren, je nach der Nahrung, die der Moment in sich oder nicht in sich trägt.

Unsere Erfahrungen, wie gesagt, sind alle in diesem Sinne Nahrungsmittel, aber ausgestreut mit blinder Hand, ohne Wissen um den, der hungert, und den, der schon Überfluß hat. Und infolge dieser zufälligen Ernährung der Teile wird der ganze ausgewachsene Polyp etwas ebenso Zufälliges sein, wie es sein Werden ist. Deutlicher gesprochen: gesetzt, ein Trieb befindet sich in dem Punkte, wo er Befriedigung begehrt – oder Übung seiner Kraft, oder Entladung derselben, oder Sättigung einer Leere – es ist alles Bilderrede –: so sieht er jedes Vorkommnis des Tages darauf an, wie er es zu seinem Zwecke brauchen kann; ob der Mensch nun läuft oder ruht oder zürnt oder liest oder spricht oder kämpft oder jubelt, der Trieb in seinem Durste betastet gleichsam jeden Zustand, in den der Mensch gerät, und durchschnittlich findet er nichts für sich daran, er muß warten und weiter dürsten: eine Weile noch, und dann wird er matt, und noch ein paar Tage oder Monate der Nicht-Befriedigung, dann dorrt er ab, wie eine Pflanze ohne Regen. Vielleicht würde diese Grausamkeit des Zufalls noch greller in die Augen fallen, wenn alle Triebe es so gründlich nehmen wollten wie der *Hunger*: der sich nicht mit *geträumter Speise* zufrieden gibt; aber die meisten Triebe, namentlich die sogenannten moralischen, *tun gerade dies*, – wenn meine Vermutung erlaubt ist, daß unsere *Träume* eben den Wert und Sinn haben, bis zu einem gewissen Grade jenes zufällige Ausbleiben der ›Nahrung‹ während des Tages zu *kompensieren*.

Warum war der Traum von gestern voller Zärtlichkeit und Tränen, der von vorgestern scherzhaft und übermütig, ein früherer abenteuerlich und in einem beständigen düsteren Suchen? Weshalb genieße ich in diesem unbeschreibliche Schönheiten der Musik, weshalb schwebe und fliege ich in einem andern mit der Wonne eines Adlers hinauf nach fernen Bergspitzen? Diese Erdichtungen, welche unseren Trieben der Zärtlichkeit oder des Scherzes oder der Abenteuerlichkeit oder unserm Verlangen nach Musik und Gebirge Spielraum und Entladung geben – und jeder wird seine schlagenderen Beispiele zur Hand haben –, sind Interpretationen unserer Nervenreize während des Schlafens, *sehr freie*, sehr willkürliche Interpretationen von Bewegungen des Blutes und der Eingeweide, vom Druck des Armes und der Decken, von den Tönen der Turmglocken, der Wetterhähne, der Nachtschwärmer und anderer Dinge der Art.

Daß dieser Text, der im allgemeinen doch für eine Nacht wie für die andre sehr ähnlich bleibt, so verschieden kommentiert wird, daß die dichtende Vernunft heute und gestern so verschiedene *Ursachen* für dieselben Nervenreize *sich vorstellt*: das hat darin seinen Grund, daß der Souffleur dieser Vernunft heute ein anderer war, als er gestern war, – ein anderer *Trieb* wollte sich befriedigen, betätigen, üben, erquicken, entladen, – gerade er war in seiner hohen Flut, und gestern war ein andrer darin.

Das wache Leben hat nicht diese *Freiheit* der Interpretation wie das träumende, es ist weniger dichterisch und zügellos, – muß ich aber ausführen, daß unsere Triebe im Wachen ebenfalls nichts anderes tun als die Nervenreize interpretieren und nach ihrem Bedürfnisse deren ›Ursachen‹ ansetzen? daß es zwischen Wachen und Träumen keinen *wesentlichen* Unterschied gibt? daß selbst bei einer Vergleichung sehr verschiedener Kulturstufen die Freiheit der wachen Interpretation in der einen der Freiheit der andern im Träumen nichts nachgibt? daß auch unsere moralischen Urteile und Wertschätzungen nur Bilder und Phantasien über einen uns unbekannten physiologischen Vorgang sind, eine Art angewöhnter Sprache, gewisse Nervenreize zu bezeichnen? daß all unser sogenanntes Bewußtsein ein mehr oder weniger phantastischer Kommentar über einen ungewußten, vielleicht unwißbaren, aber gefühlten Text ist?   I, 1093/5

123

Vom ›Reiche der Freiheit‹. – Wir können viel, viel mehr Dinge denken, als tun und erleben, – das heißt unser Denken ist oberflächlich und zufrieden mit der Oberfläche, ja es merkt sie nicht. Wäre unser Intellekt streng nach dem Maße unserer Kraft und unserer Übung der Kraft *entwickelt*, so würden wir den Grundsatz zu oberst in unserem Denken haben, daß wir nur begreifen können, was wir *tun* können, – *wenn* es überhaupt ein Begreifen gibt. Der Durstige entbehrt des Wassers, aber seine Gedankenbilder führen ihm unaufhörlich das Wasser vor die Augen, wie als ob nichts leichter zu beschaffen wäre, – die oberflächliche und leicht zufriedengestellte Art des Intellektes kann das eigentliche notleidende Bedürfnis nicht fassen und fühlt sich dabei überlegen: er ist stolz darauf, mehr zu können, schneller zu laufen, im Augenblick fest am Ziele zu sein, – und so erscheint das Reich der Gedanken im Vergleich mit dem Reiche des Tuns, Wollens und Erlebens als ein *Reich der Freiheit*: während es, wie gesagt, nur ein Reich der Oberfläche und der Genügsamkeit ist.   I, 1097f.

124

Der Traum und die Verantwortlichkeit. – In allem wollt ihr verantwortlich sein! Nur nicht für eure Träume! Welche elende Schwächlichkeit,

welcher Mangel an folgerichtigem Mute! Nichts ist *mehr* euer Eigen als
eure Träume! Nichts mehr *euer* Werk! Stoff, Form, Dauer, Schauspieler, Zuschauer – in diesen Komödien seid ihr alles ihr selber! Und hier
gerade scheut und schämt ihr euch vor euch, und schon Ödipus, der
weise Ödipus, wußte sich Trost aus dem Gedanken zu schöpfen, daß
wir nichts für das können, was wir träumen! Ich schließe daraus: daß
die große Mehrzahl der Menschen sich abscheulicher Träume bewußt
sein muß. Wäre es anders: wie sehr würde man seine nächtliche Dichterei für den Hochmut des Menschen ausgebetet haben! – Muß ich beifügen, daß der weise Ödipus recht hatte, daß wir wirklich nicht für unsere Träume – aber ebensowenig für unser Wachen verantwortlich
sind, und daß die Lehre von der Freiheit des Willens im Stolz und
Machtgefühl des Menschen ihren Vater und ihre Mutter hat? Ich sage
dies vielleicht zu oft: aber wenigstens wird es dadurch noch nicht zum
Irrtum   I, 1098f.

125

Der angebliche Kampf der Motive. – Man redet vom ›Kampf der Motive‹, aber bezeichnet damit einen Kampf, der *nicht* der Kampf der Motive ist. Nämlich: in unserem überlegenden Bewußtsein treten vor einer Tatsache der Reihe nach die *Folgen* verschiedener Taten hervor,
welche alle wir meinen tun zu können, und wir vergleichen diese Folgen. Wir meinen, zu einer Tat entschieden zu sein, wenn wir festgestellt haben, daß ihre Folgen die überwiegend günstigeren sein werden, ehe es zu diesem Abschluß unserer Erwägung kommt, quälen wir
uns oft redlich, wegen der großen Schwierigkeit, die Folgen zu erraten,
sie in ihrer ganzen Stärke zu sehen und zwar alle, ohne Fehler der Auslassung zu machen: wobei die Rechnung überdies noch mit dem Zufalle dividiert werden muß.

Ja, um das Schwierigste zu nennen: alle die Folgen, die einzeln so
schwer festzustellen sind, müssen nun miteinander auf *einer* Waage
gegeneinander abgewogen werden; und so häufig fehlt uns für diese
Kasuistik des Vorteils die Waage nebst den Gewichten, wegen der
Verschiedenheit in der *Qualität* aller dieser möglichen Folgen. Gesetzt
aber, auch damit kämen wir ins Reine, und der Zufall hätte uns gegenseitig abwägbare Folgen auf die Waage gelegt, so haben wir jetzt in der
Tat im *Bilde der Folgen* einer bestimmten Handlung ein *Motiv*, gerade
diese Handlung zu tun, – ja, *ein* Motiv! Aber im Augenblicke, da wir
schließlich handeln, werden wir häufig genug von einer andern Gat-

tung Motiven bestimmt, als es die hier besprochene Gattung, die des
›Bildes der Folgen‹, ist. Da wirkt die Gewohnheit unseres Kräftespiels
oder ein kleiner Anstoß von einer Person, die wir fürchten oder ehren
oder lieben, oder die Bequemlichkeit, welche vorzieht, was vor der
Hand liegt zu tun, oder die Erregung der Phantasie, durch das nächste
beste kleinste Ereignis im entscheidenden Augenblick herbeigeführt,
es wirkt Körperliches, das ganz unberechenbar auftritt, es wirkt die
Laune, es wirkt der Sprung irgendeines Affektes, der gerade zufällig
bereit ist, zu springen: kurz, es wirken Motive, die wir zum Teil gar
nicht, zum Teil sehr schlecht kennen und die wir *nie vorher* gegeneinander in Rechnung setzen können. *Wahrscheinlich*, daß auch unter ihnen ein Kampf stattfindet, ein Hin- und Wegtreiben, ein Aufwiegen
und Niederdrücken von Gewichtteilen – und dies wäre der eigentliche
›Kampf der Motive‹: – etwas für uns völlig Unsichtbares und Unbewußtes.

Ich habe die Folgen und Erfolge berechnet und damit *ein* sehr we-
sentliches Motiv in die Schlachtreihe der Motive eingestellt – aber
diese Schlachtreihe selber stelle ich ebensowenig auf, als ich sie sehe:
der Kampf selber ist mir verborgen, und der Sieg als Sieg ebenfalls;
denn wohl erfahre ich, was ich schließlich *tue*, – aber welches Motiv
damit eigentlich gesiegt hat, erfahre ich nicht.

Wohl aber sind wir gewohnt, alle diese unbewußten Vorgänge *nicht*
in Anschlag zu bringen und uns die Vorbereitung einer Tat nur so weit
zu denken, als sie bewußt ist: und so verwechseln wir den Kampf der
Motive mit der Vergleichung der möglichen Folgen verschiedener
Handlungen – eine der folgenreichsten und für die Entwicklung der
Moral verhängnisvollsten Verwechslungen!   I, 1099f.

126

Warum das Ich verdoppeln! – Unsere eigenen Erlebnisse mit dem
Auge ansehen, mit dem wir sie anzusehen pflegen, wenn es die Erlebnisse anderer sind, – dies beruhigt sehr und ist eine ratsame Medizin.
Dagegen die Erlebnisse anderer so ansehen und aufnehmen, wie als ob
sie die unseren wären – die Forderung einer Philosophie des Mitlei-
dens –, dies würde uns zugrunde richten, und in sehr kurzer Zeit: man
mache doch nur den Versuch damit und phantasiere nicht länger!
                                                           I, 1108f.

127

Das Ich will alles haben. – Es scheint, daß der Mensch überhaupt nur handelt, *um* zu besitzen: wenigstens legen die Sprachen diesen Gedanken nahe, welche alles vergangene Handeln so betrachten, als ob wir damit etwas besäßen (›ich habe gesprochen, gekämpft, gesiegt‹: das ist, ich bin nun im Besitze meines Spruches, Kampfes, Sieges). Wie habsüchtig nimmt sich hierbei der Mensch aus! Selbst die Vergangenheit sich nicht entwinden lassen, gerade auch sie noch *haben* wollen!

I, 1184

128

Wo hört das Ich auf? – Die meisten nehmen eine Sache, die sie *wissen*, unter ihre Protektion, wie als ob das Wissen sie schon zu ihrem Eigentum mache. Die Aneignungslust des Ichgefühls hat keine Grenzen: die großen Männer reden so, als ob die ganze Zeit hinter ihnen stünde und sie der Kopf dieses langen Leibes seien, und die guten Frauen rechnen sich die Schönheit ihrer Kinder, ihrer Kleider, ihres Hundes, ihres Arztes, ihrer Stadt zum Verdienste und wagen es nur nicht, zu sagen ›das alles bin ich‹. *Chi non ha, non è* – sagt man in Italien. I, 1185

129

Die Vergeßlichen. – In den Ausbrüchen der Leidenschaft und im Phantasieren des Traumes und des Irrsinns entdeckt der Mensch seine und der Menschheit Vorgeschichte wieder: die *Tierheit* mit ihren wilden Grimassen; sein Gedächtnis greift einmal weit genug rückwärts, während sein zivilisierter Zustand sich aus dem Vergessen dieser Urerfahrungen, also aus dem Nachlassen jenes Gedächtnisses entwickelt.

Wer als ein Vergeßlicher höchster Gattung allem diesem immerdar sehr fern geblieben ist, *versteht die Menschen nicht*, – aber es ist ein Vorteil für alle, wenn es hier und da solche einzelne gibt, welche ›sie nicht verstehen‹, und die gleichsam aus göttlichem Samen gezeugt und von der Vernunft geboren sind. I, 1192f.

130

Mut zum Leiden. – So wie wir jetzt sind, können wir eine ziemliche Menge von Unlust ertragen, und unser Magen ist auf diese schwere Kost eingerichtet. Vielleicht fänden wir ohne sie die Mahlzeit des Lebens fad: und ohne den guten Willen zum Schmerze würden wir allzu viele Freuden fahren lassen müssen! I, 1204

131

Gründe und ihre Grundlosigkeit. – Du hast eine Abneigung gegen ihn und bringst auch reiche Gründe für diese Abneigung vor – ich glaube aber nur deiner Abneigung, und nicht deinen Gründen! Es ist eine Schöntuerei vor dir selber, das, was instinktiv geschieht, dir und mir wie einen Vernunftschluß vorzuführen. I, 1205

132

Viel schlafen. – Was tun, um sich anzuregen, wenn man müde und seiner selbst satt ist? der eine empfiehlt die Spielbank, der andre das Christentum, der dritte die Elektrizität. Das Beste aber, mein lieber Melancholiker, ist und bleibt: *viel schlafen*, eigentlich und uneigentlich! So wird man auch seinen Morgen wieder haben! Das Kunststück der Lebensweisheit ist, den Schlaf jeder Art zur rechten Zeit einzuschieben wissen. I, 1209

133

Wahrscheinlich und unwahrscheinlich. – Eine Frau liebte heimlich einen Mann, hob ihn hoch über sich und sagte sich im Geheimsten hundert Male: ›wenn mich ein solcher Mann liebte, so wäre dies wie eine Gnade, vor der ich im Staube liegen müßte!‹ – Und dem Manne ging es ganz ebenso, und gerade in bezug auf diese Frau, und er sagte sich im Geheimsten auch gerade diesen Gedanken.

Als endlich einmal beiden die Zunge sich gelöst hatte und sie alles das Verschwiegene und Verschwiegenste des Herzens einander sagten, entstand schließlich ein Stillschweigen und einige Besinnung. Darauf hob die Frau an, mit erkälteter Stimme: ›aber es ist ja ganz klar! wir sind beide nicht das, was wir geliebt haben! Wenn du das bist, was du sagst und nicht mehr, so habe ich mich umsonst erniedrigt und dich geliebt; der Dämon verführte mich, so wie dich.‹

Diese sehr wahrscheinliche Geschichte kommt nie vor – weshalb? I, 1210

134

Luxus – Der Hang zum Luxus geht in die Tiefe eines Menschen: er verrät, daß das Überflüssige und Unmäßige das Wasser ist, in dem seine Seele am liebsten schwimmt. I, 1215

135

Mensch und Dinge. – Warum sieht der Mensch die Dinge nicht? Er steht selber im Wege, er verdeckt die Dinge.   I, 1226

136

Zur Erziehung. – Allmählich ist mir das Licht über den allgemeinsten Mangel unserer Art Bildung und Erziehung aufgegangen: niemand lernt, niemand strebt danach, niemand lehrt – *die Einsamkeit ertragen.*
                                                                    I, 1227f.

137

Meister und Schüler. – Zur Humanität eines Meisters gehört, seine Schüler vor sich zu warnen.   I, 1228

138

Wo sind die Bedürftigen des Geistes? – Ah! Wie es mich anwidert, einem andern die eigenen Gedanken *aufzudrängen*! Wie ich mich jeder Stimmung und heimlichen Umkehr in mir freue, bei der die Gedanken *anderer* gegen die eigenen zu Recht kommen! Ab und zu gibt es aber ein noch höheres Fest, dann wenn es einmal *erlaubt* ist, sein geistiges Haus und Habe *wegzuschenken*, dem Beichtvater gleich, der im Winkel sitzt, begierig, daß ein *Bedürftiger* komme und von der Not seiner Gedanken erzähle, damit er ihm wieder einmal Hand und Herz voll und die beunruhigste Seele *leicht mache*!

Nicht nur, daß er keinen Ruhm davon haben will: er möchte auch der Dankbarkeit aus dem Wege laufen, denn sie ist zudringlich und ohne Scheu vor Einsamkeit und Stillschweigen. Aber namenlos und leicht verspottet leben, zu niedrig, um Neid oder Feindschaft zu erwecken, mit einem Kopf ohne Fieber, einer Handvoll Wissen und einem Beutel voll Erfahrungen ausgerüstet, gleichsam ein Armenarzt des Geistes sein und dem und jenem, dessen Kopf *durch Meinungen verstört ist*, helfen, ohne daß er recht merkt, wer ihm geholfen hat! Nicht vor ihm Recht haben und einen Sieg feiern wollen, sondern so zu ihm sprechen, daß er das Recht nach einem kleinen unvermerkten Fingerzeig oder Widerspruch sich selber sagt und stolz darüber fortgeht! Wie eine geringe Herberge sein, die niemanden zurückstößt, der bedürftig ist, die aber hinterher vergessen oder verlacht wird! Nichts voraus haben, weder die bessere Nahrung, noch die reinere Luft, noch den freudigeren Geist – sondern abgeben, zurückgeben, mitteilen, ärmer werden! Niedrig sein können, um vielen zugänglich und für niemanden demütigend zu sein! Viel Unrecht auf sich liegen haben und durch die Wurmgänge aller Art Irrtümer gekrochen sein, um zu vielen verborgenen Seelen auf ihren geheimen Wegen gelangen zu können! Immer in einer Art Liebe und immer in einer Art Selbstsucht und Selbstgenießens! Im Besitz einer Herrschaft und zugleich verborgen und entsagend sein! Beständig in der Sonne und Milde der Anmut liegen und doch die Aufstiege zum Erhabnen in der Nähe wissen! – Das wäre ein Leben! Das wäre ein Grund, lange zu leben!

I, 1229f.

139

Die erste Natur. – So wie man uns jetzt erzieht, bekommen wir zuerst eine *zweite Natur*: und wir haben sie, wenn die Welt uns reif, mündig, brauchbar nennt. Einige wenige sind Schlangen genug, um diese Haut eines Tages abzustoßen: dann, wenn unter ihrer Hülle ihre *erste Natur* reif geworden ist. Bei den meisten vertrocknet der Keim davon.

I, 1232

140

Letzte Schweigsamkeit. – Einzelnen geht es so wie Schatzgräbern: sie entdecken zufällig die verborgen gehaltenen Dinge einer fremden Seele und haben daran ein Wissen, welches oft schwer zu tragen ist! Man kann unter Umständen Lebende und Tote bis zu einem Grade gut kennen und innerlich ausfindig machen, daß es einem peinlich wird, von ihnen gegen andere zu reden: man fürchtet mit jedem Worte indiskret zu sein. – Ich könnte mir ein plötzliches Stummwerden des weisesten Historikers denken.

I, 1232f.

141

Das große Los. – Das ist etwas sehr Seltenes, aber ein Ding zum Entzücken: der Mensch nämlich mit schön gestaltetem Intellekte, welcher den Charakter, die Neigungen und *auch die Erlebnisse* hat, die zu einem solchen Intellekt gehören.

I, 1233

142

Langsame Kuren. – Die chronischen Krankheiten der Seele entstehen wie die des Leibes, sehr selten nur durch einmalige grobe Vergehungen gegen die Vernunft von Leib und Seele, sondern gewöhnlich durch zahllose unbemerkte kleine Nachlässigkeiten.

Wer zum Beispiel Tag für Tag um einen noch so unbedeutenden Grad zu schwach atmet und zu wenig Luft in die Lunge nimmt, so daß sie als Ganzes nicht hinreichend angestrengt und geübt wird, trägt endlich ein chronisches Lungenleiden davon: in einem solchen Falle kann die Heilung auf keinem anderen Wege erfolgen, als daß wiederum zahllose kleine Übungen des Gegenteils vorgenommen und unvermerkt andere Gewohnheiten gepflegt werden, zum Beispiel wenn man sich zur Regel macht, alle Viertelstunden des Tages einmal stark und tief aufzuatmen (womöglich platt am Boden liegend; eine Uhr, welche die Viertelstunden schlägt, muß dabei zur Lebensgefährtin gewählt werden). *Langsam* und kleinlich sind alle diese Kuren; auch wer seine Seele heilen will, soll über die Veränderung der kleinsten Gewohnheiten nachdenken. Mancher sagt zehnmal des Tages ein böses kaltes Wort an seine Umgebung und denkt sich wenig dabei, namentlich nicht, daß nach einigen Jahren er ein *Gesetz* der Gewohnheit über sich geschaffen hat, welches ihn nunmehr *nötigt*, zehnmal jedes Tages seine Umgebung zu verstimmen. Aber er kann sich auch daran gewöhnen, ihr zehnmal wohlzutun!   I, 1234f.

143

Unvermeidlich. — Erlebt, was ihr wollt: wer euch nicht wohl will, sieht in eurem Erlebnis einen Anlaß, euch zu verkleinern. Erfahrt die tiefsten Umwälzungen des Gemüts und der Erkenntnis und gelangt endlich wie ein Genesender mit schmerzlichem Lächeln hinaus in Freiheit und lichte Stille — es wird doch einer sagen: ›der da hält seine Krankheit für ein Argument, seine Ohnmacht für den Beweis der Ohnmacht aller; er ist eitel genug, um krank zu werden, damit er das Übergewicht des Leidenden fühle.‹

Und gesetzt, daß jemand seine eignen Fesseln sprengt und sich dabei tief verwundet: so wird ein andrer mit Spott darauf hinzeigen. ›Wie groß ist doch seine Ungeschicklichkeit!‹ wird er sagen; ›so muß es einem Menschen ergehen, der an seine Fesseln gewöhnt ist und Narr genug ist, sie zu zerreißen!‹   I, 1240f.

144

Der eigene Weg. — Wenn wir den entscheidenden Schritt tun und den Weg antreten, welchen man den ›eigenen Weg‹ nennt: so enthüllt sich uns plötzlich ein Geheimnis: wer auch alles mit uns freund und vertraut war — alle haben sich bisher eine Überlegenheit über uns eingebildet und sind beleidigt. Die Besten von ihnen sind nachsichtig und warten geduldig, daß wir den ›rechten Weg‹ – sie wissen ihn ja! – schon wieder finden werden. Die andern spotten und tun, als sei man vorübergehend närrisch geworden, oder bezeichnen hämisch einen Verführer.   I, 1242

145

Auch deshalb Einsamkeit! – A: So willst du wieder in deine Wüste zurück?

B: Ich bin schnell, ich muß auf mich warten – es wird spät, bis jedesmal das Wasser aus dem Brunnen meines Selbst ans Licht kommt, und oft muß ich länger Durst leiden, als ich Geduld habe. Deshalb gehe ich in die Einsamkeit – um nicht aus den Zisternen für jedermann zu trinken. Unter vielen lebe ich wie viele und denke nicht wie ich; nach einiger Zeit ist es mir dann immer, als wolle man mich aus mir verbannen und mir die Seele rauben – und ich werde böse auf jedermann und fürchte jedermann. Die Wüste tut mir dann not, um wieder gut zu werden.   I, 1244f.

146

Hinterfragen. – Bei allem, was ein Mensch sichtbar werden läßt, kann man fragen: was soll es verbergen? Wovon soll es den Blick ablenken? Welches Vorurteil soll es erregen? Und dann noch: bis wie weit geht die Feinheit dieser Verstellung? Und worin vergreift er sich dabei?
                                   I, 1254

147

Die kleinen Dosen. – Soll eine Veränderung möglichst in die Tiefe gehen, so gebe man das Mittel in den kleinsten Dosen, aber unablässig auf weite Zeitstrecken hin! Was ist Großes auf *einmal* zu schaffen?
                                   I, 1257

148

Sich häuten. – Die Schlange, welche sich nicht häuten kann, geht zugrunde. Ebenso die Geister, welche man verhindert, ihre Meinungen zu wechseln; sie hören auf, Geist zu sein.   I, 1279

Die Fröhliche Wissenschaft

(›la gaya scienza‹)

149

Ein Psychologe kennt wenig so anziehende Fragen, wie die nach dem Verhältnis von Gesundheit und Philosophie, und für den Fall, daß er selber krank wird, bringt er seine ganze wissenschaftliche Neugierde mit in seine Krankheit...

Was wird aus dem Gedanken selbst werden, der unter den *Druck* der Krankheit gebracht wird? Dies ist die Frage, die den Psychologen angeht: und hier ist das Experiment möglich. Nicht anders als es ein Reisender macht, der sich vorsetzt, zu einer bestimmten Stunde aufzuwachen, und sich dann ruhig dem Schlafe überläßt: so ergeben wir Philosophen, gesetzt daß wir krank werden, uns zeitweilig mit Leib und Seele der Krankheit – wir machen gleichsam vor uns die Augen zu. Und wie jener weiß, daß irgend etwas *nicht* schläft, irgend etwas die Stunden abzählt und ihn aufwecken wird, so wissen auch wir, daß der entscheidende Augenblick uns wach finden wird – daß dann etwas hervorspringt, und den Geist *auf der Tat* ertappt, ich meine auf der Schwäche oder Umkehr oder Ergebung oder Verhärtung oder Verdüsterung und wie alle die krankhaften Zustände des Geistes heißen, welche in gesunden Tagen den *Stolz* des Geistes wider sich haben (denn es bleibt bei dem alten Reime: – der stolze Geist, der Pfau, das Pferd sind die drei stölzesten Tier auf der Erd'‹).

Man lernt nach einer derartigen Selbst-Befragung, Selbst-Versuchung, mit einem feineren Auge nach allem, was überhaupt bisher philosophiert worden ist, hinsehn; man errät besser als vorher die unwillkürlichen Abwege, Seitengassen, Ruhestellen, *Sonnen*stellen des Gedankens, auf die leidende Denker gerade als Leidende geführt und verführt werden, man weiß nunmehr, wohin unbewußt der kranke *Leib* und sein Bedürfnis den Geist drängt, stößt, lockt – nach Sonne, Stille, Milde, Geduld, Arznei, Labsal in irgendeinem Sinne. Jede Philosophie, welche den Frieden höher stellt als den Krieg, jede Ethik mit einer negativen Fassung des Begriffs Glück, jede Metaphysik und Physik, welche ein Finale kennt, einen Endzustand irgendwelcher Art, jedes vorwiegend ästhetische oder religiöse Verlangen nach einem Abseits, Jenseits, Außerhalb, Oberhalb erlaubt zu fragen, ob nicht die Krankheit das gewesen ist, was den Philosophen inspiriert hat. Die unbewußte Verkleidung physiologischer Bedürfnisse unter die Mäntel des Objektiven, Ideellen, Rein-Geistigen geht bis zum Erschrecken weit – und oft genug habe ich mich gefragt, ob nicht, im großen gerechnet, Philosophie bisher überhaupt nur eine Auslegung des Leibes und ein *Mißverständnis des Leibes* gewesen ist. Hinter den höchsten Werturteilen, von denen bisher die Geschichte des Gedankens geleitet wurde, liegen Mißverständnisse der leiblichen Beschaffenheit verborgen, sei es von einzelnen, sei es von Ständen oder ganzen Rassen...

II, 10f.

150

Es steht uns Philosophen nicht frei, zwischen Seele und Leib zu trennen, wie das Volk trennt, es steht uns noch weniger frei, zwischen Seele und Geist zu trennen. Wir sind keine denkenden Frösche, keine Objektivier- und Registrier-Apparate mit kaltgestellten Eingeweiden – wir müssen beständig unsre Gedanken aus unsrem Schmerz gebären und mütterlich ihnen alles mitgeben, was wir von Blut, Herz, Feuer, Lust, Leidenschaft, Qual, Gewissen, Schicksal, Verhängnis in uns haben.

Leben – das heißt für uns Philosophen alles, was wir sind, beständig in Licht und Flamme verwandeln; auch alles, was uns trifft, wir *können* gar nicht anders. Und was die Krankheit angeht: würden wir nicht fast zu fragen versucht sein, ob sie uns überhaupt entbehrlich ist? Erst der große Schmerz ist der letzte Befreier des Geistes, als der Lehrmeister des *großen Verdachtes*, der aus jedem U ein X macht, ein echtes rechtes X, das heißt den vorletzten Buchstaben vor dem letzten... Erst der große Schmerz, jener lange langsame Schmerz, der sich Zeit nimmt, in dem wir gleichsam wie mit grünem Holze verbrannt werden, zwingt uns Philosophen, in unsere letzte Tiefe zu steigen und alles Vertrauen, alles Gutmütige, Verschleiernde, Milde, Mittlere, wohin wir vielleicht vordem unsre Menschlichkeit gesetzt haben, von uns zu tun. Ich zweifle, ob ein solcher Schmerz ›verbessert‹ –; aber ich weiß, daß er uns *vertieft*.

II, 12f.

151

Unverzagt

Wo du stehst, grab tief hinein!
Drunten ist die Quelle!
Laß die dunklen Männer schrein:
›Stets ist drunten – Hölle!‹

II, 17

152

Vademecum – Vadetecum

Es lockt dich meine Art und Sprach,
Du folgest mir, du gehst mir nach?
Geh nur dir selber treulich nach: –
So folgst du mir – gemach! gemach!

II, 18

153

Interpretation

Leg ich mich aus, so leg ich mich hinein:
Ich kann nicht selbst mein Interprete sein.
Doch wer nur steigt auf seiner eignen Bahn,
Trägt auch mein Bild zu hellerm Licht hinan.

II, 21

154

Bitte

Ich kenne mancher Menschen Sinn
Und weiß nicht, wer ich selber bin!
Mein Auge ist mir viel zu nah –
Ich bin nicht, was ich seh und sah.
Ich wollte mir schon besser nützen,
Könnt ich mir selber ferner sitzen.
Zwar nicht so ferne wie mein Feind!
Zu fern sitzt schon der nächste Freund –
Doch zwischen dem und mir die Mitte!
Erratet ihr, um was ich bitte?

II, 22

155

Die guten Menschen jeder Zeit sind die, welche die alten Gedanken in
die Tiefe graben und mit ihnen Frucht tragen, die Ackerbauer des Geistes. Aber jenes Land wird endlich ausgenützt, und immer wieder muß
die Pflugschar des Bösen kommen. – Es gibt jetzt eine gründliche Irr-
lehre der Moral, welche namentlich in England sehr gefeiert wird:
nach ihr sind die Urteile ›gut‹ und ›böse‹ die Aufsammlung der Erfahrungen über ›zweckmäßig‹ und ›unzweckmäßig‹; nach ihr ist das ›gut
Genannte das Arterhaltende, das ›bös‹ Genannte aber das der Art
Schädliche. In Wahrheit sind aber die bösen Triebe in ebenso hohem
Grade zweckmäßig, arterhaltend und unentbehrlich wie die guten: –
nur ist ihre Funktion eine verschiedene.

II, 39

156

Unbewußte Tugenden. – Alle Eigenschaften eines Menschen, deren er sich bewußt ist – und namentlich, wenn er deren Sichtbarkeit und Evidenz auch für seine Umgebung voraussetzt –, stehen unter ganz andern Gesetzen der Entwicklung als jene Eigenschaften, welche ihm unbekannt oder schlecht bekannt sind und die sich auch vor dem Auge des feineren Beobachters durch ihre Feinheit verbergen und wie hinter das Nichts zu verstecken wissen. II, 42

157

Unsere Eruptionen. – Unzähliges, was sich die Menschheit auf früheren Stufen aneignete, aber so schwach und embryonisch, daß es niemand als angeeignet wahrzunehmen wußte, stößt plötzlich, lange darauf, vielleicht nach Jahrhunderten, ans Licht: es ist inzwischen stark und reif geworden. Manchen Zeitaltern scheint dies oder jenes Talent, diese oder jene Tugend ganz zu fehlen, wie manchen Menschen: aber man warte nur bis auf die Enkel und Enkelkinder, wenn man Zeit hat zu warten, – sie bringen das Innere ihrer Großväter an die Sonne, jenes Innere, von dem die Großväter selbst noch nichts wußten. II, 43

158

Das Bewußtsein. – Die Bewußtheit ist die letzte und späteste Entwicklung des Organischen und folglich auch das Unfertigste und Unkräftigste daran. Aus der Bewußtheit stammen unzählige Fehlgriffe, welche machen, daß ein Tier, ein Mensch zugrunde geht, früher als es nötig wäre ›über das Geschick‹, wie Homer sagt. Wäre nicht der erhaltende Verband der Instinkte so überaus viel mächtiger, diente er nicht im ganzen als Regulator: an ihrem verkehrten Urteilen und Phantasieren mit offenen Augen, an ihrer Ungründlichkeit und Leichtgläubigkeit, kurz eben an ihrer Bewußtheit müßte die Menschheit zugrunde gehen: oder vielmehr, ohne jenes gäbe es diese längst nicht mehr!

Bevor eine Funktion ausgebildet und reif ist, ist sie eine Gefahr des Organismus: gut, wenn sie so lange tüchtig tyrannisiert wird! So wird die Bewußtheit tüchtig tyrannisiert – und nicht am wenigsten von dem Stolze darauf! Man denkt, hier sei *der Kern* des Menschen; sein Bleibendes, Ewiges, Letztes, Ursprünglichstes! Man hält die Bewußtheit für eine feste gegebene Größe! Leugnet ihr Wachstum, ihre Intermittenzen! Nimmt sie als ›Einheit des Organismus‹!

Diese lächerliche Überschätzung und Verkennung des Bewußtseins hat die größte Nützlichkeit zur Folge, daß damit eine allzuschnelle Ausbildung desselben *verhindert* worden ist. Weil die Menschen die Bewußtheit schon zu haben glaubten, haben sie sich wenig Mühe darum gegeben, sie zu erwerben – und auch jetzt noch steht es nicht anders! Es ist immer noch eine ganz neue und eben erst dem menschlichen Auge aufdämmernde, kaum noch deutlich erkennbare *Aufgabe, das Wissen sich einzuverleiben* und instinktiv zu machen, – eine Aufgabe, welche nur von denen gesehen wird, die begriffen haben, daß bisher nur unsere *Irrtümer* uns einverleibt waren und daß alle unsre Bewußtheit sich auf Irrtümer bezieht! II, 44

159

Das Böse. – Prüfet das Leben der besten und fruchtbarsten Menschen und Völker und fragt euch, ob ein Baum, der stolz in die Höhe wachsen soll, des schlechten Wetters und der Stürme entbehren könne: ob Ungunst und Widerstand von außen, ob irgendwelche Arten von Haß, Eifersucht, Eigensinn, Mißtrauen, Härte, Habgier und Gewaltsamkeit nicht zu den *begünstigenden* Umständen gehören, ohne welche ein großes Wachstum selbst in der Tugend kaum möglich ist? Das Gift, an dem die schwächere Natur zugrunde geht, ist für den Starken Stärkung – und er nennt es auch nicht Gift. II, 50

160

Kenntnis der Not. – Vielleicht werden die Menschen und Zeiten durch nichts so sehr voneinander geschieden als durch den verschiedenen Grad von Kenntnis der Not, den sie haben: Not der Seele wie des Leibes. In bezug auf letztere sind wir Jetzigen vielleicht allesamt, trotz unserer Gebrechen und Gebrechlichkeiten, aus Mangel an reicher Selbst-Erfahrung Stümper und Phantasten zugleich: im Vergleich zu einem Zeitalter der Furcht – dem längsten aller Zeitalter –, wo der einzelne sich selber gegen Gewalt zu schützen hatte und um dieses Zieles willen selber Gewaltmensch sein mußte.

Damals machte ein Mann seine reiche Schule körperlicher Qualen und Entbehrungen durch und begriff selbst in einer gewissen Grausamkeit gegen sich, in einer freiwilligen Übung des Schmerzes, ein ihm notwendiges Mittel seiner Erhaltung; damals erzog man seine Umgebung zum Ertragen des Schmerzes, damals fügte man gern Schmerz zu und sah das Furchtbarste dieser Art über andere ergehen, ohne ein anderes Gefühl als das der eigenen Sicherheit.

Was die Not der Seele aber betrifft, so sehe ich mir jetzt jeden Menschen darauf an, ob er sie aus Erfahrung oder Beschreibung kennt; ob er diese Kenntnis zu heucheln doch noch für nötig hält, etwa als ein Zeichen der feineren Bildung, oder ob er überhaupt an große Seelenschmerzen im Grunde seiner Seele nicht glaubt und es ihm bei Nennung derselben ähnlich ergeht wie bei Nennung großer körperlicher Erduldungen.   II, 70

161

Das Bewußtsein vom Scheine. – Wie wundervoll und neu und zugleich wie schauerlich und ironisch fühle ich mich mit meiner Erkenntnis zum gesamten Dasein gestellt! Ich habe für mich *entdeckt*, daß die alte Mensch- und Tierheit, ja die gesamte Urzeit und Vergangenheit alles empfindenden Seins in mir fortdichtet, fortliebt, forthaßt, fortschließt – ich bin plötzlich mitten in diesem Traum erwacht, aber nur zum Bewußtsein, daß ich eben träume und daß ich weiterträumen *muß*, um nicht zugrunde zu gehen: wie der Nachtwandler weiterträumen muß, um nicht hinabzustürzen.   II, 73

162

Herden-Instinkt. – Wo wir eine Moral antreffen, da finden wir eine Abschätzung und Rangordnung der menschlichen Triebe und Handlungen. Diese Schätzungen und Rangordnungen sind immer der Ausdruck der Bedürfnisse einer Gemeinde und Herde: das, was *ihr* am ersten frommt – und am zweiten und dritten –, das ist auch der oberste Maßstab für den Wert aller einzelnen. Mit der Moral wird der einzelne angeleitet, Funktion der Herde zu sein und nur als Funktion sich Wert zuzuschreiben. Da die Bedingungen der Erhaltung einer Gemeinde sehr verschieden von denen einer andern Gemeinde gewesen sind, so gab es sehr verschiedene Moralen; und in Hinsicht auf noch bevorstehende wesentliche Umgestaltungen der Herden und Gemeinden, Staaten und Gesellschaften kann man prophezeien, daß es noch sehr abweichende Moralen geben wird. Moralität ist Herden-Instinkt im Einzelnen.   II, 122

163

Gesundheit der Seele. – Die beliebte medizinische Moralformel (deren Urheber Ariston von Chios ist): ›Tugend ist die Gesundheit der Seele‹ – müßte wenigstens, um brauchbar zu sein, dahin abgeändert werden:

›deine Tugend ist die Gesundheit deiner Seele‹. Denn eine Gesundheit an sich gibt es nicht, und alle Versuche, ein Ding derart zu definieren, sind kläglich mißraten. Es kommt auf dein Ziel, deinen Horizont, deine Kräfte, deine Antriebe, deine Irrtümer und namentlich auf die Ideale und Phantasmen deiner Seele an, um zu bestimmen, *was* selbst für deinen *Leib* Gesundheit zu bedeuten habe. Somit gibt es unzählige Gesundheiten des Leibes; und je mehr man dem Einzelnen und Unvergleichlichen wieder erlaubt, sein Haupt zu erheben, je mehr man das Dogma von der ›Gleichheit der Menschen‹ verlernt, um so mehr muß auch der Begriff einer Normal-Gesundheit, nebst Normal-Diät, Normal-Verlauf der Erkrankung unsern Medizinern abhanden kommen. Und dann erst dürfte es an der Zeit sein, über Gesundheit und Krankheit der *Seele* nachzudenken und die eigentümliche Tugend eines jeden in deren Gesundheit zu setzen: welche freilich bei dem einen so aussehen könnte, wie der Gegensatz der Gesundheit bei einem anderen. Zuletzt bliebe noch die große Frage offen, ob wir der Erkrankung *entbehren* können, selbst zur Entwicklung unsrer Tugend, und ob nicht namentlich unser Durst nach Erkenntnis und Selbsterkenntnis der kranken Seele so gut bedürfe als der gesunden: kurz, ob nicht der alleinige Wille zur Gesundheit ein Vorurteil, eine Feigheit und vielleicht ein Stück feinster Barbarei und Rückständigkeit sei. II, 123f.

164

Der tolle Mensch. – Habt ihr von jenem tollen Menschen gehört, der am hellen Vormittage eine Laterne anzündete, auf den Markt lief und unaufhörlich schrie: ›Ich suche Gott! Ich suche Gott!‹ – Da dort gerade viele von denen zusammenstanden, welche nicht an Gott glaubten, so erregte er ein großes Gelächter. Ist er denn verlorengegangen? sagte der eine. Hat er sich verlaufen wie ein Kind? sagte der andere. Oder hält er sich versteckt? Fürchtet er sich vor uns? Ist er zu Schiff gegangen? ausgewandert! – so schrien und lachten sie durcheinander. Der tolle Mensch sprang mitten unter sie und durchbohrte sie mit seinen Blicken.

»Wohin ist Gott?« rief er, »ich will es euch sagen! *Wir haben ihn getötet* – ihr und ich! Wir alle sind seine Mörder! Aber wie haben wir dies gemacht? Wie vermochten wir das Meer auszutrinken? Wer gab uns den Schwamm, um den ganzen Horizont wegzuwischen? Was taten wir, als wir diese Erde von ihrer Sonne losketteten? Wohin bewegt sie sich nun? Wohin bewegen wir uns? Fort von allen Sonnen? Stürzen wir nicht fortwährend? Und rückwärts, seitwärts, vorwärts, nach allen Seiten? Gibt es noch ein Oben und ein Unten? Irren wir nicht wie durch ein unendliches Nichts? Haucht uns nicht der leere Raum an? Ist es nicht kälter geworden? Kommt nicht immerfort die Nacht und mehr Nacht? Müssen nicht Laternen am Vormittage angezündet werden? Hören wir noch nichts von dem Lärm der Totengräber, welche Gott begraben? Riechen wir noch nichts von der göttlichen Verwesung? – auch Götter verwesen! Gott ist tot! Gott bleibt tot. Und wir haben ihn getötet! Wie trösten wir uns, die Mörder aller Mörder? Das Heiligste und Mächtigste, was die Welt bisher besaß, es ist unter unsern Messern verblutet – wer wischt dies Blut von uns ab? Mit welchem Wasser könnten wir uns reinigen? Welche Sühnefeiern, welche heiligen Spiele werden wir erfinden müssen? Ist nicht die Größe dieser Tat zu groß für uns? Müssen wir nicht selber zu Göttern werden, um nur ihrer würdig zu erscheinen? Es gab nie eine größere Tat – und wer nur immer nach uns geboren wird, gehört um dieser Tat willen in eine höhere Geschichte, als alle Geschichte bisher war!« –

Hier schwieg der tolle Mensch und sah wieder seine Zuhörer an: auch sie schwiegen und blickten befremdet auf ihn. Endlich warf er seine Laterne auf den Boden, daß sie in Stücke sprang und erlosch.

»Ich komme zu früh«, sagte er dann, »ich bin noch nicht an der Zeit. Dies ungeheure Ereignis ist noch unterwegs und wandert – es ist noch nicht bis zu den Ohren der Menschen gedrungen. Blitz und Donner brauchen Zeit, das Licht der Gestirne braucht Zeit, Taten brauchen Zeit, auch nachdem sie getan sind, um gesehn und gehört zu werden. Diese Tat ist ihnen immer noch ferner als die fernsten Gestirne – *und doch haben sie dieselbe getan!*«

Man erzählt noch, daß der tolle Mensch desselbigen Tages in verschiedene Kirchen eingedrungen sei und darin sein *Requiem aeternam deo* angestimmt habe. Hinausgeführt und zur Rede gesetzt, habe er immer nur dies entgegnet: »Was sind denn diese Kirchen noch, wenn sie nicht die Grüfte und Grabmäler Gottes sind.«   II, 126/28

165
Was sagt dein Gewissen? – Du sollst der werden, der du bist!

Der Glaube an sich. – Wenige Menschen überhaupt haben den Glauben an sich, – und von diesen wenigen bekommen ihn die einen mit, als eine nützliche Blindheit oder teilweise Verfinsterung ihres Geistes – (was würden sie erblicken, wenn sie sich selber *auf den Grund* sehen könnten!), die andern müssen ihn sich erst erwerben: alles, was Gutes, Tüchtiges, Großes tun, ist zunächst ein Argument gegen den Skeptiker, der in ihnen haust: es gilt *diesen* zu überzeugen oder zu überreden, und dazu bedarf es beinahe des Genies. Es sind die großen Selbst-Genügsamen.   II, 166

167

Wahn der Kontemplativen. – Die hohen Menschen unterscheiden sich von den niederen dadurch, daß sie unsäglich mehr sehen und hören und denkend sehen und hören – und eben dies unterscheidet den Menschen vom Tiere und die oberen Tiere von den unteren. Die Welt wird für den immer voller, welcher in die Höhe der Menschlichkeit hinaufwächst; es werden immer mehr Angelhaken des Interesses nach ihm ausgeworfen; die Menge seiner Reize ist beständig im Wachsen und ebenso die Menge seiner Arten von Lust und Unlust – der höhere Mensch wird immer zugleich glücklicher und unglücklicher. Dabei aber bleibt ein Wahn sein beständiger Begleiter: er meint, als *Zuschauer* und *Zuhörer* vor das große Schau- und Tonspiel gestellt zu sein, welches das Leben ist: er nennt seine Natur eine *kontemplative* und übersieht dabei, daß er selber auch der eigentliche Dichter und Fortdichter des Lebens ist – daß er sich freilich vom *Schauspieler* dieses Dramas, dem sogenannten handelnden Menschen, sehr unterscheidet, aber noch mehr von einem bloßen Betrachter und Festgaste *vor* der Bühne. Ihm, als dem Dichter, ist gewiß *vis contemplativa* und der Rückblick auf sein Werk zu eigen, aber zugleich und vorerst die *vis creativa*, welche dem handelnden Menschen *fehlt*, was auch der Augenschein und der Allerweltsglaube sagen mag.   II, 176f.

168

Weisheit im Schmerz. – Im Schmerz ist so viel Weisheit wie in der Lust: er gehört gleich dieser zu den arterhaltenden Kräften ersten Ranges. Wäre er dies nicht, so würde er längst zugrunde gegangen sein; daß er weh tut, ist kein Argument gegen ihn, es ist sein Wesen.

Ich höre im Schmerz den Kommandoruf des Schiffskapitäns: ›zieht die Segel ein!‹ Auf tausend Arten die Segel zu stellen, muß der kühne Schiffahrer ›Mensch‹ sich eingeübt haben, sonst wäre es gar zu schnell mit ihm vorbei, und der Ozean schlürfte ihn zu bald hinunter. Wir müssen auch mit verminderter Energie zu leben wissen: sobald der Schmerz sein Sicherheitssignal gibt, ist es an der Zeit, sie zu vermindern – irgendeine große Gefahr, ein Sturm ist im Anzuge, und wir tun gut, uns so wenig als möglich ›aufzubauschen‹.

Es ist wahr, daß es Menschen gibt, welche beim Herannahen des großen Schmerzes gerade den entgegengesetzten Kommandoruf hören und welche nie stolzer, kriegerischer und glücklicher dreinschauen, als wenn der Sturm heraufzieht; ja, der Schmerz selber gibt ihnen ihre größten Augenblicke! Das sind die heroischen Menschen, die großen *Schmerzbringer* der Menschheit: jene wenigen oder seltenen, die eben dieselbe Apologie nötig haben wie der Schmerz überhaupt – und wahrlich! man soll sie ihnen nicht versagen! Es sind arterhaltende, artfördernde Kräfte ersten Ranges: und wäre es auch nur dadurch, daß sie der Behaglichkeit widerstreben und vor dieser Art Glück ihren Ekel nicht verbergen.   II, 185f.

169

Was es mit unserer Heiterkeit auf sich hat. – Das größte neuere Ereignis – daß ›Gott tot ist‹, daß der Glaube an den christlichen Gott unglaubwürdig geworden ist – beginnt bereits seine ersten Schatten über Europa zu werfen. Für die wenigen wenigstens, deren Augen, deren *Argwohn* in den Augen stark und fein genug für dies Schauspiel ist, scheint eben irgendeine Sonne untergegangen, irgendein altes tiefes Vertrauen in Zweifel umgedreht: ihnen muß unsre alte Welt täglich abendlicher, mißtrauischer, fremder, ›älter‹ scheinen.

In der Hauptsache aber darf man sagen: das Ereignis selbst ist viel zu groß, zu fern, zu abseits vom Fassungsvermögen vieler, als daß auch nur seine Kunde schon *angelangt* heißen dürfte; geschweige denn, daß viele bereits wüßten, *was* eigentlich sich damit begeben hat – und was alles, nachdem dieser Glaube untergraben ist, nunmehr einfallen muß, weil es auf ihm gebaut, an ihn gelehnt, in ihn hineingewachsen war: zum Beispiel unsre ganze europäische Moral. Diese lange Fülle und Folge von Abbruch, Zerstörung, Untergang, Umsturz, die nun bevorsteht: wer erriete heute schon genug davon, um den Lehrer und Vorausverkünder dieser ungeheuren Logik von Schrecken abgeben zu müssen, den Propheten einer Verdüsterung und Sonnenfinsternis, derengleichen es wahrscheinlich noch nicht auf Erden gegeben hat?

Selbst wir geborenen Rätselrater, die wir gleichsam auf den Bergen warten, zwischen Heute und Morgen hingestellt und in den Widerspruch zwischen Heute und Morgen hineingespannt, wir Erstlinge und Frühgeburten des kommenden Jahrhunderts, denen eigentlich die Schatten, welche Europa alsbald einwickeln müssen, jetzt schon zu Gesicht gekommen sein *sollten*: woran liegt es doch, daß selbst wir ohne rechte Teilnahme für diese Verdüsterung, vor allem ohne Sorge und Furcht für *uns* ihrem Heraufkommen entgegensehn? Stehen wir vielleicht zu sehr noch unter den *nächsten Folgen* dieses Ereignisses – und diese nächsten Folgen, seine Folgen für *uns* sind, umgekehrt als man vielleicht erwarten könnte, durchaus nicht traurig und verdüsternd, vielmehr wie eine neue schwer zu beschreibende Art von Licht, Glück, Erleichterung, Erheiterung, Ermutigung, Morgenröte.

In der Tat, wir Philosophen und ›freien Geister‹ fühlen uns bei der Nachricht, daß der ›alte Gott tot‹ ist, wie von einer neuen Morgenröte angestrahlt; unser Herz strömt dabei über von Dankbarkeit, Erstaunen, Ahnung, Erwartung – endlich erscheint uns der Horizont wieder frei, gesetzt selbst, daß er nicht hell ist, endlich dürfen unsre Schiffe wieder auslaufen, auf jede Gefahr hin auslaufen, jedes Wagnis des Erkennenden ist wieder erlaubt, das Meer, *unser* Meer liegt wieder offen da, vielleicht gab es noch niemals ein so ›offnes Meer‹.   II, 205f.

170

Vom ›Genius der Gattung‹. – Das Problem des Bewußtseins (richtiger: des Sich-Bewußt-Werdens) tritt erst dann vor uns hin, wenn wir zu begreifen anfangen, inwiefern wir seiner entraten könnten: und an diesen Anfang des Begreifens stellt uns jetzt Physiologie und Tiergeschichte (welche also zwei Jahrhunderte nötig gehabt haben, um den vorausfliegenden Argwohn *Leibniz'* einzuholen). Wir könnten nämlich denken, fühlen, wollen, uns erinnern, wir könnten ebenfalls ›handeln‹ in jedem Sinne des Wortes: und trotzdem brauchte das alles nicht uns ›ins Bewußtsein zu treten‹ (wie man im Bilde sagt).

Das ganze Leben wäre möglich, ohne daß es sich gleichsam im Spiegel sähe: wie ja tatsächlich auch jetzt noch bei uns der bei weitem überwiegende Teil dieses Lebens sich ohne diese Spiegelung abspielt – und zwar auch wenn unsres denkenden, fühlenden, wollenden Lebens,

so beleidigend dies einem älteren Philosophen klingen mag. *Wozu überhaupt Bewußtsein, wenn es in der Hauptsache überflüßig ist?*
II, 219f.

171

Der Mensch, wie jedes lebende Geschöpf, denkt immerfort, aber weiß es nicht; das *bewußt* werdende Denken ist nur der kleinste Teil davon, sagen wir: der oberflächlichste, der schlechteste Teil – denn allein dieses bewußte Denken *geschieht in Worten, das heißt in Mitteilungszeichen,* womit sich die Herkunft des Bewußtseins selber aufdeckt. Kurz gesagt, die Entwicklung der Sprache und die Entwicklung des Bewußtseins (*nicht* der Vernunft, sondern allein des Sich-bewußt-werdens der Vernunft) gehen Hand in Hand. Man nehme hinzu, daß nicht nur die Sprache zur Brücke zwischen Mensch und Mensch dient, sondern auch der Blick, der Druck, die Gebärde; das Bewußtwerden unsrer Sinneseindrücke bei uns selbst, die Kraft, sie fixieren zu können und gleichsam außer uns zu stellen, hat in dem Maße zugenommen, als die Nötigung wuchs, sie *andern* durch Zeichen zu übermitteln. Der Zeichen erfindende Mensch ist zugleich der immer schärfer seiner selbst bewußte Mensch; erst als soziales Tier lernte der Mensch seiner selbst bewußt werden – er tut es noch, er tut es immer mehr...
II, 221

172

Der Bauernaufstand des Geistes. – Wir Europäer befinden uns im Anblick einer ungeheuren Trümmerwelt, wo einiges noch hoch ragt, wo vieles morsch und unheimlich dasteht, das meiste aber schon am Boden liegt, malerisch genug – wo gab es je schönere Ruinen, – und überwachsen mit großem und kleinem Unkraute. Die Kirche ist diese Stadt des Untergangs: wir sehen die religiöse Gesellschaft des Christentums bis in die untersten Fundamente erschüttert – der Glaube an Gott ist umgestürzt, der Glaube an das christlich-asketische Ideal kämpft eben noch seinen letzten Kampf...
II, 229f.

173

Wie jedes Geschlecht über die Liebe sein Vorurteil hat. – Bei allem Zugeständnisse, welches ich dem monogamischen Vorurteile zu machen willens bin, werde ich doch niemals zulassen, daß man bei Mann und Weib von *gleichen* Rechten in der Liebe rede: diese gibt es nicht. Das macht, Mann und Weib verstehen unter Liebe jeder etwas anderes –

und es gehört mit unter die Bedingungen der Liebe bei beiden Geschlechtern, daß das eine Geschlecht beim andern Geschlecht *nicht*
das gleiche Gefühl, den gleichen Begriff ›Liebe‹ voraussetzt...

II, 236

174

Unser neues ›Unendliches‹. – Wie weit der perspektivische Charakter
des Daseins reicht oder gar ob es irgendeinen andren Charakter noch
hat, ob nicht ein Dasein ohne Auslegung, ohne ›Sinn‹ eben zum ›Unsinn‹ wird, ob, andrerseits, nicht alles Dasein essentiell ein *auslegendes*
Dasein ist – das kann, wie billig, auch durch die fleißigste und peinlich-gewissenhafteste Analysis und Selbstprüfung des Intellekts nicht
ausgemacht werden: da der menschliche Intellekt bei dieser Analysis
nicht umhin kann, sich selbst unter seinen perspektivischen Formen zu
sehen und *nur* in ihnen zu sehen.

Wir können nicht um unsre Ecke sehn: es ist eine hoffnungslose
Neugierde, wissen zu wollen, was es noch für andre Arten Intellekt
und Perspektive geben *könnte*: zum Beispiel ob irgendwelche Wesen
die Zeit zurück oder abwechselnd vorwärts und rückwärts empfinden
können (womit eine andre Richtung des Lebens und ein andrer Begriff
von Ursache und Wirkung gegeben wäre). Aber ich denke, wir sind
heute zum mindesten ferne von der lächerlichen Unbescheidenheit,
von unsrer Ecke aus zu dekretieren, daß man nur von dieser Ecke aus
Perspektiven haben *dürfe*.

Die Welt ist uns vielmehr noch einmal ›unendlich‹ geworden: insofern wird die Möglichkeit nicht abweisen können, daß sie *unendliche
Interpretationen in sich schließt*. Noch einmal faßt uns der große
Schauder – aber wer hätte wohl Lust, *dieses* Ungeheure von unbekannter Welt nach alter Weise sofort wieder zu vergöttlichen? Und
etwa *das* Unbekannte fürderhin als ›*den* Unbekannten! anzubeten?
Ach es sind zu viele *ungöttliche* Möglichkeiten der Interpretation mit
in dieses Unbekannte eingerechnet, zu viel Teufelei, Dummheit,
Narrheit der Interpretation – unsre eigne menschliche, allzumenschliche selbst, die wir kennen.

II, 249f.

175

Die große Gesundheit. – Wir Neuen, Namenlosen, Schlechtverständlichen, wir Frühgeburten einer noch unbewiesenen Zukunft – wir bedürfen zu einem neuen Zwecke auch eines neuen Mittels, nämlich einer neuen Gesundheit, einer stärkeren, gewitzteren, zäheren, verwegneren, lustigeren, als alle Gesundheiten bisher waren. Wessen Seele danach dürstet, den ganzen Umfang der bisherigen Wert- und Wünschbarkeiten erlebt und alle Küsten dieses idealischen ›Mittelmeers‹ umschifft zu haben, wer aus den Abenteuern der eigensten Erfahrung wissen will, wie es einem Eroberer und Entdecker des Ideals zumute ist, insgleichen einem Künstler, einem Heiligen, einem Gesetzgeber, einem Weisen, einem Gelehrten, einem Frommen, einem Wahrsager, einem Göttlich-Abseitigen alten Stils: der hat dazu zuallererst eins nötig, *die große Gesundheit* – eine solche, welche man nicht nur hat, sondern auch beständig noch erwirbt und erwerben muß, weil man sie immer wieder preisgibt, preisgeben muß! II, 258

Also sprach Zarathustra

Ein Buch für Alle und Keinen

176

Als Zarathustra in die nächste Stadt kam, die an den Wäldern liegt,
fand er daselbst viel Volk versammelt auf dem Markte: denn es war
verheißen worden, daß man einen Seiltänzer sehen solle. Und Zarathustra sprach also zum Volke:

Ich lehre euch den Übermenschen. Der Mensch ist etwas, das überwunden werden soll. Was habt ihr getan, ihn zu überwinden? Alle Wesen bisher schufen etwas über sich hinaus: und ihr wollt die Ebbe dieser großen Flut sein und lieber noch zum Tiere zurückgehn als den
Menschen überwinden?

Was ist der Affe für den Menschen? Ein Gelächter oder eine
schmerzliche Scham. Und eben das soll der Mensch für den Übermenschen sein: ein Gelächter oder eine schmerzliche Scham. Ihr habt den
Weg vom Wurme zum Menschen gemacht, und vieles ist in euch noch
Wurm. Einst wart ihr Affen, und auch jetzt noch ist der Mensch mehr
Affe, als irgendein Affe.

Wer aber der Weiseste von euch ist, der ist auch nur ein Zwiespalt
und Zwitter von Pflanze und von Gespenst. Aber heiße ich euch zu
Gespenstern oder Pflanzen werden?

Seht, ich lehre euch den Übermenschen!

Der Übermensch ist der Sinn der Erde. Euer Wille sage: der Übermensch *sei* der Sinn der Erde!

Ich beschwöre euch, meine Brüder, *bleibt der Erde treu* und glaubt
denen nicht, welche euch von überirdischen Hoffnungen reden! Giftmischer sind es, ob sie es wissen oder nicht.

Verächter des Lebens sind es, Absterbende und selber Vergiftete,
deren die Erde müde ist: so mögen sie dahinfahren!

Einst war der Frevel an Gott der größte Frevel, aber Gott starb, und
damals starben auch diese Frevelhaften. An der Erde zu freveln ist
jetzt das Furchtbarste und die Eingeweide des Unerforschlichen höher
zu achten, als den Sinn der Erde!

Einst blickte die Seele verächtlich auf den Leib: und damals war
diese Verachtung das Höchste – sie wollte ihn mager, gräßlich, verhungert. So dachte sie ihm und der Erde zu entschlüpfen.

Oh diese Seele war selber noch mager, gräßlich und verhungert: und Grausamkeit war die Wollust dieser Seele!

Aber auch ihr noch, meine Brüder, sprecht mir: was kündet euer Leib von eurer Seele? Ist eure Seele nicht Armut und Schmutz und ein erbärmliches Behagen?

Wahrlich, ein schmutziger Strom ist der Mensch. Man muß schon ein Meer sein, um einen schmutzigen Strom aufnehmen zu können, ohne unrein zu werden.

Seht, ich lehre euch den Übermenschen: der ist dies Meer, in ihm kann eure große Verachtung untergehn.   II, 279 f.

177

Zarathustra aber sahe das Volk an und wunderte sich. Dann sprach er also:

Der Mensch ist ein Seil, geknüpft zwischen Tier und Übermensch – ein Seil über einem Abgrunde.

Ein gefährliches Hinüber, ein gefährliches Auf-dem-Wege, ein gefährliches Zurückblicken, ein gefährliches Schaudern und Stehenbleiben.

Was groß ist am Menschen, das ist, daß er eine Brücke und kein Zweck ist: was geliebt werden kann am Menschen, das ist, daß er ein *Übergang* und ein *Untergang* ist.

Ich liebe die, welche nicht zu leben wissen, es sei denn als Untergehende, denn es sind die Hinübergehenden.

Ich liebe den, dessen Seele tief ist auch in der Verwundung, und der an einem kleinen Erlebnisse zugrunde gehen kann: so geht er gerne über die Brücke.

Ich liebe den, dessen Seele übervoll ist, so daß er sich selber vergißt, und alle Dinge in ihm sind: so werden alle Dinge sein Untergang.

Ich liebe den, der freien Geistes und freien Herzens ist: so ist sein Kopf nur das Eingeweide seines Herzens, sein Herz aber treibt ihn zum Untergang.

Ich liebe alle die, welche wie schwere Tropfen sind, einzeln fallen aus der dunklen Wolke, die über den Menschen hängt: sie verkündigen, daß der Blitz kommt, und gehn als Verkündiger zugrunde.

Seht, ich bin ein Verkündiger des Blitzes, und ein schwerer Tropfen aus der Wolke: dieser Blitz aber heißt Übermensch.   II, 281 /83

Jenseits von Gut und Böse

Vorspiel einer Philosophie der Zukunft

178

Nachdem ich lange genug den Philosophen zwischen die Zeilen und auf die Finger gesehn habe, sage ich mir: man muß noch den größten Teil des bewußten Denkens unter die Instinkt-Tätigkeiten rechnen, und sogar im Falle des philosophischen Denkens; man muß hier umlernen, wie man in betreff der Vererbung und des ›Angeborenen‹ umgelernt hat. So wenig der Akt der Geburt in dem ganzen Vor- und Fortgange der Vererbung in Betracht kommt: ebensowenig ist ›Bewußt-sein‹ in irgendeinem entscheidenden Sinne dem Instinktiven *entgegengesetzt,* – das meiste bewußte Denken eines Philosophen ist durch seine Instinkte heimlich geführt und in bestimmte Bahnen gezwungen. Auch hinter aller Logik und ihrer anscheinenden Selbstherrlichkeit der Bewegung stehen Wertschätzungen, deutlicher gesprochen, physiologische Forderungen zur Erhaltung einer bestimmten Art von Leben. Zum Beispiel, daß das Bestimmte mehr wert sei als das Unbestimmte, der Schein weniger wert als die ›Wahrheit‹: dergleichen Schätzungen könnten, bei aller ihrer regulativen Wichtigkeit für *uns,* doch nur Vordergrunds-Schätzungen sein, eine bestimmte Art von *niaiserie,* wie sie gerade zur Erhaltung von Wesen, wie wir sind, nottun mag. Gesetzt nämlich, daß nicht gerade der Mensch das ›Maß der Dinge‹ ist.

II, 569

179

Ich glaube demgemäß nicht, daß ein ›Trieb zur Erkenntnis‹ der Vater der Philosophie ist, sondern daß sich ein anderer Trieb, hier wie sonst, der Erkenntnis (und der Verkenntnis!) nur wie eines Werkzeugs bedient hat. Wer aber die Grundtriebe des Menschen daraufhin ansieht, wieweit sie gerade hier als *inspirierende* Genien (oder Dämonen und Kobolde) ihr Spiel getrieben haben mögen, wird finden, daß sie alle schon einmal Philosophie getrieben haben – und daß jeder einzelne von ihnen gerade *sich* gar zu gerne als letzten Zweck des Daseins und als berechtigten *Herrn* aller Triebe darstellen möchte. Denn jeder Trieb ist herrschsüchtig: und als *solcher* versucht er zu philosophieren.

II, 571

Es gibt immer noch harmlose Selbst-Beobachter, welche glauben, daß es ›unmittelbare Gewißheiten‹ gebe, zum Beispiel ›ich denke‹, oder, wie es der Aberglaube Schopenhauers war, ›ich will‹: gleichsam als ob hier das Erkennen rein und nackt seinen Gegenstand zu fassen bekäme, als ›Ding an sich‹, und weder von seiten des Subjekts, noch von seiten des Objekts eine Fälschung stattfände. Daß aber ›unmittelbare Gewißheit‹, ebenso wie ›absolute Erkenntnis‹ und ›Ding an sich‹' eine *contradictio in adjecto* in sich schließt, werde ich hundertmal wiederholen: man sollte sich doch endlich von der Verführung der Worte losmachen!

Mag das Volk glauben, daß Erkennen ein zu Ende-Kennen sei, der Philosoph muß sich sagen: wenn ich den Vorgang zerlege, der in dem Satz ›ich denke‹ ausgedrückt ist, so bekomme ich eine Reihe von verwegnen Behauptungen, deren Begründung schwer, vielleicht unmöglich ist, – zum Beispiel, daß *ich* es bin, der denkt, daß überhaupt ein Etwas es sein muß, das denkt, daß Denken eine Tätigkeit und Wirkung seitens eines Wesens ist, welches als Ursache gedacht wird, daß es ein ›Ich‹ gibt, endlich, daß es bereits feststeht, was mit Denken zu bezeichnen ist – daß ich *weiß,* was Denken ist. Denn wenn ich nicht darüber mich schon bei mir entschieden hätte, wonach sollte ich abmessen, daß, was eben geschieht, nicht vielleicht ›Wollen‹ oder ›Fühlen‹ sei? – Genug, jenes ›ich denke‹ setzt voraus, daß ich meinen augenblicklichen Zustand mit andern Zuständen, die ich an mir kenne, *vergleiche,* um so festzusetzen, was er ist: wegen dieser Rückbeziehung auf anderweitiges ›Wissen‹ hat er für mich jedenfalls keine unmittelbare Gewißheit.

Anstelle jener ›unmittelbaren Gewißheit‹, an welche das Volk im gegebnen Falle glauben mag, bekommt dergestalt der Philosoph eine Reihe von Fragen der Metaphysik in die Hand, recht eigentliche Gewissensfragen des Intellekts, welche heißen: ›Woher nehme ich den Begriff Denken? Warum glaube ich an Ursache und Wirkung? Was gibt mir das Recht, von einem Ich, und gar von einem Ich als Ursache, und endlich noch von einem Ich als Gedanken-Ursache zu reden?‹

Wer sich mit der Berufung auf eine Art *Intuition* der Erkenntnis getraut, jene metaphysischen Fragen sofort zu beantworten, wie es der tut, welcher sagt: ›ich denke und weiß, daß dies wenigstens wahr, wirklich, gewiß ist‹ – der wird bei einem Philosophen heute ein Lächeln und zwei Fragezeichen bereitfinden. ›Mein Herr‹, wird der Philosoph vielleicht ihm zu verstehen geben, ›es ist unwahrscheinlich, daß Sie sich nicht irren: aber warum auch durchaus Wahrheit?‹. II, 579 f.

181

Die gesamte Psychologie ist bisher an moralischen Vorurteilen und Befürchtungen hängen geblieben: sie hat sich nicht in die Tiefe gewagt. Dieselbe als Morphologie und *Entwicklungslehre des Willens zur Macht* zu fassen, wie ich sie fasse – daran hat noch niemand in seinen Gedanken selbst gestreift: sofern es nämlich erlaubt ist, in dem, was bisher geschrieben wurde, ein Symptom von dem, was bisher verschwiegen wurde, zu erkennen. Die Gewalt der moralischen Vorurteile ist tief in die geistigste, in die anscheinend kälteste und voraussetzungsloseste Welt gedrungen – und, wie es sich von selbst versteht, schädigend, hemmend, blendend, verdrehend. Eine eigentliche Physio-Psychologie hat mit unbewußten Widerständen im Herzen des Forschers zu kämpfen, sie hat ›das Herz‹ gegen sich: schon eine Lehre von der gegenseitigen Bedingtheit der ›guten‹ und der ›schlimmen‹ Triebe macht, als feinere Immoralität, einem noch kräftigen und herzhaften Gewissen Not und Überdruß–, noch mehr eine Lehre von der Ableitbarkeit aller guten Triebe aus den schlimmen.

Gesetzt aber, jemand nimmt gar die Affekte Haß, Neid, Habsucht, Herrschsucht als lebenbedingende Affekte, als etwas, das im Gesamt-Haushalte des Lebens grundsätzlich und grundwesentlich vorhanden sein muß, folglich noch gesteigert werden muß, falls das Leben noch gesteigert werden soll –, der leidet an einer solchen Richtung seines Urteils wie an einer Seekrankheit. Und doch ist auch diese Hypothese bei weitem nicht die peinlichste und fremdeste in diesem ungeheuren fast noch neuen Reiche gefährlicher Erkenntnisse – und es gibt in der Tat hundert gute Gründe dafür, daß jeder von ihm fernbleibt, der es – *kann!*

Andererseits: ist man einmal mit seinem Schiffe hierhin verschlagen, nun, wohlan! Jetzt tüchtig die Zähne zusammengebissen, die Augen aufgemacht, die Hand fest am Steuer! – Wir fahren geradewegs über die Moral *weg,* wir erdrücken, wir zermalmen vielleicht dabei unseren eignen Rest Moralität, indem wir dorthin unsre Fahrt machen und wagen – aber was liegt an *uns!* Niemals noch hat sich verwegnen Reisenden und Abenteurern eine *tiefere* Welt der Einsicht eröffnet: und der Psychologe, welcher dergestalt ›Opfer bringt‹ – es ist *nicht* das *sacrifizio dell'intelletto,* im Gegenteil! – wird zum mindesten dafür verlangen dürfen, daß die Psychologie wieder als Herrin der Wissenschaften anerkannt werde, zu deren Dienste und Vorbereitung die übrigen Wissenschaften da sind. Denn Psychologie ist nunmehr wieder der Weg zu den Grundproblemen. II, 586 f.

182

Unsere höchsten Einsichten müssen – und sollen! – wie Torheiten, unter Umständen wie Verbrechen klingen, wenn sie unerlaubterweise denen zu Ohren kommen, welche nicht dafür geartet und vorbestimmt sind.

Das Exoterische und das Esoterische, wie man ehedem unter Philosophen unterschied, bei den Indern, wie bei Griechen, Persern und Muselmännern, kurz überall, wo man eine Rangordnung und *nicht* an Gleichheit und gleiche Rechte glaubte – das hebt sich nicht sowohl dadurch voneinander ab, daß der Exoteriker draußen steht und von außen her, nicht von innen her, sieht, schätzt, mißt, urteilt: das Wesentlichere ist, daß er von unten hinauf die Dinge sieht – der Esoteriker aber *von oben herab*! Es gibt Höhen der Seele, von wo aus gesehn selbst die Tragödie aufhört, tragisch zu wirken; und, alles Weh der Welt in eins genommen, wer dürfte zu entscheiden wagen, ob sein Anblick *notwendig* gerade zum Mitleiden und dergestalt zur Verdoppelung des Wehs verführen und zwingen werden?

Was der höhern Art von Menschen zur Nahrung oder zum Labsal dient, muß einer sehr unterschiedlichen und geringern Art beinahe Gift sein. II, 595

183

Gesetzt, daß nichts anderes als real ›gegeben‹ ist als unsre Welt der Begierden und Leidenschaften, daß wir zu keiner andern ›Realität‹ hinab oder hinauf können als gerade zur Realität unsrer Triebe – denn Denken ist nur ein Verhalten dieser Triebe zueinander –: ist es nicht erlaubt, den Versuch zu machen und die Frage zu fragen, ob dies ›Gegeben‹ nicht *ausreicht,* um aus seinesgleichen auch die sogenannte mechanistische (oder ›materielle‹) Welt zu verstehn? Ich meine nicht als eine Täuschung, einen Schein, eine ›Vorstellung‹ (im Berkeleyschen und Schopenhauerschen Sinne), sondern als vom gleichen Realitäts-Range, welchen unser Affekt selbst hat – als eine primitivere Form der Welt der Affekte, in der noch alles in mächtiger Einheit beschlossen liegt, was sich dann im organischen Prozesse abzweigt und ausgestaltet

(auch, wie billig, verzärtelt und abschwächt–), als eine Art von Triebleben, in dem noch sämtliche organische Funktionen, mit Selbst-Re-
gulierung Assimilation, Ernährung, Ausscheidung, Stoffwechsel, syn-
thetisch gebunden ineinander sind – als eine Vorform des Lebens?

II, 600 f.

184

Gesetzt endlich, daß es gelänge, unser gesamtes Triebleben als die
Ausgestaltung und Verzweigung *einer* Grundform des Willens zu erklären – nämlich des Willens zur Macht, wie es *mein* Satz ist –; gesetzt,
daß man alle organischen Funktionen auf diesen Willen zur Macht zu-
rückführen könnte und in ihm auch die Lösung des Problems der Zeugung und Ernährung – es ist *ein* Problem – fände, so hätte man damit
sich das Recht verschafft, *alle* wirkende Kraft eindeutig zu bestimmen
als: *Wille zur Macht*. Die Welt von innen gesehen, die Welt auf ihren
›intelligiblen Charakter‹ hin bestimmt und bezeichnet – sie wäre eben
›Wille zur Macht‹ und nichts außerdem.

II, 601

185

Alles, was tief ist, liebt die Maske; die allertiefsten Dinge haben sogar
einen Haß auf Bild und Gleichnis. Sollte nicht erst der *Gegensatz* die
rechte Verkleidung sein, in der die Scham eines Gottes einherging?

Eine fragwürdige Frage: es wäre wunderlich, wenn nicht irgendein
Mystiker schon dergleichen bei sich gewagt hätte. Es gibt Vorgänge so
zarter Art, daß man gut tut, sie durch eine Grobheit zu verschütten und
unkenntlich zu machen; es gibt Handlungen der Liebe und einer aus-
schweifenden Großmut, hinter denen nichts rätlicher ist, als einen
Stock zu nehmen und den Augenzeugen durchzuprügeln, damit trübt
man dessen Gedächtnis. Mancher versteht sich darauf, das eigne Gedächtnis zu trüben und zu mißhandeln, um wenigstens an diesem einzigen Mitwisser seine Rache zu haben – die Scham ist erfinderisch.

Es sind nicht die schlimmsten Dinge, deren man sich am schlimmsten schämt; es ist nicht nur Arglist hinter einer Maske – es gibt so viel
der Güte in der List. Ich könnte mir denken, daß ein Mensch, der etwas
Kostbares und Verletzliches zu bergen hätte, grob und rund wie ein
grünes altes schwerbeschlagenes Weinfaß durchs Leben rollte: die
Feinheit seiner Scham will es so. Einem Menschen, der Tiefe in der
Scham hat, begegnen auch seine Schicksale und zarten Entscheidun-
gen auf Wegen, zu denen wenige je gelangen und um deren Vorhan-
densein seine Nächsten und Vertrautesten nicht wissen dürfen: seine

Lebensgefahr verbirgt sich in ihren Augen und ebenso seine wiedereroberte Lebenssicherheit. Ein solcher Verborgener, der aus Instinkt das Reden zum Schweigen und Verschweigen braucht und unerschöpflich ist in der Ausflucht vor Mitteilung, *will* es und fördert es, daß eine Maske von ihm an seiner Statt in den Herzen und Köpfen seiner Freunde herumwandelt; und gesetzt, er will es nicht, so werden ihm eines Tages die Augen darüber aufgehn, daß es trotzdem dort eine Maske von ihm gibt – und daß es gut so ist.

Jeder tiefe Geist braucht eine Maske, dank der beständig falschen, nämlich *flachen* Auslegung jedes Wortes, jedes Schrittes, jedes Lebens-Zeichens, das er gibt. II, 603 f.

186
Die menschliche Seele und ihre Grenzen, der bisher überhaupt erreichte Umfang menschlicher innerer Erfahrungen, die Höhen, Tiefen und Fernen dieser Erfahrungen, die ganze *bisherige* Geschichte der Seele und ihre noch unausgetrunkenen Möglichkeiten: das ist für einen geborenen Psychologen und Freund der ›großen Jagd‹ das vorbestimmte Jagdbereich. Aber wie oft muß er sich verzweifelt sagen: ›ein einzelner, ach, nur ein einzelner! und dieser große Wald und Urwald!‹ Und so wünscht er sich einige hundert Jagdgehilfen und feine Spürhunde, welche er in die Geschichte der menschlichen Seele treiben könnte, um dort *sein* WiHd zusammenzutreiben. Umsonst: er erprobt es immerWieder, gründlich und bitterlich, wie schlecht zu allen Dingen, die gerade seine Neugierde reizen, Gehilfen und Hunde zu finden sind. Der Übelstand, den es hat, Gelehrte auf neue und gefährliche Jagdbereiche auszuschicken, wo Mut, Klugheit, Feinheit in jedem Sinne nottun, liegt darin, daß sie gerade dort nicht mehr brauchbar sind, wo die ›große Jagd‹, aber auch die große Gefahr beginnt – gerade dort verlieren sie ihr Spürauge und ihre Spürnase. II, 609

187
Wo nur auf Erden bisher die religiöse Neurose aufgetreten ist, finden wir sie verknüpft mit drei gefährlichen Diät-Verordnungen: Einsamkeit, Fasten und geschlechtliche Enthaltsamkeit – doch ohne daß hier mit Sicherheit zu entscheiden wäre, was da Ursache, was Wirkung sei, und *ob* hier überhaupt ein Verhältnis von Ursache und Wirkung vorliege. Zum letzten Zweifel berechtigt, daß gerade zu ihren regelmäßigsten Symptomen, bei wilden wie bei zahmen Völkern, auch die plötz-

lichste ausschweifendste Wollüstigkeit gehört, welche dann, ebenso plötzlich, in Bußkrampf und Welt- und Willensverneinung umschlägt: beides vielleicht als maskierte Epilepsie deutbar?

Aber nirgendswo sollte man sich der Deutungen mehr entschlagen: um keinen Typus herum ist bisher eine solche Fülle von Unsinn und Aberglauben aufgewachsen, keiner scheint bisher die Menschen, selbst die Philosophen, mehr interessiert zu haben – es wäre an der Zeit, hier gerade ein wenig kalt zu werden, Vorsicht zu lernen, besser noch: wegzusehen, *wegzugehn*.   II, 611

188

›Das habe ich getan‹, sagt mein Gedächtnis. ›Das kann ich nicht getan haben‹ – sagt mein Stolz und bleibt unerbittlich. Endlich – gibt das Gedächtnis nach.   II, 625

189

Hat man Charakter, so hat man auch sein typisches Erlebnis, das immer wiederkommt.   II, 626

190

Der Weise als Astronom. – Solange du noch die Sterne fühlst als ein ›Über-dir‹, fehlt dir noch der Blick des Erkennenden.   II, 626

191

Grad und Art der Geschlechtlichkeit eines Menschen reicht bis in den letzten Gipfel seines Geistes hinauf.   II, 626

192

Eine Seele, die sich geliebt weiß, aber selbst nicht liebt, verrät ihren Bodensatz – ihr Unterstes kommt herauf.   II, 627

193

›Mitleiden mit allen‹ – wäre Härte und Tyrannei mit *dir*, mein Herr Nachbar!   II, 627

194

Die gleichen Affekte sind bei Mann und Weib doch im Tempo verschieden: deshalb hören Mann und Weib nicht auf, sich mißzuverstehn.   II, 628

195

Die großen Epochen unsres Lebens liegen dort, wo wir den Mut gewinnen, unser Böses als unser Bestes umzutaufen. II, 632

196

Wir machen es auch im Wachen wie im Traume: wir erfinden und erdichten erst den Menschen, mit dem wir verkehren – und vergessen es sofort. II, 635

197

Unserm stärksten Triebe, dem Tyrannen in uns, unterwirft sich nicht nur unsre Vernunft, sondern auch unser Gewissen. II, 638

198

Man lügt wohl mit dem Munde, aber mit dem Maule, das man dabei macht, sagt man doch noch die Wahrheit. II, 639

199

Viel von sich reden kann auch ein Mittel sein, sich zu verbergen.

II, 639

200

Was wir im Traume erleben, vorausgesetzt, daß wir es oftmals erleben, gehört zuletzt so gut zum Gesamt-Haushalt unsrer Seele, wie irgend etwas ›wirklich‹ Erlebtes: Wir sind vermöge desselben reicher oder ärmer, haben ein Bedürfnis mehr oder weniger und werden schließlich am hellen lichten Tage, und selbst in den heitersten Augenblicken unsres wachen Geistes, ein wenig von den Gewöhnungen unsrer Träume gegängelt. Gesetzt, daß einer in seinen Träumen oftmals geflogen ist und endlich, sobald er träumt, sich einer Kraft und Kunst des Fliegens wie seines Vorrechtes bewußt wird, auch wie seines eigensten beneidenswerten Glücks: ein solcher, der jede Art von Bogen und Winkeln mit dem leisesten Impulse verwirklichen zu können glaubt, der das Gefühl einer gewissen göttlichen Leichtfertigkeit kennt, ein ›nach Oben‹ ohne Spannung und Zwang, ein ›nach Unten‹ ohne Herablassung und Erniedrigung – ohne *Schwere!* – wie sollte der Mensch solcher Traum-Erfahrungen und Traum-Gewohnheiten nicht endlich auch für seinen wachen Tag das Wort ›Glück‹ anders gefärbt und bestimmt finden! Wie sollte er nicht *anders* nach Glück – verlangen?

›Aufschwung‹, so wie dies von Dichtern beschrieben wird, muß ihm, gegen jenes ›Fliegen‹ gehalten, schon zu erdenhaft, muskelhaft, gewaltsam, schon zu ›schwer‹ sein. II, 651

201

Das Lernen verwandelt uns, es tut das, was alle Ernährung tut, die auch nicht bloß ›erhält‹ –: wie der Physiologe weiß. Aber im Grunde von uns, ganz ›da unten‹, gibt es freilich etwas Unbelehrbares, einen Granit von geistigem Fatum, von vorherbestimmter Entscheidung und Antwort auf vorherbestimmte ausgelesene Fragen. Bei jedem kardinalen Probleme redet ein unwandelbares ›das bin ich‹; über Mann und Weib zum Beispiel kann ein Denker nicht umlernen, sondern nur auslernen, nur zu Ende entdecken, was darüber bei ihm ›feststeht‹.

Man findet beizeiten gewisse Lösungen von Problemen, die gerade *uns* starken Glauben machen; vielleicht nennt man sie fürderhin seine ›Überzeugungen‹. Später – sieht man in ihnen nur Fußtapfen zur Selbsterkenntnis, Wegweiser zum Probleme, das wir *sind* – richtiger, zur großen Dummheit, die wir sind, zu unserm geistigen Fatum, zum *Unbelehrbaren* ganz ›da unten‹. II, 697

202

Es ist aus der Seele eines Menschen nicht wegzuwischen, was seine Vorfahren am liebsten und beständigsten getan haben: ob sie etwa emsige Sparer waren und Zubehör eines Schreibtisches und Geldkastens, bescheiden und bürgerlich in ihren Begierden, bescheiden auch in ihren Tugenden; oder ob sie ans Befehlen von früh bis spät gewöhnt lebten, rauhen Vergnügungen hold und daneben vielleicht noch rauheren Pflichten und Verantwortungen; oder ob sie endlich alte Vorrechte der Geburt und des Besitzes irgendwann einmal geopfert haben, um ganz ihrem Glauben – ihrem ›Gotte‹ – zu leben, als die Menschen eines unerbittlichen und zarten Gewissens, welches vor jeder Vermittlung errötet. Es ist gar nicht möglich, daß ein Mensch *nicht* die Eigenschaften und Vorlieben seiner Eltern und Altvordern im Leibe habe: was auch der Augenschein dagegen sagen mag. Dies ist das Problem der Rasse.

Gesetzt, man kennt einiges von den Eltern, so ist ein Schluß auf das Kind erlaubt: irgendeine widrige Unenthaltsamkeit, irgendein Winkel-Neid, eine plumpe Sich-Rechtgeberei – wie diese drei zusammen zu allen Zeiten den eigentlichen Pöbel-Typus ausgemacht haben –, dergleichen muß auf das Kind so sicher übergehn wie verderbtes Blut; und mit Hilfe der besten Erziehung und Bildung wird man eben nur erreichen, über eine solche Vererbung zu *täuschen*. II, 738 f.

203

Je mehr ein Psycholog – ein geborener, ein unvermeidlicher Psycholog und Seelen-Errater – sich den ausgesuchteren Fällen und Menschen zukehrt, um so größer wird seine Gefahr, am Mitleiden zu ersticken: er hat Härte und Heiterkeit *nötig,* mehr als ein andrer Mensch. Die Verderbnis, das Zugrundegehen der höheren Menschen, der fremder gearteten Seelen ist nämlich die Regel: es ist schrecklich, eine solche Regel immer vor Augen zu haben. Die vielfache Marter des Psychologen, der dieses Zugrundegehen entdeckt hat, der diese gesamte innere ›Heillosigkeit‹ des höheren Menschen, dieses ewige ›Zu spät!‹ in jedem Sinne, erst einmal und dann fast immer wieder entdeckt, durch die ganze Geschichte hindurch – kann vielleicht eines Tags zur Ursache davon werden, daß er mit Erbitterung sich gegen sein eigenes Los wendet und einen Versuch der Selbst-Zerstörung macht – daß er selbst ›verdirbt‹.

Man wird fast bei jedem Psychologen eine verräterische Vorneigung und Lust am Umgange mit alltäglichen und wohlgeordneten Menschen wahrnehmen: daran verrät sich, daß er immer einer Heilung bedarf, daß er eine Art Flucht und Vergessen braucht, weg von dem, was ihm seine Einblicke und Einschnitte, was ihm sein ›Handwerk‹ aufs Gewissen gelegt hat. Die Furcht vor seinem Gedächtnis ist ihm eigen. Er kommt vor dem Urteile andrer leicht zum Verstummen: er hört mit einem unbewegten Gesichte zu, wie dort verehrt, bewundert, geliebt, verklärt wird, wo er *gesehn* hat – oder er verbirgt sein Verstummen, indem er irgendeiner Vordergrunds-Meinung ausdrücklich zustimmt... II, 742

Zur Genealogie der Moral

Eine Streitschrift

204

Vergeßlichkeit ist keine bloße vis inertiae, wie die Oberflächlichen
glauben, sie ist vielmehr ein aktives, im strengsten Sinne positives
Hemmungsvermögen, dem es zuzuschreiben ist, daß was nur von uns
erlebt, erfahren, in uns hineingenommen wird, uns im Zustande der
Verdauung (man dürfte ihn ›Einverseelung‹ nennen) ebensowenig ins
Bewußtsein tritt, als der ganze tausendfältige Prozeß, mit dem sich
unsre leibliche Ernährung, die sogenannte ›Einverleibung‹ abspielt.

Die Türen und Fenster des Bewußtseins zeitweilig schließen; von
dem Lärm und Kampf, mit dem unsre Unterwelt von dienstbaren Or-
ganen für- und gegeneinander arbeitet, unbehelligt bleiben; ein wenig
Stille, ein wenig tabula rasa des Bewußtseins, damit wieder Platz wird
für Neues, vor allem für die vornehmeren Funktionen und Funktionä-
re, für Regieren, Voraussehn, Vorausbestimmen (denn unser Organismus ist oligarchisch eingerichtet) – das ist der Nutzen der, wie gesagt, aktiven Vergeßlichkeit, einer Türwärterin gleichsam, einer Auf-
rechterhalterin der seelischen Ordnung, der Ruhe, der Etikette: womit sofort abzusehn ist, inwiefern es kein Glück, keine Heiterkeit,
keine Hoffnung, keinen Stolz, keine *Gegenwart* geben könnte ohne
Vergeßlichkeit.   II, 799

205

An dieser Stelle ist es nun nicht mehr zu umgehn, meiner eigenen Hypothese über den Ursprung des ›schlechten Gewissens‹ zu einem ersten vorläufigen Ausdrucke zu verhelfen: sie ist nicht leicht zu Gehör
zu bringen und will lange bedacht, bewacht und beschlafen sein.

Ich nehme das schlechte Gewissen als die tiefe Erkrankung, welcher
der Mensch unter dem Druck jener gründlichsten aller Veränderungen verfallen mußte, die er überhaupt erlebt hat – jener Veränderung,
als er sich endgültig in den Bann der Gesellschaft und des Friedens
eingeschlossen fand. Nicht anders als es den Wassertieren ergangen
sein muß, als sie gezwungen wurden, entweder Landtiere zu werden
oder zugrunde zu gehn, so ging es diesen der Wildnis, dem Kriege, dem
Herumschweifen, dem Abenteuer glücklich angepaßten Halbtieren –
mit einem Male waren alle ihre Instinkte entwertet und ›ausgehängt‹.

Sie sollten nunmehr auf den Füßen gehn und sich selber tragen, wo sie bisher vom Wasser getragen wurden: eine entsetzliche Schwere lag auf ihnen. Zu den einfachsten Verrichtungen fühlten sie sich ungelenk, sie hatten für diese neue unbekannte Welt ihre alten Führer nicht mehr, die regulierenden, unbewußt-sicherführenden Triebe – sie waren auf Denken, Schließen, Berechnen, Kombinieren von Ursachen und Wirkungen reduziert, diese Unglücklichen, auf ihr ›Bewußtsein‹, auf ihr ärmlichstes und fehlgreifendstes Organ!

Ich glaube, daß niemals auf Erden ein solches Elends-Gefühl, ein solches bleiernes Mißbehagen dagewesen ist – und dabei hatten jene alten Instinkte nicht mit einem Male aufgehört, ihre Forderungen zu stellen! Nur war es schwer und selten möglich, ihnen zu Willen zu sein: in der Hauptsache mußten sie sich neue und gleichsam unterirdische Befriedigungen suchen.   II, 824 f.

206

Alle Instinkte, welche sich nicht nach außen entladen, *wenden sich nach innen* – dies ist das, was ich die *Verinnerlichung* des Menschen nenne: damit wächst erst das an den Menschen heran, was man später seine ›Seele‹ nennt. Die ganze innere Welt, ursprünglich dünn wie zwischen zwei Häute eingespannt, ist in dem Maße auseinander- und aufgegangen, hat Tiefe, Breite, Höhe bekommen, als die Entladung des Menschen nach außen *gehemmt* worden ist. Jene furchtbaren Bollwerke, mit denen sich die staatliche Organisation gegen die alten Instinkte der Freiheit schützte – die Strafen gehören vor allem zu diesen Bollwerken –, brachten zuwege, daß alle jene Instinkte des wilden freien schweifenden Menschen sich rückwärts, sich *gegen den Menschen selbst* wandten. Die Feindschaft, die Grausamkeit, die Lust an der Verfolgung, am Überfall, am Wechsel, an der Zerstörung – alles das gegen die Inhaber solcher Instinkte sich wendend: *das* ist der Ursprung des ›schlechten Gewissens‹.

Der Mensch, der sich, aus Mangel an äußeren Feinden und Widerständen, eingezwängt in eine drückende Enge und Regelmäßigkeit der Sitte, ungeduldig selbst zerriß, verfolgte, annagte, aufstörte, mißhandelte, dies an den Gitterstangen seines Käfigs sich wundstoßende Tier, das man ›zähmen‹ will, dieser Entbehrende und von Heimweh der Wüste Verzehrte, der aus sich selbst ein Abenteuer, eine Folterstätte, eine unsichere und gefährliche Wildnis schaffen mußte – dieser Narr, dieser

sehnsüchtige und verzweifelte Gefangene wurde der Erfinder des
›schlechten Gewissens‹. Mit ihm aber war die größte und unheimlichste Erkrankung eingeleitet, von welcher die Menschheit bis heute
nicht genesen ist, das Leiden des Menschen *am Menschen, an sich*: als
die Folge einer gewaltsamen Abtrennung von der tierischen Vergangenheit, eines Sprunges und Sturzes gleichsam in neue Lagen und Da-
seins-Bedingungen, einer Kriegserklärung gegen die alten Instinkte,
auf denen bis dahin seine Kraft, Lust und Furchtbarkeit beruhte.

Fügen wir sofort hinzu, daß andrerseits mit der Tatsache einer gegen
sich selbst gekehrten, gegen sich selbst Partei nehmenden Tierseele
auf Erden etwas so Neues, Tiefes, Unerhörtes, Rätselhaftes, Wider-
spruchsvolles *und Zukunftsvolles* gegeben war, daß der Aspekt der
Erde sich damit wesentlich veränderte. In der Tat, es brauchte göttli-
cher Zuschauer, um das Schauspiel zu würdigen, das damit anfing und
dessen Ende durchaus noch nicht abzusehn ist – ein Schauspiel zu fein,
zu wundervoll, zu paradox, als daß es sich sinnlos-unvermerkt auf irgendeinem lächerlichen Gestirn abspielen dürfte!

Der Mensch zählt seitdem *mit* unter den unerwartetsten und aufregendsten Glückwürfen, die das ›große Kind‹ des Heraklit, heiße es
Zeus oder Zufall, spielt – er erweckt für sich ein Interesse, eine Spannung, eine Hoffnung, beinahe eine Gewißheit, als ob mit ihm sich etwas ankündige, etwas vorbereite, als ob der Mensch kein Ziel, sondern
nur ein Weg, ein Zwischenfall, eine Brücke, ein großes Versprechen
sei.   II, 825 f.

207

Wir experimentieren mit uns, wie wir es uns mit keinem Tiere erlauben
würden, und schlitzen uns vergnügt und neugierig die Seele bei leben-
digem Leibe auf: was liegt uns noch am ›Heil‹ der Seele! Hinterdrein
heilen wir uns selber: Kranksein ist lehrreich, wir zweifeln nicht daran,
lehrreicher noch als Gesundsein – die *Krankmacher* scheinen uns
heute nötiger selbst als irgendwelche Medizinmänner und ›Heilande‹.
Wir vergewaltigen uns jetzt selbst, es ist kein Zweifel, wir Nußknacker
der Seele, wir Fragenden und Fragwürdigen, wie als ob Leben nichts
andres sei, als Nüsseknacken; ebendamit müssen wir notwendig täglich immer noch fragwürdiger, *würdiger* zu fragen werden, ebendamit
vielleicht auch würdiger – zu leben?   II, 854 f.

Der Hauptgriff, den sich der asketische Priester erlaubte, um auf der menschlichen Seele jede Art von zerreißender und verzückter Musik zum Erklingen zu bringen, war damit getan – jedermann weiß das –, daß er sich das *Schuldgefühl* zunutze machte. Dessen Herkunft hat die vorige Abhandlung kurz angedeutet – als ein Stück Tierpsychologie, als nicht mehr: das Schuldgefühl trat dort gleichsam in seinem Rohzustande entgegen. Erst unter den Händen des Priesters, dieses eigentlichen Künstlers in Schuldgefühlen, hat es Gestalt gewonnen – o was für eine Gestalt! Die ›Sünde‹ – denn so lautet die priesterliche Umdeutung des tierischen ›schlechten Gewissen‹ (der rückwärts gewendeten Grausamkeit) – ist bisher das größte Ereignis in der Geschichte der kranken Seele gewesen.

In ihr haben wir das gefährlichste und verhängnisvollste Kunststück der religiösen Interpretation. Der Mensch, an sich selbst leidend, irgendwie, jedenfalls physiologisch etwa wie ein Tier, das in den Käfig gesperrt ist, unklar, warum, wozu?, begehrlich nach Gründen – Gründe erleichtern –, begehrlich auch nach Mitteln und Narkosen, berät sich endlich mit einem, der auch das Verborgene weiß – und siehe da, er bekommt einen Wink, er bekommt von seinem Zauberer, dem asketischen Priester, den *ersten* Wink über die ›Ursache‹ seines Leidens: er soll sie in *sich* suchen, in seiner *Schuld*, in einem Stück Vergangenheit, er soll sein Leiden selbst als einen *Strafzustand* verstehn...

Er hat gehört, er hat verstanden, der Unglückliche: jetzt geht es ihm wie der Henne, um die ein Strich gezogen ist. Er kommt aus diesem Kreis von Strichen nicht wieder heraus: aus dem Kranken ist ›der Sünder‹ gemacht. Und nun wird man den Aspekt dieses neuen Kranken, ›des Sünders‹, für ein paar Jahrtausende nicht los – wird man ihn je wieder los? –, wohin man nur sieht, überall der hypnotische Blick des Sünders, der sich immer in der einen Richtung bewegt (in der Richtung auf ›Schuld‹, als der *einzigen* Leidens-Kausalität); überall das böse Gewissen, dies ›*grewliche thier*‹, mit Luther zu reden; überall die Vergangenheit zurückgekäut, die Tat verdreht, das ›grüne Auge‹ für alles Tun; überall das zum Lebensinhalt gemachte Mißverstehen-Wollen des Leidens, dessen Umdeutung in Schuld-, Furcht- und Strafgefühle; überall die Geißel, das härene Hemd, der verhungernde Leib, die Zerknirschung; überall das Sich-selbst-Rädern des Sünders in dem grausamen Räderwerk eines unruhigen, krankhaft-lüsternen Gewissens; überall die stumme Qual, die äußerste Furcht, die Agonie des gemarterten Herzens, die Krämpfe eines unbekannten Glücks, der Schrei nach ›Erlösung‹.

In der Tat, mit diesem System von Prozeduren war die alte Depression, Schwere und Müdigkeit gründlich *überwunden*, das Leben wurde wieder *sehr* interessant: wach, ewig wach, übernächtig, glühend, verkohlt, erschöpft und doch nicht müde – so nahm sich der Mensch aus, ›der Sünder‹, der in *diese* Mysterien eingeweiht war. Dieser alte große Zauberer im Kampf mit der Unlust, der asketische Priester – er hatte sichtlich gesiegt, *sein* Reich war gekommen...   II, 880 ff.

Götzen-Dämmerung

oder Wie man mit dem Hammer philosophiert

209

Es gibt Fälle, wo wir wie Pferde sind, wir Psychologen, und in Unruhe geraten: wir sehen unsern eigenen Schatten vor uns auf- und niederschwanken. Der Psychologe muß von *sich* absehn, um überhaupt zu sehn. II, 947

210

Moral für Psychologen. – Keine Kolportage-Psychologie treiben! Nie beobachten, *um* zu beobachten! Das gibt eine falsche Optik, ein Schielen, etwas Erzwungenes und Übertreibendes, Erleben als Erleben-*Wollen* – das gerät nicht. Man *darf* nicht im Erlebnis nach sich hinblikken, jeder Blick wird da zum ›bösen Blick‹. Ein geborener Psycholog hütet sich aus Instinkt, zu sehn, um zu sehn; dasselbe gilt vom geborenen Maler. Er arbeitet nie ›nach der Natur‹ – er überläßt seinenm Instinkte, seiner *camera obscura* das Durchsieben und Ausdrücken des ›Falls‹, der ›Natur‹ des ›Erlebten‹... II, 994

211

Was bedeutet der von mir in die Ästhetik eingeführte Gegensatz-Begriff *apollinisch* und *dionysisch*, beide als Arten des Rausches begriffen?

Der apollinische Rausch hält vor allem das Auge erregt, so daß es die Kraft der Vision bekommt. Der Maler, der Plastiker, der Epiker sind Visionäre *par excellence*. Im dionysischen Zustande ist dagegen das gesamte Affekt-System erregt und gesteigert: so daß es alle seine Mittel des Ausdrucks mit einem Male entladet und die Kraft des Darstellens, Nachbildens, Transfigurierens, Verwandelns, alle Art Mimik und Schauspielerei zugleich heraustreibt. Das Wesentliche bleibt die Leichtigkeit der Metamorphose, die Unfähigkeit, *nicht* zu reagieren (–ähnlich wie bei gewissen Hysterischen, die auch auf jeden Wink hin in *jede* Rolle eintreten).

Es ist dem dionysischen Menschen unmöglich, irgendeine Suggestion nicht zu verstehn, er übersieht kein Zeichen des Affekts, er hat den höchsten Grad des verstehenden und erratenden Instinkts, wie er den höchsten Grad von Mitteilungs-Kunst besitzt. Er geht in jede Haut, in jeden Affekt ein: er verwandelt sich beständig. II, 996

212

Der Verbrecher und was ihm verwandt ist. – Der Verbrecher-Typus, das ist der Typus des starken Menschen unter ungünstigen Bedingungen, ein krankgemachter starker Mensch. Ihm fehlt die Wildnis, eine gewisse freiere und gefährlichere Natur und Daseinsform, in der alles, was Waffe und Wehr im Instinkt des starken Menschen ist, *zu Recht besteht.* Seine *Tugenden* sind von der Gesellschaft in Bann getan; seine lebhaftesten Triebe, die er mitgebracht hat, verwachsen alsbald mit den niederdrückenden Affekten, mit dem Verdacht, der Furcht, der Unehre.

Aber dies ist beinahe das Rezept zur physiologischen Entartung. Wer das, was er am besten kann, am liebsten täte, heimlich tun muß, mit langer Spannung, Vorsicht, Schlauheit, wird anämisch; und weil er immer nur Gefahr, Verfolgung, Verhängnis von seinen Instinkten her erntet, verkehrt sich auch sein Gefühl gegen diese Instinkte – er fühlt sie fatalistisch. Die Gesellschaft ist es, unsre zahme, mittelmäßige, verschnittene Gesellschaft, in der ein naturwüchsiger Mensch, der vom Gebirge her oder aus den Abenteuern des Meeres kommt, notwendig zum Verbrecher entartet. Oder beinahe notwendig: denn es gibt Fälle, wo ein solcher Mensch sich stärker erweist als die Gesellschaft: der Korse Napoleon ist der berühmteste Fall. Für das Problem, das hier vorliegt, ist das Zeugnis Dostojewskis von Belang – Dostojewskis, des einzigen Psychologen, anbei gesagt, von dem ich etwas zu lernen hatte: er gehört zu den schönsten Glücksfällen meines Lebens, mehr selbst noch als meine Entdeckung Stendhals. II, 1020 f.

213

Die rechte Stelle ist der Leib, die Gebärde, die Diät, die Physiologie, der *Rest* folgt daraus. – Die Griechen bleiben deshalb das *erste Kultur-Ereignis* der Geschichte – sie wußten, sie *taten*, was not tat; das Christentum, das den Leib verachtete, war bisher das größte Unglück der Menschheit. II, 1023

214

Fortschritt in meinem Sinne. – Auch ich rede von ›Rückkehr zur Natur‹, obwohl es eigentlich nicht ein Zurückgehn, sondern ein *Hinaufkommen* ist – hinauf in die hohe, freie, selbst furchtbare Natur und Natürlichkeit, eine solche, die mit großen Aufgaben spielt, spielen *darf*... II, 1023

215

Goethe – kein deutsches Ereignis, sondern ein europäisches: ein groß-
artiger Versuch, das achtzehnte Jahrhundert zu überwinden durch
eine Rückkehr zur Natur, durch ein *Hinauf*kommen zur Natürlichkeit
der Renaissance, eine Art Selbstüberwindung von seiten dieses Jahrhunderts.

Er trug dessen stärkste Instinkte in sich: die Gefühlsamkeit, die Na-
tur-Idolatrie, das Antihistorische, das Idealistische, das Unreale und
Revolutionäre (– letzteres ist nur eine Form des Unrealen). Er nahm
die Historie, die Naturwissenschaft, die Antike, insgleichen Spinoza zu
Hilfe, vor allem die praktische Tätigkeit; er umstellte sich mit lauter
geschlossenen Horizonten; er löste sich nicht vom Leben ab, er stellte
sich hinein; er war nicht verzagt und nahm so viel als möglich auf sich,
über sich, in sich. Was er wollte, das war *Totalität*; er bekämpfte das
Auseinander von Vernunft, Sinnlichkeit, Gefühl, Wille (– in ab-
schreckendster Scholastik durch *Kant* gepredigt, den Antipoden Goethes); er disziplinierte sich zur Ganzheit, er *schuf* sich.

Goethe war, inmitten eines unreal gesinnten Zeitalters, ein über-
zeugter Realist: er sagte Ja zu allem, was ihm hierin verwandt war – er
hatte kein größeres Erlebnis als jenes *ens realissimum*, genannt Napoleon. Goethe konzipierte einen starken, hochgebildeten, in allen Leib-
lichkeiten geschickten, sich selbst im Zaume habenden, vor sich selber
ehrfürchtigen Menschen, der sich den ganzen Umfang und Reichtum
der Natürlichkeit zu gönnen wagen darf, der stark genug zu dieser
Freiheit ist; den Menschen der Toleranz, nicht aus Schwäche, sondern
aus Stärke, weil er das, woran die durchschnittliche Natur zugrunde
gehn würde, noch zu seinem Vorteil zu brauchen weiß; den Menschen,
für den es nichts Verbotenes mehr gibt, es sei denn die *Schwäche*,
heiße sie nun Laster oder Tugend. –

Ein solcher *freigewordener* Geist steht mit einem freudigen und vertrauten Fatalismus mitten im All, im *Glauben*, daß nur das Einzelne
verwerflich ist, daß im Ganzen sich alles erlöst und bejaht – *er verneint
nicht mehr*. – Aber ein solcher Glaube ist der höchste aller möglichen
Glauben: ich habe ihn auf den Namen *Dionysos* getauft. II, 1024 f.

216

Erst in den dionysischen Mysterien, in der Psychologie des dionysischen Zustands spricht sich die Grundtatsache des hellenischen Instinkts aus – sein ›Wille zum Leben‹.

Was verbürgte sich der Hellene mit diesen Mysterien? Das *ewige* Leben, die ewige Wiederkehr des Lebens; die Zukunft in der Vergangenheit verheißen und geweiht; das triumphierende Ja zum Leben über Tod und Wandel hinaus; das *wahre* Leben als das Gesamt-Fortleben durch die Zeugung, durch die Mysterien der Geschlechtlichkeit. Den Griechen war das *geschlechtliche* Symbol das ehrwürdige Symbol an sich, der eigentliche Tiefsinn innerhalb der ganzen antiken Frömmigkeit. Alles einzelne im Akte der Zeugung, der Schwangerschaft, der Geburt erweckte die höchsten und feierlichsten Gefühle.

In der Mysterienlehre ist der *Schmerz* heilig gesprochen: die ›Wehen der Gebärerin‹ heiligen den Schmerz überhaupt, – alles Werden und Wachsen, alles Zukunft-Verbürgende *bedingt* den Schmerz. Damit es die ewige Lust des Schaffens gibt, damit der Wille zum Leben sich ewig selbst bejaht, *muß* es auch ewig die ›Qual der Gebärerin‹ geben.

Dies alles bedeutet das Wort Dionysos: ich kenne keine höhere Symbolik als diese *griechische* Symbolik, die der Dionysien. In ihnen ist der tiefste Instinkt des Lebens, der zur Zukunft des Lebens, zur Ewigkeit des Lebens, religiös empfunden –, der Weg selbst zum Leben, die Zeugung, als der *heilige Weg*. – Erst das Christentum, mit seinem Ressentiment *gegen* das Leben auf dem Grunde, hat aus der Geschlechtlichkeit etwas Unreines gemacht: Es war *Kot* auf den Anfang, auf die Voraussetzung unsres Lebens...

Damit stelle ich mich wieder auf den Boden zurück, aus dem mein Wollen, mein *Können* wächst – ich, der letzte Jünger des Philosophen Dionysos – ich, der Lehrer der ewigen Wiederkunft.   II, 1031 f.

Nietzsche contra Wagner

Aktenstücke eines Psychologen

217

Wenn ich etwas vor allen Psychologen voraushabe, so ist es das, daß mein Blick geschärfter ist für jene schwierigste und verfänglichste Art des *Rückschlusses*, in der die meisten Fehler gemacht werden – des Rückschlusses vom Werk auf den Urheber, von der Tat auf den Täter, vom Ideal auf den, der es *nötig* hat, von jeder Denk- und Wertungsweise auf das dahinter kommandierende *Bedürfnis*. – In Hinsicht auf Artisten jeder Art bediene ich mich jetzt dieser Hauptunterscheidung: ist hier der *Haß* gegen das Leben oder der *Überfluß* an Leben schöpferisch geworden?   II, 1048

218

Ich habe mich oft gefragt, ob ich den schwersten Jahren meines Lebens nicht tiefer verpflichtet bin als irgendwelchen anderen. So wie meine innerste Natur es mich lehrt, ist alles Notwendige, aus der Höhe gesehn und im Sinne einer *großen* Ökonomie, auch das Nützliche an sich – man soll es *lieben* – *Amor fati:* das ist meine innerste Natur.

Und was mein langes Siechtum angeht, verdanke ich ihm nicht unsäglich viel mehr als meiner Gesundheit? Ich verdanke ihm eine *höhere* Gesundheit, eine solche, welche stärker wird von allem, was sie nicht umbringt! – *Ich verdanke ihm auch meine Philosophie.* – Erst der große Schmerz ist der letzte Befreier des Geistes...

Erst der große Schmerz, jener lange langsame Schmerz, in dem wir gleichsam wie mit grünem Holze verbrannt werden, der sich Zeit nimmt –, zwingt uns Philosophen in unsere letzte Tiefe zu steigen und alles Vertrauen, alles Gutmütige, Verschleiernde, Milde, Mittlere, wohin wir vielleicht vor dem unsere Menschlichkeit gesetzt haben, von uns zu tun. Ich zweifle, ob ein solcher Schmerz ›verbessert‹: aber ich weiß, daß er uns *vertieft*.   II, 1059

Ecce homo

Wie man wird, was man ist

219

Mir eignet eine vollkommen unheimliche Reizbarkeit des Reinlich-
keits-Instinkts, so daß ich die Nähe oder – was sage ich? – das Inner-
lichste, die ›Eingeweide‹ jeder Seele physiologisch wahrnehme – *rie-
che*. Ich habe an dieser Reizbarkeit psychologische Fühlhörner, mit
denen sich jedes Geheimnis betaste und in die Hand bekomme: der
viele *verborgene* Schmutz auf dem Grunde mancher Natur, vielleicht
in schlechtem Blut bedingt, aber durch Erziehung übertüncht, wird
mir fast bei der ersten Berührung schon bewußt.   II, 1080

220

Ich komme aus Höhen, die kein Vogel je erflog, ich kenne Abgründe,
in die noch kein Fuß sich verirrt hat.   II, 1102

221

Daß aus meinen Schriften ein *Psychologe* redet, der nicht seines gleichen hat, das ist vielleicht die erste Einsicht, zu der ein guter Leser gelangt – ein Leser, wie ich ihn verdiene, der mich liest, wie gute alte Phi-
lologen ihren Horaz lasen. Die Sätze, über die im Grunde alle Welt ei-
nig ist – gar nicht zu reden von den Allerwelt-Philosophen, den Moralisten und andren Hohltöpfen, Kohlköpfen – erscheinen bei mir als
Naivitäten des Fehlgriffs: zum Beispiel jener Glaube, daß ›unego-
istisch‹ und ›egoistisch‹ Gegensätze sind, während das *ego* selbst bloß
ein ›höherer Schwindel‹, ein ›Ideal‹ ist. – Es gibt *weder* egoistische *noch*
unegoistische Handlungen: beide Begriffe sind psychologischer Wi-
dersinn.   II, 1104 f.

222

Die Circe der Menschheit, die Moral, hat alle *psychologica* in Grund
und Boden gefälscht – *vermoralisiert* – bis zu jenem schauderhaften
Unsinn, daß die Liebe etwas ›Unegoistisches‹ sein soll.

Man muß fest auf *sich* sitzen, man muß tapfer auf seinen beiden Bei-
nen stehn, sonst *kann* man gar nicht lieben.   II, 1105

223

Ich sah zuerst den eigentlichen Gegensatz – den *entartenden* Instinkt, der sich gegen das Leben mit unterirdischer Rachsucht wendet (– Christentum, die Philosophie Schopenhauers, in gewissem Sinne schon die Philosophie Platos, der ganze Idealismus als typische Formen) und eine aus der Fülle, der Überfülle geborene Formel der *höchsten Bejahung*, ein Jasagen ohne Vorbehalt, zum Leiden selbst, zur Schuld selbst, zu allem Fragwürdigen und Fremden des Daseins selbst. Dieses letzte, freudigste, überschwänglich-übermütigste Ja zum Leben ist nicht nur die höchste Einsicht, es ist auch die *tiefste*, die von Wahrheit und Wissenschaft am strengsten bestätigte und aufrechterhaltene.   II, 1109 f.

224

Meine Aufgabe, einen Augenblick höchster Selbstbesinnung der Menschheit vorzubereiten, einen *großen Mittag*, wo sie zurückschaut und hinausschaut, wo sie aus der Herrschaft des Zufalls und der Priester heraustritt und die Frage des warum?, des wozu? zum ersten Male als *Ganzes* stellt –, diese Aufgabe folgt mit Notwendigkeit aus der Einsicht, daß die Menschheit *nicht* von selber auf dem rechten Wege ist, daß sie durchaus *nicht* göttlich regiert wird, daß vielmehr gerade unter ihren heiligsten Wertbegriffen der Instinkt der Verneinung, der Verderbnis, der *décadence*-Instinkt verführerisch gewaltet hat. II, 1125

225

Hat jemand, Ende des neunzehnten Jahrhunderts, einen deutlichen Begriff davon, was Dichter starker Zeitalter *Inspiration* nannten? Im andren Falle will ichs beschreiben.

Mit dem geringsten Rest von Aberglauben in sich würde man in der Tat die Vorstellung, bloß Inkarnation, bloß Mundstück, bloß Medium übermächtiger Gewalten zu sein, kaum abzuweisen wissen. Der Begriff Offenbarung, in dem Sinn, daß plötzlich, mit unsäglicher Sicherheit und Feinheit, etwas *sichtbar*, hörbar wird, etwas, das einen im Tiefsten erschüttert und umwirft, beschreibt einfach den Tatbestand. Man hört, man sucht nicht; man nimmt, man fragt nicht, wer da gibt; wie ein Blitz leuchtet ein Gedanke auf, mit Notwendigkeit, in der

Form ohne Zögern – ich habe nie eine Wahl gehabt. Eine Entzückung, deren ungeheure Spannung sich mitunter in einen Tränenstrom auslöst, bei der der Schritt unwillkürlich bald stürmt, bald langsam wird; ein unvollkommenes Außer-sich-sein mit dem distinktesten Bewußtsein einer Unzahl feiner Schauder und Überrieselungen bis in die Fußzehen; eine Glückstiefe, in der das Schmerzlichste und Düsterste nicht als Gegensatz wirkt, sondern als bedingt, als herausgefordert, als eine *notwendige* Farbe innerhalb eines solchen Lichtüberflusses; ein Instinkt rhythmischer Verhältnisse, der weite Räume von Formen überspannt – die Länge, das Bedürfnis nach einem weitgespannten Rhythmus ist beinahe das Maß für die Gewalt der Inspiration, eine Art Ausgleich gegen deren Druck und Spannung.

Alles geschieht im höchsten Grade unfreiwillig, aber wie in einem Sturme von Freiheits-Gefühl, von Unbedingtsein, von Macht, von Göttlichkeit. – Die Unfreiwilligkeit des Bildes, des Gleichnisses ist das Merkwürdigste; man hat keinen Begriff mehr, was Bild, was Gleichnis ist, alles bietet sich als der nächste, der richtigste, der einfachste Ausdruck.

Es scheint wirklich, um an ein Wort Zarathustras zu erinnern, als ob die Dinge selber herankämen und sich zum Gleichnis anböten (– ›hier kommen alle Dinge liebkosend zu deiner Rede und schmeicheln dir; denn sie wollen auf deinem Rücken reiten. Auf jedem Gleichnis reitest du hier zu jeder Wahrheit. Hier springen dir alle Seins-Worte und Wort-Schreine auf; alles Sein will hier Wort werden, alles Werden will von dir reden lernen –‹).

Dies ist *meine* Erfahrung von Inspiration; ich zweifle nicht, daß man Jahrtausende zurückgehen muß, um jemanden zu finden, der mir sagen darf, ›es ist auch die meine‹.   II, 1131 f.

226

Aber ich habe auch noch in einem andren Sinne das Wort *Immoralist* zum Abzeichen, zum Ehrenzeichen für mich gewählt; ich bin stolz darauf, dies Wort zu haben, das mich gegen die ganze Menschheit abhebt.

Niemand noch hat die christliche Moral als *unter* sich gefühlt; dazu gehörte eine Höhe, ein Fernblick, eine bisher ganz unerhörte psychologische Tiefe und Abgründigkeit. Die christliche Moral war bisher die Circe aller Denker – sie standen in ihrem Dienst. – Wer ist vor mir eingestiegen in die Höhlen, aus denen der Gifthauch dieser Art von Ideal

– *der Weltverleumdung*! – emporquillt? Wer hat auch nur zu ahnen gewagt, *daß* es Höhlen sind? Wer war überhaupt vor mir unter den Philosophen Psycholog und nicht vielmehr dessen Gegensatz ›höherer Schwindler‹, ›Idealist‹? Es gab vor mir noch gar keine Psychologie. –

Hier der Erste zu sein kann ein Fluch sein, es ist jedenfalls ein Schicksal: denn man verachtet auch als der Erste. Der Ekel am Menschen ist meine Gefahr. II, 1156

Aus dem Nachlaß

227

Jener Trieb zur Metapherbildung, jener Fundamentaltrieb des Menschen, den man keinen Augenblick wegrechnen kann, weil man damit den Menschen selbst wegrechnen würde, ist dadurch, daß aus seinen verflüchtigten Erzeugnissen, den Begriffen, eine reguläre und starre neue Welt als eine Zwingburg für ihn gebaut wird, in Wahrheit nicht bezwungen und kaum gebändigt. Er sucht sich ein neues Bereich seines Wirkens und ein anderes Flußbett und findet es im *Mythus* und überhaupt in der Kunst. Fortwährend verwirrt er die Rubriken und Zellen der Begriffe dadurch, daß er neue Übertragungen, Metaphern, Metonymien hinstellt, fortwährend zeigt er die Begierde, die vorhandene Welt des wachen Menschen so bunt unregelmäßig, folgenlos unzusammenhängend, reizvoll und ewig neu zu gestalten, wie es die Welt des Traumes ist. An sich ist ja der wache Mensch nur durch das starre und regelmäßige Begriffsgespinst darüber im klaren, daß er wache, und kommt eben deshalb mitunter in den Glauben, er träume, wenn jenes Begriffsgespinst einmal durch die Kunst zerrissen wird.

Pascal hat recht, wenn er behauptet, daß wir, wenn uns jede Nacht derselbe Traum käme, davon ebenso beschäftigt würden als von den Dingen, die wir jeden Tag sehen: ›Wenn ein Handwerker gewiß wäre, jede Nacht zu träumen, volle zwölf Stunden hindurch, daß er König sei, so glaubte ich‹, sagt Pascal, ›daß er ebenso glücklich wäre als ein König, welcher alle Nächte während zwölf Stunden träumte, er sei Handwerker!‹

Der wache Tag eines mythisch erregten Volkes, etwa der älteren Griechen, ist durch das fortwährend wirkende Wunder, wie es der Mythus annimmt, in der Tat dem Traume ähnlicher als dem Tag des wissenschaftlich ernüchterten Denkers. Wenn jeder Baum einmal als Nymphe reden oder unter der Hülle eines Stieres als Gott Jungfrauen wegschleppen kann, wenn die Göttin Athene selbst plötzlich gesehn wird, wie sie mit einem schönen Gespann in Begleitung des Pisistratus durch die Märkte Athens fährt – und das glaubte der ehrliche Athener –, so ist in jedem Augenblicke wie im Traume alles möglich, und die ganze Natur umschwärmt den Menschen, als ob sie nur die Maskerade der Götter wäre, die sich nur einen Scherz daraus machten, in allen Gestalten den Menschen zu täuschen. III, 319 f.

228

Es gibt Zeitalter, in denen der vernünftige Mensch und der intuitive Mensch nebeneinanderstehn, der eine in Angst vor der Intuition, der andere mit Hohn über die Abstraktion; der letztere ebenso unvernünftig, als der erste unkünstlerisch ist. Beide begehren über das Leben zu herrschen; dieser, indem er durch Vorsorge, Klugheit, Regelmäßigkeit den hauptsächlichsten Nöten zu begegnen weiß, jener, indem er als ein ›überfroher Held‹ jene Nöte nicht sieht und nur das zum Schein und zur Schönheit verstellte Leben als real nimmt.   III, 321

229

Ein sehr genaues Zurückdenken führt zu der Einsicht, daß wir eine Multiplikation vieler Vergangenheiten sind: wie könnten wir nun auch letzter Zweck sein? Aber warum nicht? Meistens aber wollen wirs gar nicht sein, stellen uns gleich wieder in die Reihe, arbeiten an einem Eckchen und hoffen, es werde für die Kommenden nicht ganz verloren sein. Aber das ist wirklich das Faß der Danaiden: es hilft nichts, wir müssen alles wieder für uns und nur für uns tun und zum Beispiel die Wissenschaft an uns messen mit der Frage: Was ist *uns* die Wissenschaft? Nicht aber: Was sind wir der Wissenschaft? Man macht sich wirklich das Leben zu leicht, wenn man sich so einfach historisch nimmt und in den Dienst stellt. ›Das Heil deiner selbst geht über alles‹, soll man sich sagen: und es gibt keine Institution, welche du höher zu achten hättest als deine eigene Seele.

Nun aber lernt sich der Mensch kennen: findet sich erbärmlich, verachtet sich, freut sich, außer sich etwas Achtungswürdiges zu finden. Und so wirft er sich fort, indem er sich irgendwo einordnet, streng seine Pflicht tut und seine Existenz abbüßt. Er weiß, daß er nicht seiner selbst wegen arbeitet; er wird denen helfen wollen, welche es wagen, ihrer selbst wegen da zu sein; wie Sokrates. Wie ein Haufen Gummiblasen hängen die meisten Menschen in der Luft, jeder Windhauch rührt sie. Konsequenz: der Gelehrte muß es aus Selbsterkenntnis, also aus Selbstverachtung sein, das heißt, er muß sich als Diener eines Höheren wissen, der nach ihm kommt. Sonst ist er ein Schaf.   III, 329

230

Die *Verinnerlichung* des Menschen. Die Verinnerlichung entsteht, indem mächtige Triebe, denen mit Einrichtung des Friedens und der Gesellschaft die Entladung nach außen versagt wird, sich nach innen zu

schadlos zu halten suchen im Bunde mit der Imagination. Das Bedürfnis nach Feindschaft, Grausamkeit, Rache, Gewaltsamkeit wendet sich zurück, ›tritt zurück‹; im Erkennen-wollen ist Habsucht und Erobern; im Künstler tritt die zurückgetretene Verstellungs- und Lügenkraft auf; die Triebe werden zu Dämonen umgeschaffen, mit denen es Kampf gibt usw.
III, 418

231

Ich glaube, ich habe einiges aus der Seele des höchsten Menschen *erraten* – vielleicht geht jeder zugrunde, der ihn errät: aber wer ihn gesehn hat, muß helfen, ihn zu *ermöglichen*. – Grundgedanke: wir müssen die Zukunft als *maßgebend* nehmen für alle unsere Wertschätzung – und nicht *hinter* uns die Gesetze unseres Handelns suchen!
III, 439

232

Es gibt Analogien, z.B. zu unserm *Gedächtnis* ein anderes Gedächtnis, welches sich in Vererbung und Entwicklung und Formen bemerkbar macht. Zu unserem *Erfinden* und Experimentieren ein Erfinden in der Verwendung von Werkzeugen zu neuen Zwecken usw.

Das, was wir unser ›Bewußtsein‹ nennen, ist an allen wesentlichen Vorgängen unserer Erhaltung und unseres Wachstums unschuldig; und kein Kopf wäre so fein, daß er mehr konstruieren könnte als eine Maschine, – worüber jeder organische Prozeß weit hinaus ist.
III, 456

233

In betreff des *Gedächtnisses* muß man umlernen: hier steckt die Hauptverführung, eine ›Seele‹ anzunehmen, welche zeitlos reproduziert, wiedererkennt usw. Aber das Erlebte lebt fort ›im Gedächtnis‹; daß es ›kommt‹, dafür kann ich nichts, der Wille ist dafür untätig wie beim Kommen jedes Gedankens! Es geschieht etwas, dessen ich mir bewußt werde: jetzt kommt etwas Ähnliches – wer ruft es? weckt es?
III, 474

234

Der Mensch findet zuletzt in den Dingen nichts wieder, als was er selbst in sie hineingesteckt hat: – das Wiederfinden heißt sich Wissenschaft, das Hineinstecken – Kunst, Religion, Liebe, Stolz. In beidem, wenn es selbst Kinderspiel sein sollte, sollte man fortfahren und guten

Mut zu beidem haben, – die einen zum Wiederfinden, die andern – *wir* andern! – zum Hineinstecken! III, 482

235

Der Glaube an den Leib ist fundamentaler als der Glaube an die *Seele*: letzterer ist entstanden aus der unwissenschaftlichen Betrachtung der Agonien des Leibes (etwas, das ihn verläßt. Glaube an die *Wahrheit* des *Traumes* –). III, 497

236

Die großen *Verbrechen* in der *Psychologie*:

1. daß alle *Unlust*, alles *Unglück* mit dem Unrecht (der Schuld) gefälscht worden ist (man hat dem Schmerz die Unschuld genommen);
2. daß alle *starken Lustgefühle* (Übermut, Wollust, Triumph, Stolz, Verwegenheit, Erkenntnis, Selbstgewißheit und Glück an sich) als sündlich, als Verführung, als verdächtig gebrandmarkt worden sind;
3. daß die *Schwächegefühle*, die innerlichsten Feigheiten, der Mangel an Mut zu sich selbst mit heiligendem Namen belegt und als wünschenswert im höchsten Sinne gelehrt worden sind;
4. daß alles *Große* am Menschen umgedeutet worden ist als Entselbstung, als Sich-opfern für etwas anderes, für andere; daß selbst am Erkennenden, selbst am Künstler die *Entpersönlichung* als die Ursache seines höchsten Erkennens und Könnens vorgespiegelt worden ist;
5. daß die *Liebe* gefälscht worden ist als Hingebung (und Altruismus), während sie ein Hinzunehmen ist oder ein Abgeben infolge eines Überreichtums von Persönlichkeit. Nur die *ganzesten* Personen können lieben; die Entpersönlichten, die ›Objektiven‹ sind die schlechtesten Liebhaber (– man frage die Weibchen!). Das gilt auch von der Liebe zu Gott oder zum Vaterland: man muß fest auf sich selbst sitzen. (Der Egoismus als die Ver-*Ichlichung*, der Altruismus als die Ver-*Änderung*).
6. Das Leben als Strafe, das Glück als Versuchung; die Leidenschaften als teuflisch, das Vertrauen zu sich als gottlos.

Diese ganze Psychologie ist eine Psychologie der Verhinderung, eine Art *Vermauerung* aus Furcht; einmal will sich die große Menge (die Schlechtweggekommenen und Mittelmäßigen) damit wehren gegen die Stärkeren (– und sie in der Entwicklung *zerstören* –), andererseits alle die Triebe, mit denen sie selbst am besten gedeiht, heiligen und allein in Ehren gehalten wissen. Vergleiche die jüdische Priesterschaft.

III, 519 f.

237

Die ›bewußte Welt‹ kann *nicht* als Wert-*Ausgangspunkt* gelten: Notwendigkeiten einer ›objektiven‹ Wertsetzung.

In Hinsicht auf das Ungeheure und Vielfache des Für- und Gegeneinanderarbeitens, wie es das Gesamtleben jedes Organismus darstellt, ist dessen *bewußte* Welt von Gefühlen, Absichten, Wertschätzungen ein kleiner Ausschnitt. Dies Stück Bewußtsein als Zweck, als Warum? für jenes Gesamt-Phänomen von Leben anzusetzen, fehlt uns alles Recht: ersichtlich ist das Bewußtwerden nur ein Mittel mehr in der Entfaltung und Machterweiterung des Lebens. Deshalb ist es eine Naivität, Lust oder Geistigkeit oder Sittlichkeit oder irgendeine Einzelheit der Sphäre des Bewußtseins als höchsten Wert anzusetzen: und vielleicht gar ›die Welt‹ aus ihnen zu rechtfertigen.   III, 586 f.

238

Der Grundfehler steckt nur darin, daß wir die Bewußtheit – statt sie als Werkzeug und Einzelheit im Gesamt-Leben zu verstehen – als Maßstab, als höchsten Wertzustand des Lebens ansetzen; es ist die fehlerhafte Perspektive des *a parte ad totum*, weshalb instinktiv alle Philosophen darauf aus sind, ein Gesamtbewußtsein, ein bewußtes Mitleben und Mitwollen alles dessen, was geschieht, einen ›Geist‹, ›Gott‹ zu imaginieren.   III, 587 f.

239

Man begreift, daß die altruistischen Handlungen nur eine Spezies der egoistischen sind – und daß der Grad, in dem man liebt, sich verschwendet, ein Beweis ist für den Grad einer individuellen Macht und Personalität. Kurz, daß man, indem man den Menschen böser macht, ihn besser macht – und daß man das eine nicht ohne das andere ist... Damit geht der Vorhang auf vor der ungeheuren *Fälschung der Psychologie des bisherigen Menschen.*   III, 615

240

Wie falsch, wie verlogen war die Menschheit immer über die Grundtatsachen ihrer inneren Welt! Hier kein Auge zu haben, hier den Mund
halten und den Mund auftun –.   III, 649

241

Ich wollte, man finge damit an, sich selbst zu *achten*: alles andere folgt
daraus. Freilich hört man eben *damit* für die andern auf: denn das gerade verzeihen sie am letzten. ›Wie? Ein Mensch, der sich selbst ach-
tet?‹ –   III, 697

242

Gegen Reue und ihre rein psychologische Behandlung. – Mit einem Erlebnis nicht fertig werden ist bereits ein Zeichen von décadence. Dieses Wieder-Aufreißen alter Wunden, das Sich-Wälzen in Selbstverachtung und Zerknirschung ist eine Krankheit mehr, aus der nimmer-
mehr das ›Heil der Seele‹, sondern immer nur eine neue Krankheits-
form derselben entstehen kann...   III, 725

243

Die ganze Praxis der seelischen Wiederherstellung muß auf eine physiologische Grundlage zurückgestellt werden: der ›Gewissensbiß‹ als
solcher ist ein Hindernis der Genesung, – man muß alles aufzuwiegen
suchen durch neue Handlungen, um möglichst schnell dem Siechtum
der *Selbsttortur* zu entgehn.

Man sollte die rein psychologische Praktik der Kirche und der Sek-
ten als gesundheitsgefährlich in Verruf bringen. – Man heilt einen
Kranken nicht durch Gebete und Beschwörungen böser Geister: die
Zustände der ›Ruhe‹, die unter solchen Einwirkungen eintreten, sind
fern davon, im psychologischen Sinne Vertrauen zu erwecken.

Man ist *gesund*, wenn man sich über seinen Ernst und Eifer lustig
macht, mit dem irgendeine Einzelheit unsres Lebens dergestalt uns
hypnotisiert hat, wenn man beim Gewissensbiß etwas fühlt wie beim
Biß eines Hundes wider einen Stein, – wenn man sich seiner Reue
schämt.

Die bisherige Praxis, die rein psychologische und religiöse, war nur
auf eine *Veränderung der Symptome* aus: sie hielt einen Menschen für
wiederhergestellt, wenn er vor dem Kreuze sich erniedrigte und
Schwüre tat, ein guter Mensch zu sein. – Aber ein Verbrecher, der mit

einem gewissen düstern Ernst sein Schicksal festhält und nicht seine Tat hinterdrein verleumdet, hat *mehr Gesundheit der Seele*. Die Verbrecher, mit denen Dostojewski zusammen im Zuchthaus lebte, waren samt und sonders ungebrochene Naturen, – sind sie nicht hundertmal mehr wert als ein ›gebrochener‹ Christ? III, 725 f.

244

Wenn wir nur die inneren Phänomene beobachten, so sind wir vergleichbar den Taubstummen, die aus der Bewegung der Lippen die Worte erraten, die sie nicht hören. Wir schließen aus den Erscheinungen des inneren Sinns auf unsichtbare und andere Phänomene, welche wir wahrnehmen würden, wenn unsre Beobachtungsmittel zureichend wären.

Für diese innere Welt gehn uns alle feineren Organe ab, so daß wir eine *tausendfache Komplexität* noch als Einheit empfinden, so daß wir eine Kausalität hineinerfinden, wo jeder Grund der Bewegung und Veränderung uns unsichtbar bleibt, – die Aufeinanderfolge von Gedanken, von Gefühlen ist ja nur das Sichtbarwerden derselben im Bewußtsein. Daß diese Reihenfolge irgend etwas mit einer Kausal-Verkettung zu tun habe, ist völlig unglaubwürdig: das Bewußtsein liefert uns nie ein Beispiel von Ursache und Wirkung. III, 732

245

Die ungeheuren Fehlgriffe:

1. die unsinnige *Überschätzung des Bewußtseins*, aus ihm eine Einheit, ein Wesen gemacht: ›der Geist‹, ›die Seele‹, etwas, das man fühlt, denkt, will –
2. der Geist als *Ursache*, namentlich überall wo Zweckmäßigkeit, System, Koordination erscheinen;
3. das Bewußtsein als höchste erreichbare Form, als oberste Art Sein, als ›Gott‹;
4. der Wille überall eingetragen, wo es Wirkung gibt;
5. die ›wahre Welt‹ als geistige Welt, als zugänglich durch die Bewußtseins-Tatsachen;
6. die *Erkenntnis* absolut als Fähigkeit des Bewußtseins, wo überhaupt es Erkenntnis gibt.

Folgerungen:

jeder Fortschritt liegt in dem Fortschritt zum Bewußtwerden; jeder

Rückschritt im Unbewußtwerden; (– das Unbewußtwerden galt als Verfallensein an die Begierden und Sinne – als Vertierung...)

man nähert sich der Realität, dem ›wahren Sein‹ durch Dialektik; man entfernt sich von ihm durch Instinkte, Sinne, Mechanismus...

den Menschen in Geist auflösen, hieße ihn zu Gott machen: Geist, Wille, Güte – eins; alles Gute muß aus der Geistigkeit stammen, muß Bewußtseins-Tatsache sein;

der Fortschritt zum Besseren kann nur ein Fortschritt im Bewußtwerden sein.   III, 733

246

Zur Psychologie des *Psychologen*:

Psychologen, wie sie erst vom 19. Jahrhundert ab möglich sind: nicht mehr jene Eckensteher, die drei, vier Schritt vor sich blicken und beinahe zufrieden sind, in sich hinein zu graben. Wir Psychologen der Zukunft – wir haben wenig guten Willen zur Selbstbeobachtung: wir nehmen es fast als ein Zeichen von Entartung, wenn ein Instrument ›sich selbst zu erkennen‹ sucht: wir sind Instrumente der Erkenntnis und möchten die ganze Naivität und Präzision eines Instrumentes haben, – folglich dürfen wir uns selbst nicht analysieren, nicht ›kennen‹.

Erstes Merkmal von Selbsterhaltungs-Instinkt des großen Psychologen: er sucht sich nie, er hat kein Auge, kein Interesse, keine Neugierde für sich. – Der große Egoismus unsres dominierenden Willens will es so von uns, daß wir hübsch vor uns die Augen schließen, – daß wir als ›unpersönlich‹, ›désintéressé‹, ›objektiv‹ erscheinen müssen! – o in wie exzentrischem Grade wir das Gegenteil davon sind!

Wir sind keine Pascals, wir sind nicht sonderlich am ›Heil der Seele‹, am eigenen Glück, an der eigenen Tugend interessiert. Wir haben weder Zeit noch Neugierde genug, uns dergestalt um uns selbst zu drehn. Es steht, tiefer angesehn, sogar *noch* anders: wir mißtrauen allen Nabelbeschauern aus dem Grunde, weil uns die Selbstbeobachtung als eine *Entartungsform* des psychologischen Genies gilt, als ein Fragezeichen am Instinkt des Psychologen: so gewiß ein Maler-Auge entartet ist, hinter dem der Wille steht, zu sehen, um zu sehen.   III, 790 f.

247

Mit dem Wort ›dionysisch‹ ist ausgedrückt: ein Drang zur Einheit, ein Hinausgreifen über Person, Alltag, Gesellschaft, Realität, über den Abgrund des Vergehens: das leidenschaftlich-schmerzliche Überschwellen in dunklere, vollere, schwebendere Zustände; ein verzücktes Jasagen zum Gesamt-Charakter des Lebens, als dem in allem Wechsel Gleichen, Gleich-Mächtigen, Gleich-Seligen; die große pantheistische Mitfreudigkeit und Mitleidigkeit, welche auch die furchtbarsten und fragwürdigsten Eigenschaften des Lebens gutheißt und heiligt; der ewige Wille zur Zeugung, zur Fruchtbarkeit, zur Wiederkehr; das Einheitsgefühl der Notwendigkeit des Schaffens und Vernichtens.

Mit dem Wort ›apollinisch‹ ist ausgedrückt: der Drang zum vollkommenen Für-sich-sein, zum typischen ›individuum‹ zu allem was vereinfacht, heraushebt, stark, deutlich, unzweideutig, typisch macht: die Freiheit unter dem Gesetz.   III, 791

248
Die Unwissenheit in *psychologicis*
Der Christ hat kein Nervensystem –; die Verachtung und das willkürliche Wegsehen-wollen von den Forderungen des Leibes, von der *Entdeckung* des Leibes; die Voraussetzung, daß es so der höheren Natur des Menschen gemäß sei – *daß es der Seele notwendig zugute komme* –; die grundsätzliche Reduktion aller Gesamt-Gefühle des Leibes auf moralische Werte; die Krankheit selbst bedingt gedacht durch die Moral, etwa als Strafe oder als Prüfung oder auch als Heils-Zustand, in dem der Mensch vollkommener wird, als er es in der Gesundheit sein könnte (– der Gedanke Pascals), unter Umständen das freiwillige Sich-krank-machen.   III, 803 f.

249
Die ›innere Erfahrung‹ tritt uns ins Bewußtsein, erst nachdem sie eine Sprache gefunden hat, die das Individuum *versteht* – das heißt eine Übersetzung eines Zustandes in ihm *bekanntere* Zustände –: ›verstehen‹ das heißt naiv bloß: etwas Neues ausdrücken können in der Sprache von etwas Altem, Bekanntem. Zum Beispiel ›ich befinde mich schlecht‹ – ein solches Urteil setzt eine *große und späte Neutralität des Beobachtenden* voraus: – der naive Mensch sagt immer: das und das macht, daß ich mich schlecht befinde – er wird über sein Schlechtbefinden erst klar, wenn er einen Grund sieht, sich schlecht zu befinden.   III, 805 f.

250

Die ganze Lehre vom Willen, diese verhängnisvollste *Fälschung* in der bisherigen Psychologie, wurde wesentlich erfunden zum Zweck der Strafe. Es war die gesellschaftliche *Nützlichkeit* der Strafe, die diesem Begriff seine Würde, seine Macht, seine Wahrheit verbürgte. Die Urheber jener Psychologie – der Willens-Psychologie – hat man in den Ständen zu suchen, welche das Strafrecht in den Händen hatten, voran in dem der Priester an der Spitze der ältesten Gemeinwesen: diese wollten sich ein Recht schaffen, Rache zu nehmen – sie wollten *Gott* ein Recht zur Rache schaffen. Zu diesem Zwecke wurde der Mensch ›frei‹ gedacht; zu diesem Zwecke mußte jede Handlung als gewollt, mußte der Ursprung jeder Handlung als im Bewußtsein liegend gedacht werden. Aber mit diesen Sätzen ist die alte Psychologie widerlegt. III, 822 f.

251

Hauptirrtum der Psychologen:
Sie nehmen die undeutliche Vorstellung als eine niedrige Art der Vorstellung gegen die helle gerechnet: aber was aus unserem Bewußtsein sich entfernt und deshalb *dunkel wird*, kann deshalb an sich vollkommen klar sein. *Das Dunkelwerden ist Sache der Bewußtseins-Perspektive*. III, 860

252

Alles, was als ›Einheit‹ ins Bewußtsein tritt, ist bereits ungeheuer kompliziert: wir haben immer nur einen *Anschein von Einheit*.

Das Phänomen des *Leibes* ist das reichere, deutlichere, faßbarere Phänomen: methodisch voranzustellen, ohne etwas auszumachen über seine letzte Bedeutung. III, 860

253

Die *Entstehung eines Glaubens*, einer starken Überzeugung ist ein psychologisches Problem: und eine *sehr* begrenzte und enge Erfahrung bringt oft einen solchen Glauben zuwege! Er *setzt bereits voraus*, daß es nicht nur ›data a posteriori‹ gibt, sondern auch *data a priori*, ›vor der Erfahrung‹. Notwendigkeit und Allgemeingültigkeit könne nie durch Erfahrung gegeben werden: womit ist denn nun klar, daß sie ohne Erfahrung überhaupt da sind?

Es gibt keine einzelnen Urteile!

Ein einzelnes Urteil ist niemals ›wahr‹, niemals Erkenntnis; erst im *Zusammenhang*, in der *Beziehung* von vielen Urteilen ergibt sich eine Bürgschaft.   III, 885

254
Eine volle und mächtige Seele wird nicht nur mit schmerzhaften, selbst furchtbaren Verlusten, Entbehrungen, Beraubungen, Verachtungen fertig: sie kommt aus solchen Höllen mit größerer Fülle und Mächtigkeit heraus: und, um das Wesentlichste zu sagen, mit einem neuen Wachstum in der Seligkeit der Liebe. Ich glaube, der, welcher etwas von den untersten Bedingungen jedes Wachstums in der Liebe erraten hat, wird Dante, als er über die Pforte seines Inferno schrieb: ›auch mich schuf die ewige Liebe‹, verstehen.   III, 893

255
Das Bewußtsein – ganz äußerlich beginnend, als Koordination und Bewußtwerden der ›Eindrücke‹ – anfänglich am weitesten entfernt vom biologischen Zentrum des Individuums; aber ein Prozeß, der sich vertieft, verinnerlicht, jenem Zentrum beständig annähert.   III,897

256
Phase der *Bescheidenheit des Bewußtseins*:
Zuletzt verstehen wir das bewußte Ich selber nur als ein Werkzeug im Dienste jenes höheren, überschauenden Intellekts: und da können wir fragen, ob nicht alles bewußte *Wollen*, alle *bewußten Zwecke*, alle *Wertschätzungen* vielleicht nur *Mittel* sind, mit denen etwas wesentlich *Verschiedenes erreicht werden soll*, als es innerhalb des Bewußtseins scheint. Wir meinen: es handle sich um unsre Lust und Unlust – – – aber Lust und Unlust könnten Mittel sein, vermöge deren wir etwas zu leisten hätten, was außerhalb unseres Bewußtseins liegt.   III, 901

257
Es ist zu zeigen, wie sehr alles Bewußte *auf der Oberfläche* bleibt: wie Handlung und Bild der Handlung *verschieden* ist, wie *wenig* man von dem weiß, was einer Handlung *vorher*geht: wie phantastisch unsere Gefühle ›Freiheit des Willens‹, ›Ursache und Wirkung‹ sind: wie Gedanken und Bilder, wie Worte nur Zeichen von Gedanken sind: die Unergründlichkeit jeder Handlung: die Oberflächlichkeit alles Lobens und Tadelns: *wie wesentlich Erfindung* und *Einbildung* ist, worin

wir bewußt leben: wie wir in allen unsern Worten von Erfindungen reden (Affekte auch), und wie die *Verbindung* der *Menschheit* auf einem Überleiten und Fortdichten dieser Erfindungen beruht: während im Grunde die wirkliche Verbindung (durch Zeugung) ihren unbekannten Weg geht.

Verändert wirklich dieser Glaube an die gemeinsamen Erfindungen die Menschen? Oder ist das ganze Ideen- und Wertschätzungswesen nur ein *Ausdruck selber* von unbekannten Veränderungen? *Gibt* es denn Willen, Zwecke, Gedanken, Werte wirklich? Ist vielleicht das ganze bewußte Leben ein *Spiegelbild*? Und auch wenn die Wertschätzung einen Menschen zu bestimmen scheint, geschieht im Grunde etwas ganz anderes!

Kurz: gesetzt, es gelänge, das Zweckmäßige im Wirken der Natur zu erklären ohne die Annahme eines zweckersetzenden Ichs: könnte zuletzt vielleicht auch *unser* Zweckesetzen, unser Wollen usw. nur eine *Zeichensprache* sein für etwas wesentlich anderes, nämlich Nicht-Wollendes und Unbewußtes? Nur der *feinste Anschein* jener natürlichen Zweckmäßigkeit des Organischen, aber nichts Verschiedenes davon?

Und kurz gesagt: es handelt sich vielleicht bei der ganzen Entwicklung des Geistes um den *Leib*: es ist die *fühlbar* werdende *Geschichte* davon, daß ein *höherer Leib sich bildet*. Das Organische steigt noch auf höhere Stufen. Unsere Gier nach Erkenntnis der Natur ist ein Mittel, wodurch der Leib sich vervollkommnen will. Oder vielmehr: es werden Hunderttausende von Experimenten gemacht, die Ernährung, Wohnart, Lebensweise des *Leibes* zu verändern: das Bewußtsein und die Wertschätzungen in ihm, alle Arten von Lust und Unlust sind *Anzeichen dieser Veränderungen und Experimente*. Zuletzt *handelt es sich gar nicht um den Menschen: er soll überwunden werden.* III, 901 f.

258

Theorie des *Zufalls*!

Die Seele ein auslesendes und sich nährendes Wesen äußerst klug und schöpferisch *fortwährend* (diese *schaffende* Kraft gewöhnlich übersehn! nur als ›passiv‹ begriffen).

Ich erkannte die *aktive Kraft*, das Schaffende inmitten des Zufälligen. – Zufall ist selber nur *das Aufeinanderstoßen der schaffenden Impulse*. III, 911 f.

259

Das Individuum ist etwas ganz *Neues* und *Neuschaffendes*, etwas Ab-
solutes, alle Handlungen ganz *sein* Eigen.

Die Werte für seine Handlungen entnimmt der einzelne zuletzt doch
sich selber: weil er auch die überlieferten Worte sich *ganz individuell
deuten* muß. Die *Auslegung* der Formel ist mindestens persönlich,
wenn er auch keine Formel *schafft*: als *Ausleger* ist er immer noch
schaffend.   III, 913

260

Durch das Denken wird das Ich gesetzt; aber bisher glaubte man wie
das Volk, im ›Ich denke‹ liege etwas von Unmittelbar-Gewissem, und
dieses ›Ich‹ sei die gegebene *Ursache* des Denkens, nach deren Analo-
gie wir alle sonstigen ursächlichen Verhältnisse verstünden. Wie sehr
gewohnt und unentbehrlich jetzt jene Fiktion auch sein mag – *das* allein beweist noch nichts gegen ihre Erdichtetheit: es kann ein Glaube
Lebensbedingung und *trotzdem falsch* sein.   III, 915

III
Erläuterungen

Das 1871/72 von dem erst 27jährigen Basler Ordinarius für Altphilologie veröffentlichte, in späteren Auflagen teilweise veränderte Werk unterzog der Autor 1886 einer ›Selbstkritik‹, die beides enthält: eine schonungslose Offenlegung der inhaltlichen und der formalen Mängel, aber auch das Bekenntnis zu dem, was er in der Schrift selbst das Dionysische genannt hat (vgl. I, 9-18). In dieser als Vorwort verwendeten Selbstkritik erklärt sich Nietzsche: »Ein ›Wissender‹ redet da, der Eingeweihte und Jünger seines Gottes«, nämlich des Dionysus, das heißt des griechisch-phrygischen Rauschgottes. Wie wichtig dem Autor sein Erstling zu diesem Zeitpunkt ist, geht daraus hervor, daß er (1886) Dionysus mit dem Antichrist gleichsetzt. Demnach ist mit *Die Geburt der Tragödie* und mit dem Bekenntnis zu Dionysus Nietzsches Lebensthema angeschlagen, das das gesamte Werk durchklingt, bis es mit dem Satz »Dionysus gegen den Gekreuzigten!« jäh abbricht. Rückblickend zweifelt er in seiner Selbstkritik, ob er jetzt ebenso unvorsichtig und beredt eine »so schwere psychologische Frage« erörtern würde wie bei der ersten Niederschrift. An den Beweggründen, die ihn dazu veranlaßt haben und die sich dann eher noch verstärkt haben, hat sich indes nichts geändert. Es sind dies: die Lebensfeindlichkeit, die Triebverachtung, die Verdächtigung alles Sinnlich-Schönen, wie sie der Pastorensohn am bürgerlichen Christentum seiner Zeit wahrnahm. Denn: »Der Haß auf die ›Welt‹, der Fluch auf die Affekte, die Furcht vor der Schönheit und Sinnlichkeit, ein Jenseits, erfunden, um das Diesseits besser zu verleumden, im Grunde ein Verlangen ins Nichts, ans Ende, ins Ausruhen, hin zum ›Sabbat der Sabbate‹ – dies alles dünkte mich, ebenso wie der unbedingte Wille des Christentums, *nur* moralische Werte gelten zu lassen, immer wie die gefährlichste und unheimlichste Form aller möglichen Formen eines ›Willens zum Untergang‹, zum mindesten ein Zeichen tiefster Erkrankung, Müdigkeit, Mißmutigkeit, Erschöpfung, Verarmung an Leben, – denn vor der Moral (insonderheit christlichen, das heißt unbedingten Moral) *muß* das Leben beständig und unvermeidlich Unrecht bekommen, weil Leben etwas essentiell Unmoralisches *ist*, – *muß* endlich das Leben, erdrückt unter dem Gewichte der Verachtung und des ewigen Neins, als begehrensunwürdig, als unwert an sich empfunden werden. Moral selbst – wie? sollte Moral nicht ein ›Wille zur Verneinung des Lebens‹, ein heimlicher Instinkt der Vernichtung, ein Verfalls-, Verkleinerungs-, Verleumdungsprinzip, ein Anfang vom Ende sein? Und, folglich, die Gefahr der Gefahren?... *Gegen* die Moral also kehrte sich damals, mit diesem fragwürdigen Buche, mein Instinkt, als ein fürsprechender Instinkt des Lebens, und erfand sich eine grundsätzliche Gegenlehre und Gegenwertung des Lebens, eine rein artistische, eine *antichristliche.* Wie sie nennen? Als Philologe und Mensch der Worte taufte ich sie, nicht ohne einige Freiheit – denn wer wüßte den rechten Namen des Antichrist? – auf den Namen eines griechischen Gottes: ich hieß sie die *dionysische.*«   (I, 15).

Gemäß dieser Selbstinterpretation will Nietzsche verstanden werden. Daß er das Opfer einer großen Selbsttäuschung wurde, als er gesellschaftlich bedingte Dekadenzerscheinungen in der Kirche mit dem Christentum als solchem verwechselte, steht auf einem anderen Blatt. So fehlt es nicht an markanten Verbindungslinien zwischen dem schonungslosen Kritiker dieses ›Christentums‹ und dem Kritiker einer illusionären Religiosität, Sigmund Freud (›*Die Zukunft einer Illusion*‹), so unterschiedlich Leitmotiv, Ansatz und methodische Durchführung der Religionskritik bei beiden im einzelnen auch sein mögen.

(1)
Es ist gewiß kein Zufall, daß das große Thema des Gegenübers von Dionysus und Apollo wie eine gewaltige Schau, einem Initialtraum vergleichbar, am Anfang des Erstlingswerks von Friedrich Nietzsche steht. »Es ist das gleiche ungeheure Thema, von dem Nietzsche ergriffen wurde, mit dem er geistig gerungen hatte und das beim Zerbrechen der Trennungswand, beim Ausbruch des Wahnsinns erschütternd auf den Schriftstücken und Zetteln zum Ausdruck kam, die er an seine Freunde verschickte und die er mit ›Dionysos‹ oder ›Der Gekreuzigte‹ unterzeichnete« (Friedrich Seifert: *Bilder und Urbilder,* München 1965, S. 101). In *Götzen-Dämmerung* (II,996) kehrt Nietzsche zum Gegensatzbegriff apollinisch und dionysisch zurück (211).

Offensichtlich zieht diese »erste und vielleicht größte Vision« (so Julius Schwabe) des Doppelmotivs ihre urtümliche Kraft aus der Polarität des lunaren und des solaren Wesens. So ist mit Recht darauf hingewiesen worden, daß der Autor der *Geburt der Tragödie* das Widerspiel beider Kräfte und die daraus resultierende Fruchtbarkeit mit der Zweiheit der Geschlechter in ihrem fortwährenden, durch Distanz und Beziehung gekennzeichneten Leben vergleicht. Von tiefenpsychologischem Interesse ist diese aufgerufene »Duplizität des Apollinischen und des Dionysischen« vor allem deshalb, weil »Apollo nicht ohne Dionysus leben konnte« (I, 34).

Auch wenn nicht der Anspruch erhoben werden soll, daß eine psychologisch-anthropologische Deutung den Gesamtumfang des mythischen Bildes zu erfassen oder seine Tiefe auszuloten vermag, so ist die darin enthaltene psychologisch relevante Dimension doch nicht zu leugnen. Gemeint ist vor allem die allem Menschlichen innewohnende Gegensatzstruktur des Psychischen. C. G. Jung erläutert: »Die Psyche ist ein System mit Selbstregulierung. Es gibt kein Gleichgewicht und kein System mit Selbstregulierung ohne Gegensatz« *(Ges. Werke* 7, S. 66f). Alles Lebendige sei Energie und beruhe daher auf Gegensätzlichkeit. »Nicht eine Konversion ins Gegenteil, sondern eine Erhaltung der früheren Werte zusammen mit einer Anerkennung ihres Gegenteils« ist das erstrebenswerte Ziel (Jung a.a.O. S. 81f).

Aus seiner besonderen, kritischen Affinität zu Nietzsche hat sich Jung in seiner Typenlehre eingehend mit der dionysisch-apollinischen Polarität beschäftigt (Jung: *Ges. Werke* 6, S. 144 – 155). Auf einen allgemeinen Nenner gebracht, entspricht das Apollinische, wie Nietzsche es auffaßt, der introversiven Einstellung. »Umgekehrt ist das Dionysische bei Nietzsche das entfesselte Hinausströmen der Libido in die Dinge« (Jung, a.a.O. S. 549).

(2)
Ist seit Freud der wissenschaftliche Nachweis des Unbewußten das große Ereignis der Jahrhundertwende, so bedarf Nietzsche derartiger Nachweise nicht. Ihn leitet eine Empirie, die auf der vom Autor ausdrücklich in Anspruch genommenen eigenen ›Erfahrung‹ gründet. Und nach ihr existiert »unter dieser Wirklichkeit, in der wir leben und sind, eine zweite ganz andre«. Diese Andersartigkeit hat keinen alternativen oder ausschließenden Charakter. Sie ist von der Art, daß eine psychische Korrespondenz zwischen der Wirklichkeit des Alltagsbewußtseins und der ›Wirklichkeit des Traumes‹ besteht. Beide gleichen den Dimensionen, die einer Bewußtes und Unbewußtes umfassenden Ganzheit zugehören. Sie ergänzen sich wechselseitig, wie dies Nietzsche an der erwähnten Duplizität des Apollinischen und des Dionysischen zu veranschaulichen versuchte. So ist der Traum, bei dessen Erzeugung sich jeder als ein kreativ-künstlerisch Schaffender erfahren kann, ein Mittel, das Leben zu deuten. Im Anschlußtext

nennt es Nietzsche treffend die »freudige Notwendigkeit der Traumerfahrung« (I, 23).

(3)

Nach dem eben Gesagten wird es nicht verwundern, wenn der Philosoph konsequenterweise »von den beiden Hälften des Lebens« spricht, wobei er der »träumenden Hälfte« die bedeutsamere Rolle dem Tagesbewußtsein gegenüber zuweist, weil sie den Wesensgrund des Menschen repräsentiert. Er birgt ein Mysterium, das offenbar das Geheimnis des Menschen solange verhüllt, bis es sich – selten genug – entbirgt, indem es sich spontan mitteilt (vgl. die Abschnitte 14 und 15).

Seit Freuds *Traumdeutung* (1900) sind von den einzelnen tiefenpsychologischen Schulrichtungen verschiedene Traumtheorien entwickelt worden (vgl. Jutta von Graevenitz [Hg.]: *Bedeutung und Deutung des Traumes in der Psychotherapie*, Darmstadt 1968). Wenn Nietzsche dazu neigt, eine dem rationalen Bewußtsein ›entgegengesetzte Wertschätzung‹ einzuräumen und wenn er zu der ›metaphysischen Annahme‹ tendiert, im Traum dem ›Wahrhaft-Seienden und Ur-Einen‹ nahe zu sein, dann nimmt er eine wichtige tiefenpsychologische Einsicht vorweg. Das Unbewußte stellt eine Gegenposition zum Bewußtsein dar. Es ergibt sich dadurch ein Gefälle, das vom Unbewußten zum Bewußtsein neigt. Besonders eindrücklich wird dies, wenn etwa große Träume archetypische Motive an die Bewußtseinsschwelle herantragen. Bereits als Autor der *Geburt der Tragödie* muß Nietzsche mit derartigem Material aus den Tiefen seines Unbewußten konfrontiert worden sein. Für das Spätwerk ist die Übermacht archetypischer Bilder charakteristisch und – wie bekannt – von schicksalhafter, zerstörerischer Wirkung. Jung hat das Unbewußte als komplementär oder kompensatorisch zur jeweiligen Bewußtseinslage betrachtet, was einer Bestätigung jener Wechselwirkung entspricht, die Nietzsche im Text durchblicken läßt: »Je einseitiger und je weiter wegführend vom Optimum der Lebensmöglichkeit die bewußte Einstellung ist, desto eher ist die Möglichkeit vorhanden, daß lebhafte Träume von stark kontrastierendem, aber zweckmäßig kompensierendem Aspekt auftreten als Ausdruck der psychologischen Selbststeuerung des Individuums« (C.G.Jung: *Über psychische Energetik,* in: Ges. Werke 8, S. 288). »Es besteht zwischen dem Bewußtsein und dem Traum ein aufs feinste abgewogenes Beziehungsverhältnis... In diesem Sinne kann man die Kompensationslehre als eine Grundregel für das psychische Verhalten überhaupt erklären.« (C.G.Jung: *Spezielle Probleme der Psychotherapie,* in: Ges. Werke 16, S. 163).

(4)

Aus seinem intuitiven Wissen um die wechselseitige Bezogenheit von Wachbewußtsein und Träumen sucht sich Nietzsche über jenen ›Urkünstler der Welt‹ Klarheit zu verschaffen, in dessen Dienst sich der Mensch als ein Schaffender stellt. »Denn – so heißt es unmittelbar vor unserem Text – dies muß uns vor allem, zu unserer Erniedrigung *und* Erhöhung, deutlich sein, daß die ganze Kunstkomödie durchaus nicht für uns, etwa unsrer Besserung und Bildung wegen, aufgeführt wird, ja daß wir ebensowenig die eigentlichen Schöpfer jener Kunstwelt sind: wohl aber dürfen wir von uns selbst annehmen, daß wir für den wahren Schöpfer derselben schon Bilder und künstlerische Projektionen sind und in der Bedeutung von Kunstwerken unsre höchste Würde haben... während freilich unser Bewußtsein über diese unsre Bedeutung kaum ein andres ist, als es die auf Leinwand gemalten Krieger von der auf ihr dargestellten Schlacht haben...« (I, 40). – Was Nietzsche im Blick auf das aus tieferen Quellen, aus der Matrix des Unbewußten schöpfenden Kunstschaffen sagt, hat für das Traumgeschehen selbst Gültigkeit. Hier wie dort verschmelzen, wie er sich ausdrückt, »Subjekt und Objekt, zugleich Dichter, Schauspieler und Zuschauer« in eins.

(5)

Der Satyr, griechischer Waldgott und Fruchtbarkeitsdämon, halb Mensch und halb Bock, gehört ins Gefolge des Dionysos. Wenn nun Nietzsche diesen Satyr zum Inbegriff des wahren Menschen erhebt und den Kulturmenschen seiner Zeit zur ›lügenhaften Karikatur‹ degradiert, so nimmt er jene dritte Entthronung oder ›Kränkung‹ des Menschen vorweg, von der Freud am Ende seiner 18. Vorlesung zur Einführung in die Psychoanalyse sprach. Es ist die Kränkung, die durch die Aufdeckung der Triebdynamik des Menschen erfolgt ist. Unschwer läßt sich eine Verbindungslinie zwischen dem von Nietzsche entworfenen ›Sinnbild der geschlechtlichen Allgewalt der Natur‹ und der als sexuell definierten Libido der klassischen Psychoanalyse ziehen. Das muß jedoch nicht heißen, daß Nietzsche eine begriffliche Einengung auf die sexuelle Thematik – wie später S. Freud – im Sinne gehabt hat. – Nietzsche tastet sich an das Mysterium des Menschen heran. Im folgenden Abschnitt wird das deutlicher.

(6)

Indem Nietzsche auf die ›unanfechtbare Überlieferung‹ aufmerksam macht, wonach die griechische Tragödie in ihrer ältesten Gestalt nur die Leiden des Dionysos zum Gegenstand gehabt habe, wird das von dem Gott gezeichnete Bild transparent für das Los des Menschen schlechthin. Und in Anlehnung an den von Schopenhauer (in: *Die Welt als Wille und Vorstellung*) gebrauchten Terminus ›principium individuationis‹ bezieht Nietzsche diesen Begriff in seine Überlegungen ein (vgl. I, 23f). Zwar meint er mit Individuation im besonderen einen ›Zustand‹ und den ›Quell und Urgrund alles Leidens‹. Der Hinweis auf den Prozeß, den ›der leidende Dionysus der Mysterien‹ zu durchlaufen hat, enthüllt jedoch gleichzeitig etwas vom dem prozessualen Charakter des menschlichen Individuationsweges, der von der analytischen Psychologie beschrieben und durch sie gefördert wird. Von da ist der Schritt nicht mehr weit zu der Bedeutung, die Jung dem Individuationsprozeß als einem Vorgang der Selbstverwirklichung beigemessen hat, indem er ihn ins Zentrum seiner Theoriebildung sowie der therapeutischen Praxis rückte. Richtete sich einst im antiken Griechenland die Hoffnung der Epopten, das heißt der in den Mysterien Erleuchteten und damit Eingeweihten auf die Wiedergeburt des zerstückelten Gottes Dionysos, so ist der Individuierende im psychologischen Zusammenhang beides in einem: Er ist derjenige, der einen Prozeß seelischer Reifung zu durchlaufen hat, und er soll selbst der Wiedergeborene, der Verwandelte werden. Was der auf dem Weg Befindliche – nach Nietzsche – ›ahnungsvoll zu begreifen‹ hat, das entspricht jenem erkennenden Innewerden und Erleben, das das Herzstück psychosynthetischer Erfahrung überhaupt ausmacht. Und wenn der Philosoph hier und im folgenden mit so erstaunlicher Treffsicherheit von Tatbeständen und Prozessen der Innenerfahrung schreibt, so verraten seine Aufzeichnungen etwas von den Stadien der Annäherung, die er frühzeitig selber durchlaufen haben muß.

(7)

Als tiefenpsychologisches Äquivalent zum Mythus bietet sich das Unbewußte an, im besonderen das überpersönlich-kollektive in seinem schöpferischen Aspekt, von Jung deshalb auch ›Matrix‹ genannt. Während nun der aus einem reichen Fundus unbewußter Antriebs- und Gestaltungskräfte schöpfende Mensch ›eine ganze Kulturbewegung‹ mitzutragen vermag, ist der ›ohne Mythen geleitete Mensch‹ zur Abstraktion und Unfruchtbarkeit verurteilt, mit ihm der kulturelle Zusammenhang, in dem er lebt und wirkt. (Vgl. Erich Neumann: *Der schöpferische Mensch,* Zürich 1959; Darmstadt 1965). Die Situation des ›mythenlosen Menschen‹ drückt sich nicht zuletzt darin aus, daß er die Verbindung zu den tragenden, sinngebenden Kräften verloren hat. Nietzsche denkt hier zwar in erster Linie in ästhetischen Kategorien. Dabei ist jedoch nicht zu übersehen, daß die von ihm beschworenen dionysischen Feste, die Begehungen in den Mysterienkulten der Antike, primär religiöser Natur waren. So unwiderruflich nun die unzugänglich gewordene Religiosität der Alten ist, so bedenkenswert sind doch jene psychotherapeutischen Einsichten (z. B. diejenigen C.G. Jungs, V. Frankls oder V. Staehelins), wonach die Beantwortung der Sinnfrage bzw. die der meist uneingestandenen religiösen Problematik des heutigen Zeitgenossen zum Kernproblem des Menschen überhaupt gehört. In diesem Zusammenhang verdient auch der polnische Philosoph Leszek Kolakowski genannt zu werden, der in seiner Schrift *Die Gegenwärtigkeit des Mythos* (München 1973) auf die Notwendigkeit mythischer Bilder und Anschauungen hinweist, deren das rationale Denken bedarf, wenn es nicht inhuman werden soll.

Unzeitgemäße Betrachtungen

(8)

Was als Prägung oder gar als Trauma in der frühen Kindheit veranlagt worden ist, das bedarf der Klärung und der bewußten Auseinandersetzung und Integration im späteren Lebensalter, vor allem, wenn es sich als ein dem Bewußtsein verborgener, etwa neurotisierender Komplex erweist. Der entscheidende Erkenntnisdurchbruch Freuds hat die Bedeutung der frühkindlichen Eindrücke aufgehellt. Für Nietzsche ist es wichtig, daß das ›Übermaß von Historie‹ das Menschsein des Menschen ›aufhebt‹ oder zumindest beeinträchtigen kann. »Unhistorisch – also von der widerfahrenen Vergangenheit unbelastet – empfinden zu können« ist daher Ausdruck einer Freiheit, ist die Manifestation einer

Freiheit, ohne die ein erfülltes Leben in der Gegenwart und im Blick auf die Zukunft nicht möglich ist. Nietzsche verkennt aber andererseits nicht den Wert des Historischen, das heißt des einstmals Erlebten, weil der Denkende, Vergleichende jene Distanz zum Vergangenen herstelle, die für das Ergreifen und Gestalten des gegenwärtigen Augenblickes erforderlich sei.

(9)

Die Frage nach psychischer Identität ist gestellt. Wer ›ganz Außenseite ohne Kern‹ ist, der täuscht sich über sich selbst. Er verwechselt seine ›Rolle‹, seinen gesellschaftlichen oder beruflichen Status mit seinem eigentlichen Selbst. Dabei ist die für die Kontaktaufnahme mit der Außenwelt unerläßliche Rolle oder Maske – die ›Persona‹ in der analytischen Psychologie – deutlich von der Personmitte zu unterscheiden. Einerseits ist die Persona ein notwendiger Schutzwall der Umwelt gegenüber; andererseits wird sie als ein unzugängliches Getto mißbraucht, wenn sich der individuelle Mensch darin verbirgt, indem er sich mit seiner Rolle identifiziert, in ihr aufgeht. »Die Identifikation mit Amt und Titel hat etwas Verführerisches, weshalb viele Männer nichts anderes sind, als ihre von der Gesellschaft ihnen zugebilligte Würde. Es wäre vergeblich, hinter dieser Schale eine Persönlichkeit zu suchen, man fände bloß ein erbärmliches Menschlein. Darum eben ist das Amt – oder was diese äußere Schale auch sei – so verführerisch«, schreibt C.G. Jung in: *Beziehungen zwischen dem Ich und dem Unbewußten* (Ges. Werke 7, S. 158). »Die Persona ist ein Kompromiß zwischen Individuum und Sozietät über das, als was einer erscheint« (Jung, a.a.O. S. 173).

Zweifellos hat Nietzsche wichtige Aspekte der maskenhaften Persona am Einzelmenschen und an der Gegenwartskultur seiner Zeit buchstäblich ›entlarvt‹. Er tat es, um die in diesen Texten wiederholt apostrophierte ›junge Seele‹ vor dem Schicksal gestaltloser Vermassung der Rollen- oder Funktionsträger zu bewahren, damit sie ›sie selbst‹ sei. Damit schlägt Nietzsche ein großes, existentielles Thema an. Er wendet sich damit an den Menschen, »welcher nicht zur Masse gehören will«, wiewohl und gerade weil die »Masse« Schicksal und Bedrohung des heutigen Menschen ist. Und *der* droht der Vermassung zu erliegen, »der gegen sich bequem« ist, der »seinem Genius« ausweicht; man könnte weiterführend auch sagen: wer der Gesellschaft und seiner Mitwelt sich vorenthält, sein wahres Selbst verleugnet...

(10/11)

Zur Lösung der Identitäts- und Reifungsproblematik gehört der »einzige Weg, auf welchem niemand gehen kann, außer dir«, das heißt der jeweils Betroffene, der zur Selbstbegegnung Aufgerufene. Der Appell an die ›junge Seele‹ in dem Stück *Schopenhauer als Erzieher* zeigt deutlich, daß sich Nietzsche selbst als der Erzieher und als der Menschenführer betätigt, den er in Schopenhauer zu sehen vermeint hat. Dieser Erzieher hat nicht eine Doktrin zu vermitteln und er hat kein Wissenspensum weiterzugeben, nicht einmal in Gestalt ›guter Ratschläge‹. Ihm ist es vielmehr darum zu tun, daß der ›Weg‹ *gegangen* und der ›Ursinn und Grundstoff deines Wesens‹ *gefunden* wird. Dabei ist sich Nietzsche bewußt, daß dieser Wesenskern des Menschen, sein wahres, das Alltags-Ich überragende und seine Personganzheit umgreifende Selbst letztlich nicht ›erzogen‹ werden kann. Es ragt in den Raum des Unverfügbaren und des nicht-beliebig-Machbaren hinein. Immerhin, als ›Befreier‹ könne und solle sich der Erzieher erweisen. Dabei gilt es allerlei Unrat zu beseitigen, was sich als das Uneigentliche vor das Eigentliche schiebt. Und – als wäre eine psychotherapeutische Arbeit ins Auge gefaßt – in dem ›wichtigsten Verhör‹, etwa von Analytiker und Analysand, ist ›das Grundgesetz deines eigentlichen Selbst‹ zu ermitteln...

Es ist erstaunlich, mit welcher Präzision und innerer Folgerichtigkeit der ›Seelen-Errater‹ psychologisch-menschenkundliche Tatbestände bestimmt und welche therapeutische Maßnahmen er trifft. – Wenn Nietzsche in unserem Zusammenhang die Metapher der Tiefe durch die der Höhe ersetzt, dann wohl nicht etwa, weil er ›Tiefe‹ im seelischen Bereich nicht für angemessen hielte. Die Metapher der Höhe dient vielmehr dazu, das Verhältnis des ›eigentlichen Selbst‹ dem ›gewöhnlichen Ich‹ gegenüber festzulegen. Und danach ist das Selbst dem Ich *über*geordnet.

(12)

Nietzsche, der in den *Unzeitgemäßen Betrachtungen* einmal das Wort von dem ›Kämpfer gegen seine Zeit‹ (I, 251) geprägt hat, spricht von der Basis seines selbsterrungenen, selbsterlittenen Wissens aus zu solchen, die nicht wissen, ›was Vereinsamung ist‹. Damit gesteht der Autor dieser Betrachtungen seine persönliche Schicksalslage. Darüber hinaus aber skizziert er auch die psychische Struktur dessen, der ›die Höhle der Innerlichkeit‹ als Zuflucht benützt. Es liegt nahe, an den typologischen Terminus der Introversion im Sinne der analytischen Psychologie zu denken, wenngleich Nietzsche noch anderes im Sinne hat. Denn Vereinsamung und Wendung nach innen ist bei Nietzsche durch das Prädikat der ›Freien im Geiste‹ näher bestimmt. Einsamkeit ist somit kein Mangel, auch nicht eine bloße typologisch bestimmbare Naturanlage, die man bereits fertig vorfindet, sondern eine Errungenschaft oder zumindest das Indiz für eine Errungenschaft. Geistesfreiheit pflegt indes eine angefochtene, von außen ständig gefährdete Freiheit zu sein. Der Schreiber, der seinem Erzieher Schopenhauer huldigen möchte, verrät – indem er sich den Einsamen und Freien im Geiste zuzählt – die bedrückende Vorahnung, daß Menschen, die mehr sehen als andere, die einen größeren Bewußtseinshorizont gewonnen haben, ›an sich selbst zugrunde gehen‹ können.

(13)
An der Größe und an den Gefährdungen Schopenhauers liest Nietzsche allgemeinmenschliche Gegebenheiten ab, die jeder einzelne kennenlernen und integrieren soll, indem er die unaustauschbare Existenz mit ihren schicksalhaften Chancen und Belastungen als zum ›Kern seines Wesens‹ gehörig *annimmt,* sie – nicht nur rational – bejaht. Der eigenen Individualität bewußt werden, heißt immer auch einsam werden. Denn was der Mensch auf dem Weg der Reifung und der Selbst-Erkenntnis erfahren hat (vgl. die Texte 9 und 10), das läßt sich nicht für andere in beliebig mitteilbares Wissen ummünzen. Die vielberufene Lebenserfahrung der Alten ist für die Generation der Nachgeborenen auch bei glaubhafter Schilderung keinesfalls schon eine Erfahrung. Diese muß von jedem selbst errungen werden. So schafft ein einzigartiges Erleben, eine besondere Schicksalsbegegnung eine ungewollte Distanz zur Mitwelt. Es entstehen unter Umständen Mißverständnisse und sie wiederum verstärken die Einsamkeitsgefühle. Um der eingetauschten »produktiven Einzigkeit« des Erlebten willen aber läßt sich der Melancholie wehren. Dieser optimistische Ton steht in einer gewissen Spannung zu der im vorausgegangenen Abschnitt ausgesprochenen dunklen Vorahnung eines drohenden Untergangs. – Zum Unterschied von Einsamkeit und Vereinsamung vgl. Wilhelm Bitter (Hg.): *Einsamkeit in medizinisch-psychologischer und soziologischer Sicht.* Stuttgart 1967.

(14)

Das Menschsein ist nicht als biologisches Faktum zu begreifen oder
mit biologischen Kategorien zu erfassen. Der Mensch, ›an dem allein
der Natur‹ gelegen ist und von dem Nietzsche später einmal sagen
wird, daß er sich nicht *fort*pflanzen solle, sondern ›hinauf‹, ist noch im
Prozeß der Selbstwerdung begriffen. Und da gibt es Augenblicke, die
›im Zeichen der Großen Erfahrung‹ stehen. In ihnen tut sich ›Etwas
über uns‹ kund als eine Präsenz und als eine realisierbare Möglichkeit.
Karlfried Graf Dürckheim hat in ihr ein Allgemeingut des Menschen
erkannt, insofern die Große Erfahrung durch alle Äußerungen und
Schöpfungen des menschlichen Geistes hindurchschimmert und sofern dieser aus der tiefsten Tiefe hervorwächst, in die menschliches Erleben hineinzureichen vermag. Er schreibt – und verweist damit auf
den Erlebnishorizont, vor den Nietzsche seine Leser gestellt hat:

»Der Gehalt der ›Großen Erfahrung‹ ist ganz unerschöpflich, und
sie entzieht sich jedem Begriff, doch wer sie gemacht hat, weiß sofort,
was gemeint ist. Es ist die Erfahrung, die erschütternd beglückt und alles von Grund auf verwandelt: Die Erfahrung, daß das eigene Leben
im Dasein gespeist und getragen, vorgeformt und gerichtet und zugleich geborgen und aufgehoben ist in der Seinsfülle, Ordnung und
Einheit eines Größeren Lebens, das unser kleines Leben durchwaltet
und übergreift. Die Große Erfahrung ist das Erlebnis der Teilhabe an
einem Sein, das vor, in und über allem endlichen, raum-zeitlichen Dasein ist. Es ist die beglückende Erfahrung, daß man in der Tiefe des eigenen *Wesens* eins ist mit dem Sein, ja daß das eigene Wesen nichts
anderes ist als die Weise des göttlichen Seins, in der es in und durch uns
offenbar werden will in der Welt« (K. Graf Dürckheim: *Im Zeichen
der Großen Erfahrung.* Studien zu einer metaphysischen Anthropologie. München 1974, S. 60).

Ohne durch die Schule des Zen gegangen zu sein, freilich nicht ohne
Wissen um die Dimension eines mystisch-spirituellen Erkennens hat
sich der intuitive Nietzsche an jene Sphäre herangetastet, in der der
Mensch ein Bewußtsein von der Notwendigkeit bekommt, daß er sein
Selbst *ergreifen* müsse, um sich zu verwirklichen. – Und nun die merk-
würdige Paradoxie: Es gibt nicht nur diesen Drang nach dem Selbst-
sein, sondern auch eine starke gegenläufige Tendenz. Es sind retardie-
rende, zur ›Unbewußtheit des Triebs‹ regredierende Kräfte, die die
Selbst-Werdung auf jede nur erdenkliche Weise verhindern wollen. C.
G. Jung hat oftmals auf das Furchtphänomen aufmerksam gemacht,

wonach der Mensch – nicht ohne guten Grund! – die von Nietzsche genannte ›Flucht vor sich selbst‹ antritt, weil er der Begegnung mit dem Unbewußten ausweichen möchte. Von einer anderen Warte aus gesehen hat übrigens auch Rudolf Steiner diese Fluchttendenz als Furcht vor der Konfrontation mit der geistigen Welt bestätigt (vgl. Gerhard Wehr: *C. G. Jung und Rudolf Steiner.* Konfrontation und Synopse. Ernst Klett Verlag, Stuttgart 1972). – Und wenn es Nietzsche für nötig hält, daß der zur Selbstwerdung Entschlossene der Hilfe anderer nicht entbehren könne, um ›aufzutauchen‹, weil er ›emporgehoben‹ werden müsse, dann stellt sich die Frage nach einer Initiationserkenntnis, die dem heutigen Bewußtsein des westlichen Menschen angemessen ist. Es ist eine Erkenntnis, die jenen Vorgängen und Erlebnissen analog ist, wie sie einst in den von Nietzsche wiederholt erwähnten Mysterienstätten des Altertums von den dafür vorbereiteten Mysten durchgemacht worden sind. Es ginge demzufolge um einen seelisch-geistigen Schulungsweg, der weder durch die intellektuelle Schulung noch durch die bloße Psycho-Analyse ersetzt werden kann. Sowohl der geisteswissenschaftliche Schulungsweg Steiners (u. a. in *Wie erlangt man Erkenntnisse der höheren Welten?*) als auch der, den Jung in Gestalt des Individuationsweges beschrieben hat, stellen Angebote einer betont abendländischen Initiationserkenntnis dar. (vgl. wiederum Gerhard Wehr: *C. G. Jung und Rudolf Steiner,* besonders das Kapitel über Initiationsweg und Individuationsprozeß).

(15)

Das Zielbild, das vor Nietzsches innerem Blick Konturen gewinnt, ist dreigegliedert. Es ist das Bild des Philosophen, des Künstlers und des Heiligen. Doch damit soll nicht etwa auf Ausnahmeexistenzen abgelenkt werden. Wir werden vielmehr auf eine umfassende Neuorientierung des Denkens, Fühlens und Wollens verwiesen. Denn der Philosoph, der Künstler und der Heilige soll ja ›erzeugt‹ werden. Hier liegt der Sinn des Menschseins überhaupt. Der in jedem Menschen zu erzeugende Philosoph verkörpert demnach eine Intensivierung des Bewußtseins; der Künstler gestaltet und artikuliert das neue Sein; der Heilige schließlich vollbringt die Verwandlung, er ist diese Verwandlung, indem er das alltägliche Ich mit dem wesenhaften Selbst verbindet, von dem wir gehört haben, daß es dem Ich *über*geordnet ist. Bei alledem meint Nietzsche offenbar eine Realisation, die sich im gelebten Leben manifestiert.

(16)

Wenn Nietzsche davon spricht, daß die Menschheit fortwährend daran arbeiten müsse, »einzelne große Menschen zu erzeugen«, weil »dies und nichts anderes sonst« ihre Aufgabe sei, dann beeinträchtigen schreckenerfüllte Geschichtserfahrungen, Erinnerungen an biologistische Mißdeutungen des ›Übermenschen‹ u. ä. das Verständnis solcher Sätze beim heutigen Leser. Tatsächlich geht es dem Autor – jedenfalls im vorliegenden Textzusammenhang – darum, zu zeigen, »daß dort, wo eine Art an ihre Grenze und an ihren Übergang in eine höhere Art gelangt, das Ziel ihrer Entwicklung liegt, nicht aber in der Masse der Exemplare und deren Wohlbefinden« (I, 327). Die Menschheit soll zum Bewußtsein ihrer selbst und zur Einsicht ihrer Sendung gelangen. So wie der Philosoph, der Künstler und der Heilige (vgl. Text 15) den dreigestaltigen Typus eines sich vollendenden Menschentums darstellt, so ist hier der Blick Nietzsches auf das Ziel ›des einzelnen Lebens‹ ausgerichtet. Dieses Ziel zu erreichen ist ›die‹ Frage schlechthin. Einer auf das Biologische reduzierten oder rassistischen Ausdeutung widersetzt sie sich ebenso wie dem Gedanken, daß die Zahl der Masse Wertmaßstäbe liefern könne. Heute kennen wir die Diktatur durch ›Trends‹ oder durch statistische Normensetzungen. Der Mensch wird vom Autor der *Unzeitgemäßen Betrachtungen* vielmehr als ein Werdender betrachtet, als von der ›Künstlerin Natur‹ unvollendet, jedoch »als ein Zeugnis der größten und wunderbarsten Absichten« in die Welt gesetzt (vgl. Ernst Benz [Hg.]: *Der Übermensch.* Zürich 1960, wo ideengeschichtliche Zusammenhänge aufgezeigt werden). Nicht eine naturhafte Triebdynamik vollendet den Freigelassenen der Schöpfung, sondern die mit allen Kräften *über* sich hinausblickende und nach dem ›noch verborgenen höheren Selbst‹ strebende Liebe. Sollte Nietzsche dem bärtigen Waldgott Satyr (vgl. Text 5) Abschied geben wollen? Hält der dionysisch Berauschte hier etwa nach den Möglichkeiten einer spirituellen Psychologie Ausschau? Sind die Perspektiven, die sich von einem derartigen Ansatz her ergeben, schon ausgewertet?

Zwischen dem Beginn der Niederschrift (1876) und der Veröffentlichung des ersten Bandes von *Menschliches, Allzumenschliches* (Leipzig 1886) liegen zehn unruhvolle Jahre, in denen Nietzsche so oft es ihm irgend möglich war, seinen akademischen Lehrverpflichtungen entfloh, um die Schweiz und Italien zu bereisen. 1880 besuchte er mit Peter Gast, seinem Helfer und treuen Gefolgsmann, erstmals Venedig. Hinter ihm lag bereits die endgültige Trennung von Richard Wagner, dem er im vierten Stück seiner *Unzeitgemäßen Betrachtungen* noch ein letztes Zeichen der – nicht kritiklosen – Verehrung gesetzt hatte. Am 2. Mai 1879 hatte Nietzsche als Professor für klassische Philologie bei der Basler Behörde seine Entlassung beantragt. »Ich habe schwer gelitten. Alles ist zum Äußersten gekommen, die Professur ist niedergelegt. Ich verlasse Basel in wenig Tagen für immer«, heißt es auf einem Zettel an Marie Baumgartner im Mai dieses Jahres. Doch dies sind nur einige äußere Indizien für die offenkundige Krise.

Die unstete, von beschwerlichen Reisen bestimmte Lebensweise jener Jahre beeinflußte Nietzsches Schriftstellerei fortan. Was nicht als Geschenk einer spontanen und doch andauernden Inspiration empfangen wurde, wie etwa *Also sprach Zarathustra,* das mußte sich einer aphoristischen Behandlung fügen. Und stellen – was Nietzsches eigenen Innenweg betrifft – die *Unzeitgemäßen Betrachtungen* mit *Schopenhauer als Erzieher* bereits Wegmarken dar, durch die sich Nietzsche selbst als Erzieher – und als Psychologe profilierte, so gilt das für *Menschliches, Allzumenschliches* in einem noch gesteigerten Maße. In diesem »Buch für freie Geister« hat Nietzsche Meilensteine auf dem eigenen Pfad erblickt, wenn er sagt, daß fast jeder Satz dieses Buches einen Sieg dokumentiere. Gemeint ist ein Sieg auf der Kampfbahn der Selbstwerdung, wo es darum geht, ›Unzugehöriges‹ abzuschütteln und sich selbst von dem Uneigentlichen freizumachen.

Menschliches, Allzumenschliches gilt dennoch oder gerade deshalb als ein Werk der Krise. »Der Ton des Predigers, in dem er in den *Unzeitgemäßen Betrachtungen* sich an die Gebildeten gewandt hatte, war dem Vereinsamten nicht mehr, die dithyrambische Rede des *Zarathustra* als Ausdrucksform des errungenen Sieges war dem Zu-sich-erst-Findenden noch nicht möglich. Auch inhaltlich fehlt die überzeugende Geschlossenheit früherer und späterer Schriften; es ist so, als halte der in Leiden Gereifte jeden aufblitzenden Gedanken fest, glücklich, daß nach Jahren des Zwangs der innere Quell wieder sprudelt, doch ängstlich, daß er vorzeitig versiegen könne...« (Edgar Salin: *Vom deutschen Verhängnis.* Hamburg 1959, S. 99).

Aus dieser seelischen Verfassung heraus lassen sich die immer wieder angetretenen psychologischen Gedankengänge besser verstehen. Der philosophierende Freund Paul Reé (1849 – 1901) wird ihn darin bestärkt haben.

Was nun die Art dieses Argumentationsstils betrifft, so erläutert Eugen Fink: »Nietzsches psychologische Interpretationen haben eine raffinierte Struktur: indem er demaskiert, Verhüllungen und Verkleidungen anprangert, kann er jeweils alles, was gegen seine Deutung spricht, als ein nur scheinbares Gegenphänomen entlarven, etwa so: der Altruismus ist nur eine maskierte, sich selbst nicht mehr durchsichtige Form des Egoismus. Der Psychologe der Hintergründe zieht auch das Versteckte ans Licht. Gegen diese Art des Vorgehens gibt es keine Argumentation, die Erfolg haben könnte, – weil alles Gegensprechende ja ›entlarvt‹ und so bewältigt werden kann. Man kann nur den ganzen Stil einer solchen hintergründigen Psychologie in Frage stellen. Die psychologische Destruktion der Metaphysik, die Nietzsche in *Menschliches, Allzumenschliches* vorwiegend betreibt, richtet sich gegen die von Schopenhauer fixierte Scheidung von Ding an sich und Erscheinung, die selbst eine massive Vergröberung kantischer Gedanken ist« (Eugen Fink: *Nietzsches Philosophie.* Stuttgart 1960, S. 47).

(17 – 19)

Der seiner äußeren Existenz nach Unruhige, Unstete betätigt sich als »Abenteurer und Weltumsegler jener inneren Welt, die ich ›Mensch‹ heiße«. Dieser Mensch aber ist einer, der die Herrschaft über sich erlangen soll, und zwar selbst über jene menschlichen Bezirke, in denen die Tugenden, die allgemein anerkannten moralischen Werte eine Rolle spielen. Noch strenger als bisher ist der Blick dieses ›Psychologen und Zeichendeuters‹ teleologisch, nach vorne, gerichtet. Von daher sieht er die eigentlichen Normen entgegenkommen. Zwar hören wir jetzt noch nichts von dem Willen, die ›alten Tafeln‹ zu zerbrechen. Immerhin sieht er aber ›unsere Bestimmung‹ aus dem Zukünftigen heraus wirken. Nietzsche schreibt dies als einer, der ›in dem Mittage unseres Lebens‹ steht. Er weiß also um die allgemeine Lebensmitte-Problematik, deren individuelle Ausmaße der jetzt Vierzigjährige seit Jahren leidvoll zu spüren bekommt. Eine neue Qualität des Lebens wird erfahrbar. Der Sinn der ›Vorbereitungen, Umwege, Proben...‹ geht ihm ›jetzt erst‹ auf. Deutlicher als bisher sieht er die Dimensionen des ›Höher‹ und des ›Übereinander‹, Dimensionen, die auf dem Weg der von Nietzsche proklamierten evolutionären Anthropologie durchmessen und dem eigenen Menschsein eingefügt werden sollen. Und eben darin sieht er das ›neue Problem‹, ›unser Problem‹, von dem er meint, daß es in Deutschland noch nicht im erforderlichen Maße gesehen wird.

(20)
Auf die Frage, woran das ›Höhere‹ im Blick auf die Menschwerdung des Menschen zu erkennen sei, nennt Nietzsche ein untrügliches Kriterium. Dieses Höhere ist jedenfalls kein zufällig scheinendes Naturprodukt, das dem Menschen ohne sein Zutun in den Schoß fällt wie ein unverdientes Erbstück; es ist das »Mühsam-Errungene, Gewisse, Dauernde und deshalb für jede weitere Erkenntnis noch Folgenreiche«. Wenn in diesem Zusammenhang ›Inspiration‹ als im Gegensatz zu dem zu Erringenden steht, dann soll damit sicher nicht das Wesen der Inspiration beschrieben werden, die für Nietzsches Schaffen eine große Bedeutung gehabt hat. Der Kontext läßt deutlich werden, daß er die selbsterrungene Erfahrung für wichtiger hält als die ›wundergleiche Mitteilung von Wahrheiten‹.

(21)
Was Nietzsche über das angebliche Mißverständnis des Traumes vermutet, wonach hier der ›Ursprung aller Metaphysik‹ sowie der dualistischen Weltanschauung zu suchen sei, ist durch seine strikte Ablehnung des Metaphysischen mitbedingt. Weil dem Autor an der ›Schätzung der unscheinbaren Wahrheiten‹ (20) liegt und weil er die Eigenerfahrung hoch einschätzt, deshalb bekennt er sich auch zu dem ›Mühsamerrungenen‹. Der vorliegende Text dürfte durch die folgenden Abschnitte 22 und 23 korrigiert werden.

(22)
Während er im vorausgegangenen Abschnitt meint, ein Mißverständnis aufdecken zu sollen, formuliert er nun eine Einsicht in die bewußtseinsmäßige Entsprechung zwischen ›Zuständen der früheren Menschheit‹ und dem Traum bzw. Schlaf. C. A. Meier, der Schweizer analytische Psychologe, erinnert daran, daß es sich bei den nächtlichen

›drames intérieurs‹ um typische menschliche Situationen handelt, welche sich durch alle Zeiten hindurch mutatis mutandis gleichbleiben. »Natürlich enthält dieser Ausspruch Nietzsches auch schon einen Ansatz zur Theorie Jungs vom *kollektiven Unbewußten*« (C. A. Meier: *Die Bedeutung des Traumes.* Olten-Freiburg 1972, S. 132). Werner Kemper tritt der Auffassung entgegen, wonach wir nächtlich im Traum in eine ontogenetische Frühphase oder, wie manche Autoren behaupten, sogar in eine vorgeburtliche Mutterleibssituation zurückkehren. »Richtig ist, daß wir auch im Traume die Menschen von heute mit all unseren bis auf den heutigen Tag gemachten Erfahrungen einschließlich der unter schmerzlichen Verzichten erworbenen Wertordnungen bleiben, daß sich uns aber im Traume zusätzlich die Gesamtheit unserer früheren Erlebensmöglichkeiten wieder eröffnet. Nietzsche hat dies bereits klar erfaßt. Ihm verdanken wir nicht nur Feststellungen wie: ›der Traum bringt uns in ferne Zustände der menschlichen Kultur wieder zurück‹ oder: ›wir alle gleichen im Traum diesem Wilden‹, sondern er hat auch bereits erkannt: ›in Schlaf und Traum machen wir das Pensum früheren Menschentums *noch einmal* durch‹. Die Wiederbelebung dieser früheren Erlebensmöglichkeiten kann mit solcher Stärke und Glut erfolgen, daß darüber die heutigen Ordnungen des wachen Seins bis zur Nicht-mehr-Wahrnehmbarkeit verblassen — wenigstens vorübergehend. Sie ist deswegen aber nicht ›weg‹.« (Werner Kemper: *Der Traum und seine Be-Deutung.* Hamburg 1955, S. 108/; überarb. Neuausg. in Vorbereitung: Kindler, München 1977.)

(23)
Der soeben gegebene Hinweis wird bezüglich des Traums ergänzt. Nietzsche weiß einerseits um die transponierende – um nicht zu sagen: symbolbildende – Kraft des Traums wie sie im Zusammenhang der sogenannten Leibreizträume manifest wird. Der nächste Schritt geht in Richtung der erwähnten bewußtseinsgeschichtlichen Entsprechung, derzufolge sich im Traum ein ›uraltes Stück Menschentum‹ fortsetzt. Von da aus gewinnt Nietzsche die Einsicht, daß die ›höhere Vernunft‹ – psychologisch: das Bewußtsein – die späte Frucht einer Entwicklung aus dem traumartigen Bewußtseinszustand früherer Menschheitsepochen darstellt. Schließlich vergißt Nietzsche nicht, den Hinweis anzufügen, daß Dichter und künstlerisch Schaffende eine besondere Beziehung zu diesem ›älteren Menschentum‹ aufnehmen und zu dessen Deutung beitragen können. Belege für Traumerfahrungen bei Dich-

tern sind enthalten in der Anthologie *Dichter erzählen ihre Träume. Selbstzeugnisse deutscher Dichter aus zwei Jahrhunderten.* (Hg. von Martin Kiessig, Stuttgart 1976).

(25/ 26)

Es entspricht sicher einer inneren Folgerichtigkeit seiner Gedankengänge, wenn Nietzsche dem Unlogischen gegenüber der Rationalität und der wissenschaftlichen Betrachtungsart einen nicht zu unterschätzenden Eigenwert zubilligt. Das Meßbare, Zählbare, Wägbare reicht nicht aus, um das letztlich Unverfügbare des Lebens zu erfassen. Diese Kategorien versagen im besonderen bei der Einschätzung des Menschen, »stünde er uns auch noch so nah«. Immerhin ist der Mensch in der Lage, bei allem Erkenntnisoptimismus, der Begrenztheit seines Erkenntnisvermögens, auch im Blick auf die psychologische Menschenbestimmung, einzusehen, – sofern er nicht die ›Naivität‹ derer teilt, »welche glauben können, daß die Natur des Menschen in eine rein logische verwandelt werden könne...«.

(27 – 30)

Ohne den Anspruch zu erheben, sich ausdrücklich als Tiefenpsychologe zu betätigen, wägt Nietzsche in diesen Abschnitten *(Zur Geschichte der moralischen Empfindungen)* die Vor- und Nachteile der psychologischen Beobachtung ab. Was den Mangel an dieser Art über *Menschliches, Allzumenschliches* nachzudenken betrifft, so bezieht sich der Autor bezeichnenderweise nicht in erster Linie auf die Fachpsychologen bzw. psychologisierenden Philosophen seiner Zeit, sondern auf ›die großen Meister der psychologischen Sentenz‹, das heißt auf Literaten und Essayisten. Nietzsche selbst nennt La Rochefoucauld; Ivo Frenzel ergänzt die Liste der für ihn zur Zeit der Niederschrift dieser Aphorismen wichtig gewordenen Moralisten und Epigrammatiker: Montaigne, La Bruyère, Chamfort und Stendhal. »Hier fand Nietzsche seine Vorbilder für einen fein geschliffenen Stil, für eine aphoristische, skeptisch distanzierte Betrachtungsweise« (Ivo Frenzel: *Friedrich Nietzsche in Selbstzeugnissen und Bilddokumenten.* Reinbek 1966, S. 90).

Wie die auch in der Vorlage zusammenhängend gebotenen Texte zeigen, läßt Nietzsche den Leser an seinen Gedankenoperationen teilhaben, indem er (28) das Gewicht des Einwandes zu seiner eigenen These zu Geltung bringt. Wenn er sich dort über den »eingepflanzten

Widerwillen vor der Zerlegung menschlicher Handlungen« klar wird, legt er etwas von dem Potential an Widerstand bloß, das im analytischen Prozeß zu Tage tritt. Nach Nietzsche dient dieser Widerstand dazu, die ›Nacktheit‹, das heißt die Schutzlosigkeit der Seele gegenüber dem analytischen Eingriff ins Unbewußte abzusichern.

Dennoch verharrt Nietzsche nicht in endgültiger Opposition zur psychologischen Sichtweise. Er entschließt sich (29) zum ›Trotzdem‹ seiner bereits praktizierten Erkenntnismethode. Sein ganzes Werk, sein Psychologisieren steht im Zeichen dieses ›Trotzdem‹. Er trotzt dem ›grausamen Anblick des psychologischen Seziertisches‹. – Nun mag man freilich darüber streiten, ob dieses Bild stimmt. Seziert wird ein toter Körper. Nietzsche geht es indessen um die ›Auferweckung der moralischen Beobachtung‹, um Steigerung des Lebens, freilich auch um dessen Erhellung. Und weil das hier gemeinte psychologische Vorgehen hauptsächlich unter dem Gesichtspunkt der analytischen Klärung gesehen wird, zweifelt der Autor nicht an der Notwendigkeit dieses seines Vorgehens, so unentschieden die Antwort auf die Frage nach Nutzen oder Nachteil der Psychologie ausgefallen sein mag. Wieder ist der Blick einer zu erfüllenden Aufgabe zugewandt. Sie soll von den ›geistigen Menschen eines Zeitalters‹ bewältigt werden. Damit ist auf die überindividuelle, epochale Rolle hingedeutet, die Nietzsche zu seiner eigenen gemacht hat und die er der Psychologie als solcher zuweist. Die Frage stellt sich, ob und in welchem Maße die Psychologie heute schon der Aufgabe gewachsen ist, die die Zeitalter-Problematik stellt, und welche Voraussetzungen erfüllt sein müssen, daß sie dieser Herausforderung in Theorie und Praxis zu entsprechen vermag.

(31 – 33)

›Bestie‹ und ›Über-Tier‹ dienen als Bezeichnungen für jenes Triebpotential, das als Nicht-Ich oder als ›Es‹ in deutlichem Widerspruch zur rational gelenkten Persönlichkeit steht. Nun ist es aber bemerkenswert, daß Nietzsche nicht allein in Lebensjahren, Lebensaltern, auch nicht allein in Generationen denkt, sondern als Geschichtsdenker nach übergeschichtlichen Einheiten oder Maßstäben Ausschau hält; hier, um die Wandlungs- und Entwicklungsfähigkeit des Menschen von der Prähistorie her aufzuweisen. Wo sich Entwicklung, ja ein Fortschreiten abzeichnet, da ist ein Nicht-Schritt-halten und eine Verzögerung denkbar. Nietzsche, der sich zuvor – wie wir gesehen haben – für den hohen Rang der Liebe ausgesprochen hat, muß den grausamen Menschen konsequenterweise als einen Zurückgebliebenen charakterisieren. Wie ein Relikt ›früherer Kulturen‹ ragt er in die Gegenwart herein. Der psychologische Bezug wird sich am ehesten herstellen lassen, wenn man diese Passage mit der Feststellung (Text 22) zusammenbringt, wonach der Mensch in seinem Unbewußten ›das Pensum früheren Menschentums noch einmal‹ durchmacht.

(34/ 35)
Da Nietzsche den Wesenskern des Menschen, das Selbst, von dem Ich unterscheidet, mit dem der Mensch in den alltäglichen Zusammenhängen verbunden ist, stellt die ›fortwährende Bestätigung der Menschlichkeit‹ als Ausdruck einer ›Ökonomie der Güte‹ die ethische Konsequenz seines menschenkundlichen Befundes dar. Der Mensch ist somit nicht bereits als biologisches Wesen er selbst, sondern er verwirklicht sich erst durch die Aktivität mitmenschlicher Zuwendung. (I, 484 f.)

(36)
Diese Erwägungen werfen ein Licht auf die psychologische Funktion der maskenhaften ›Persona‹, mit der der Mensch zu seiner Umwelt in Beziehung tritt, ohne jedoch sein eigentliches Selbst preiszugeben. Die ›Rolle‹, die er spielt, und das Selbst, das er *ist,* unterscheiden sich (vgl. die Erläuterung zu Abschnitt 9). Gewiß entbehrt dieser Abschnitt nicht einer selbstkritischen Note.

(38)
Auf dem Weg der Selbsterkenntnis und Reifung ist die Begegnung mit dem Bösen bzw. mit dem Negativen unumgänglich, ganz gleich in welcher Gestalt dies geschieht. Deshalb hat beispielsweise C. G. Jung die Auseinandersetzung mit dem ›Schatten‹ als dem dunklen, normalerweise unbewußt bleibenden Persönlichkeitsteil als zum Individuationsprozeß gehörig bezeichnet. (C. G. Jung: *Die Beziehung zwischen dem Ich und dem Unbewußten.* Ges. Werke Bd. 7). Ob es sich hierbei bereits um das ›radikale Böse‹ handelt, wie Nietzsche nahelegt, bleibe dahingestellt. Offensichtlich bemüht er sich aber, das Rätsel des Bösen aufzuhellen. Wie nah er der Sache kommt, deutet der Satz an: »Um *uns* zu begreifen, müssen wir *sie* begreifen.« Da der psychologische Erkenntnisvorgang für Nietzsche immer unter den Gesichtspunkten

der Entwicklung steht, versäumt er es nicht, an den Zweck dieser Auseinandersetzung mit dem Bösen zu erinnern: Es gilt ›höher zu steigen‹;
die Begegnung mit dem Schattenphänomen könne und dürfe aber nur
eine Durchgangsstation auf dem Individuationsweg sein. Deshalb
›müssen wir über sie hinwegsteigen...‹, wenn durch sie der Mensch
nicht gefährdet werden soll.

(40)
Es war bereits davon die Rede, inwiefern mit dem ›Sichtbarwerdenlassen der physischen Wildheit‹ ein ›Stück roher Kultur‹ aus der Frühzeit
menschlicher Entwicklung in die Gegenwart hineinragt (vgl. Erläuterung zu Text 33).

(41)
Die von Nietzsche (Text 38) getroffene Bewertung des Schattenhaften
am bzw. im Menschen erfordert eine neue Einstellung zu jenen meist
am Rande der Gesellschaft lebenden Menschen, die zu Opfern ihres
eigenen Schattens geworden sind. Man wird ihnen nicht gerecht, indem man sie lediglich mit den Maßstäben der geltenden Moral mißt.
Sie wollen angenommen, rehabilitiert, reintegriert werden.

(46)
Die Seele, als die ganze ›Welt innerer Zustände‹ aufgefaßt, soll ›für alle
Nicht-Philosophen‹ – wohl auch für alle Nicht-Psychologen – ein Mysterium sein. Verliert sie etwa diesen Mysteriencharakter für den Psychologen, der immer tiefer in sie erkenntnismäßig eindringt? Sollte
nicht gerade er es sein, dem als Forscher und als Therapeut die Unaus-
lotbarkeit der Tiefendimension der Seele vor Augen tritt – und damit
das ihr eigene Mysterium, das Scham erweckt?

(49)
Im vierten Hauptstück, betitelt *Das religiöse Leben,* mit dem dieser
Abschnitt beginnt, nimmt Nietzsche das Christentum unter seine kritische Lupe. Wie wenig diese Kritik ›die‹ Religion oder ›das‹ Christentum wirklich trifft, geht bereits aus diesem Diktum hervor, in dem er
Religiosität – in erstaunlicher Nähe zu Marx übrigens! – mit einem
Narkosemittel vergleicht. Daß die Religion einst und immer wieder in
der Gefahr ist, den Menschen zu narkotisieren, statt ihn zu befähigen,
dem Übel zu widerstehen, sich selbst zu verwirklichen und die Welt zu

verändern, rechtfertigt gewiß eine Besinnung, nicht jedoch eine kurzschlüssige Gleichsetzung.

(50)
Entsprechendes gilt für jenen ›Christen‹, in dem Nietzsche das Pro-
dukt einer falschen Psychologie sieht. Die Prämisse ist fragwürdig,
denn der sonst so scharfsinnig ›Grabende‹ wird augenblicklich zum
›Untergrabenden‹, indem er nämlich das ihm begegnende, mit dem
Stigma des Niedergangs behaftete ›Christentum‹ mit jenem ursprüng-
lichen Impuls verwechselt, der durch Christus in die Welt gekommen
ist. Der relative Wahrheitsgehalt seines Diktums ist dabei immer noch
groß genug...

(51/ 52)
Auch bezüglich der Inspiration ist der in hohem Maße aus Inspirationen Schöpfende seiner Sache nicht ganz sicher. Ist das zu erörternde
Problem etwa schon dadurch begriffen, daß man mit Nietzsche unterstellt, Inspiration ersetze die ›innere Arbeit‹ oder sie sei nichts als un-
vermittelt aufleuchtender ›Gnadenschein vom Himmel‹, der durch
den gestaltenden, ordnenden, sichtenden Zugriff des künstlerisch
Schaffenden zu ersetzen wäre? – Kein Widerspruch, wenn gesagt werden soll: auch Inspiration hat ihren Preis.

(53)
Diese Ausführungen über ›Charakterbildung‹ basieren auf der Definition, die Nietzsche für den ›Freigeist‹ und für den ›gebundenen Geist‹
findet. Während der Freigeist dadurch bestimmt ist, daß er sich von
seiner Herkunft und von seiner Umgebung ablöst, zum Ausnahme-
Menschen wird, ist der gebundene Geist für Nietzsche durch Her-
kommen und Gewöhnung festgelegt. Von daher gewinnt er jenen im
Text dargestellten Gegensatz von Charakter als Bindung an festge-
legte Normen aller Art, durch die der ›charaktervolle‹ Mensch einem
Wiederholungs- oder Nachahmungszwang ausgesetzt sei, und andererseits von Individualität, die unvertauschbare Einzigartigkeit impli-
ziert. Daraus ergibt sich die Kritik an Erziehungsmaßnahmen, die die
Zerstörung des Individuellen zugunsten allgemeingültiger Normen
zum Ziel haben.

(54)

Die Überschätzung des Außerordentlichen, Hervorstechenden erfolgt nicht zuletzt infolge einer partiellen Betrachtungsweise, durch die die anderen psychischen Funktionen unberücksichtigt und unentwickelt bleiben. Die analytische Psychologie unterscheidet dominierende oder ›superiore‹ Funktionen der Anpassung und eine ›inferiore oder minderwertige Funktion‹, die weitgehend im Unbewußten bleibt (vgl. C. G. Jungs Typenlehre).

(55 – 58)

Die hier vorgetragenen kulturkritischen Aphorismen richten sich gegen eine einseitige Betonung der nach außen gerichteten Aktivität zu Lasten einer mehr introversiven Einstellung, was auf eine ›neue Barbarei‹ der gesamten Zivilisation hinauslaufe. Nietzsche liegt daran, daß Muße und Müßiggang von Faulheit deutlich unterschieden werde. Sie ist es, die den ›eigenen Brunnen‹ des schöpferischen Seelengrundes verschließt, während echte Muße Inbegriff der Kreativität ist oder doch sein kann. Nietzsches Plädoyer für eine Rückgewinnung des »beschaulichen Elements« hat an Aktualität nichts eingebüßt.

(61)

Im fünften Hauptstück, das *Anzeichen höherer und niederer Kultur* gewidmet ist (die Texte 53 – 61 sind ihm entnommen), wird wiederholt das Bild des ›eigenen, dunklen Brunnens‹ und des ›Quells der Erfahrung‹ gebraucht. Dabei handelt es sich um ein Symbol geistig-seelischer Tiefe, die aufgesucht und aus der geschöpft werden soll. Der Rat ›wandle zurück...‹ ist nicht etwa im Sinn einer Regression oder einer Flucht in vergangene Entwicklungszustände der Seele gemeint. Im Gegenteil: erst ein Wissen um die selbst errungenen und um die von der Menschheit durchschrittenen Phasen bewußtseinsgeschichtlicher Evolution vermittelt Klarheit von dem vorgesteckten Ziel. In der Tiefe des ›dunklen Brunnens deines Wesens und deiner Erkenntnisse‹ spiegeln sich die ›fernen Sternbilder‹ des Zukünftigen. Und so wichtig für Nietzsche der häufig auftauchende Typus des Jugendlichen ist, er bejaht letztlich doch jenes weisheitsvolle Leben, ›welches seine Spitze im Alter hat‹. Dieses Wissen um den Weg hin zur Reife der Erkenntnis ermutigt uns, das ›eigene Ich zu verzeihen‹, das heißt die eigene Existenz in ihrer schicksalhaften Einmaligkeit anzunehmen und unverdrossen ›vorwärts‹ zu gehen. Die Widerstände aller Art, ›die hängenden Wolken der Trübsal‹, schränken die Fülle des Lebens und Erkennens nicht etwa ein, sondern sie gewährleisten erst, die angestrebte Fülle zu erreichen.

(62)
Die Beobachtung des qualitativen Unterschieds zwischen der Abfassung von Briefen und einem Zwiegespräch trifft ein bedeutsames tiefenpsychologisches Faktum, insofern darin nicht nur das personale ›Anderssein des Anderen‹ (M. Buber) zur Geltung kommt, sondern daß sich im Dialog, im besonderen im psychotherapeutisch-analytischen Gespräch solche »Strahlenbrechungen« ereignen. Mehrfache »Spiegelungen« finden statt: Außer der Beziehung, die vom Bewußtsein des einen Partners zum Bewußtsein des andern verläuft, gibt es unter anderem solche, die vom Unbewußten zum Bewußtsein wie auch umgekehrt erfolgen. Im Zusammenhang mit der Untersuchung des Übertragungsphänomens in der Tiefenpsychologie hat C. G. Jung die psychologischen Prozesse und Beziehungsfelder eingehend beschrieben (u. a. in: *Spezielle Probleme der Psychotherapie – Die Psychologie der Übertragung,* Ges. Werke 16).

(66)
Die moderne Tiefenpsychologie hat die Einsicht Nietzsches weiter differenziert. Danach existiert im Unbewußten des Menschen jeweils ein gegengeschlechtliches Seelenbild, das sich als solches in den Produktionen des Unbewußten, z. B. im Traum als solches manifestiert, beim Mann in Gestalt der weiblichen Anima, bei der Frau in Gestalt des männlich sich artikulierenden Animus. Was die Anima des Mannes betrifft, so ist Jung zu einem ähnlichen Ergebnis wie Nietzsche gekommen, indem er die prägende Kraft und damit die Wesensart der Anima auf die Mutter zurückführte. (Emma Jung: *Animus und Anima.* Zürich 1967).

(74)
Da Nietzsche unter einem ›Freigeist‹ einen Menschen versteht, der die Fesseln der Gewöhnung aufsprengt und der so sein eigenes Selbst verwirklicht, ist die Lösung von der Mutter und von jeder Art von fürsorgender Bemutterung die unabdingbare Voraussetzung der Selbstverwirklichung. Der physisch-biologischen Geburt entspricht die seelisch-geistige Entbindung.

(81)

Was Nietzsche unter der Überschrift *Unmut über andere und die Welt* beschreibt, gehört zur Kennzeichnung des Projektionsvorgangs, der das menschlich-zwischenmenschliche Alltagsleben beherrscht. Was wir »eigentlich über uns empfinden« sollten, das bleibt sehr oft unbewußt; »wir verlieren uns selbst aus den Augen«. Damit ist eine wesentliche Voraussetzung für die Projektion der eigenen Schattenhaftigkeit auf ›andere und die Welt‹ gegeben. Dieser andere muß als Sündenbock herhalten, während die Fähigkeit zur kritischen Selbstinspektion abnimmt. Und da sich die Überzeugung festsetzt, man sei selbst im Recht oder untadelig, arbeiten wir an einer ›Umnebelung und Täuschung unseres Urteils‹. Das rational urteilende Ich wird auf diese Weise gar nicht gewahr, was eigentlich vorgeht.

(83)

Vgl. die Erläuterung zu den Texten 31 – 33.

(85)

Der Verkehr mit dem ›höheren Selbst‹, die Begegnung mit dem eigentlichen Selbst, ist gerade das Gegenteil der trügerischen Identifikation mit jenen seelischen Instanzen und Funktionen, deren sich der Mensch zwar zu bedienen hat, mit denen er sich jedoch nicht identifizieren darf, indem er sich beispielsweise mit der jeweiligen gesellschaftlichen Rolle (psychologisch: *Persona*) oder mit dem alltäglichen Ich verwechselt.

(86)

Nicht die materiale und die quantitative Fülle des Erlebten bereichert den auf dem Weg der Selbstwerdung Befindlichen, sondern die Wachheit und die Intensität, mit der selbst unscheinbare Ereignisse oder Begebenheiten erfahren und im Blick auf ihren Aussagewert verarbeitet werden.

(89)

Die Forderung der griechischen Philosophie ›Erkenne dich selbst‹ erstreckt sich nicht nur auf Konsequenzen innerhalb des rational überschaubaren Bereichs der Psyche (d.h. des Bewußtseins). Sie hat vielmehr schon bei dem Vergessenen und Verdrängten anzusetzen. Nietzsche analysiert hier zwar nicht das Verdrängungsphänomen, das wir seit Freuds Forschungen genauer kennen (S. Freud: *Zur Psychopathologie des Alltagslebens,* 1901; Ges. Werke Bd. IV), er ist sich aber darüber im klaren, daß sich von daher fortwährend ein ›Selbstbetrug‹ einschleicht, zu dessen Entstehung und Aufrechterhaltung wir selbst beitragen.

Den ›Spiegel zerbrechen‹ und ›sich in eine Person hineindichten‹ beschreibt ziemlich genau das unbewußt verlaufende Projektionsgeschehen, bei dem ein fragwürdiges ›neues Bild des Ich‹ entsteht, gleichzeitig aber echte Selbsterkenntnis unterbunden wird (vgl. Anmerkung 81).

(93/ 94)
›Seinen Schatten in Ehren halten‹ gewinnt in der Psychotherapie überall dort an Bedeutung, wo es gilt, der schattenhaften Minderwertigkeit *positive,* zur Ganzheit der Persönlichkeit gehörige Aspekte abzugewinnen und diese ›anzunehmen‹. Erst durch den Schatten tritt eine Gestalt plastisch in Erscheinung. So betrachtet erfüllt der Schatten eine wichtige Aufgabe. Er kann und soll in ein Erkenntnisorgan verwandelt werden. Daran mag Nietzsche gedacht haben, als er schrieb: »Unsere Mängel sind die Augen, mit denen wir das Ideal sehen.« Und dieses Ideal korrespondiert mit dem immer nur annäherungsweise zu verwirklichenden Selbst.

(95)
In verschiedenen seiner Aphorismen weist Nietzsche über die individuelle Psyche hinaus auf kollektive Zusammenhänge. Wenn die unmittelbare Selbstbeobachtung durch geschichtliche bzw. mythische Beispiele oder Vorbilder (Präfigurationen) bereichert werden kann, dann liegt es nahe, ähnlich motivierte Ereignisse der Vergangenheit ihres typischen Charakters wegen zur Interpretation von Produktionen des Unbewußten, etwa bei der Traumdeutung heranzuziehen. In Gestalt der sogenannten Amplifikation bedient sich die analytische Psychologie dieser Möglichkeit. »In der Amplifikationsmethode Jungs werden die einzelnen Traummotive so lange durch ein analoges, sinnverwandtes Material von Bildern, Symbolen, Sagen, Mythen usw. bereichert und dadurch in allen Nuancen ihrer Sinnmöglichkeiten, ihrer verschiedenen Aspekte aufgezeigt, bis ihre Bedeutung in völliger Klarheit aufleuchtet. Jedes einzelne so gesicherte Sinnelement wird dann wieder mit dem nächsten verknüpft, bis die ganze Kette der

Traummotive klargelegt ist und zum Schluß selber in ihrer Einheit eine letzte Verifikation erfahren kann« (Jolande Jacobi: *Die Psychologie von C. G. Jung.* Zürich 1967, S. 129).

(97)
Was Nietzsche die ›ganz hohen Dinge: Maß und Mitte‹ nennt, das gehört der Sphäre archetypischer Wirklichkeit an, wenn auf den ›Mysterien-Pfaden innerer Erlebnisse und Umkehrungen‹ die sinntragenden Kräfte des Lebens erfahren werden. »Das Erlebnis des Sinnes beruht auf dem Innewerden einer transzendentalen oder geistigen Wirklichkeit, die zur äußeren Wirklichkeit des Lebens tritt und mit ihr ein Ganzes bildet. Es ist ein Erlebnis, das in dichterischer Sprache heißt: ›Alles Vergängliche ist nur ein Gleichnis‹ und in religiöser: ›Denn was sichtbar ist, das ist zeitlich, was aber unsichtbar ist, das ist ewig‹ (2. Kor. 4, 18). Psychologisch ist es das Erkennen oder die Erfahrung zeitloser Archetypen als verborgene Anordner des Lebens...« (Aniela Jaffé: *Der Mythus vom Sinn.* Zürich 1967, S. 25 f.).

(108)
Wenngleich Nietzsches Vorstellung vom Selbst nicht ohne weiteres auf den tiefenpsychologischen Selbst-Begriff oder auf den initiatischen, durch geistig-seelische Schulung vermittelten übertragen werden kann, so kommt er doch diesen beiden immer dann besonders nahe, wo es um das Ziel, die Selbst-Verwirklichung geht. Die Erziehung, wie auch jene pädagogische Förderung oder Menschenführung kann Selbst-Erziehung, d.h. ›Erziehung‹ zum Selbst, nicht leisten oder überflüssig machen. Alle pädagogische Arbeit, jede Art der Schulung, auch die seelsorgerliche Betreuung bleibt von daher gesehen vorläufiger Natur. Sie erfolgt im Vorfeld. Die ›Mysterienpfade innerer Erlebnisse und Umkehrungen‹ (vgl. Text 97) können nur von jedem *selbst* beschritten werden. Stellvertretung ist ausgeschlossen. Was auf diesen Wegen erreicht werden kann, sind weder Wissensinhalte noch Belehrungen, sondern ausschließlich die Erfahrung des Selbst. Dabei geht es um ein geistiges Aufwacherlebnis, in dem man »sich selber entdeckt«, in dem man sein Ich durchschaut. Jetzt erst weiß der Erfahrene die Erfahrung anderer – Nietzsche nennt sie: Selbst-Erzogene – zu würdigen.

(109)

Wo die Beschwernis des Weges, die Einsamkeit des Wandernden und die Höhe des Ziels der Selbst-Werdung so ernst genommen wird wie von Nietzsche, da ist es nur folgerichtig, zu sagen, daß die Zeit noch nicht gekommen sei, in der *alle* Menschen die Freiheit des Geistes erreichen können. Vorerst ist es noch relativ Wenigen vorbehalten, die »Ketten-Krankheit« zu überwinden. Daß dem so ist, hängt nicht etwa von elitären Interessen einer aristokratischen Minderheit, gleich welcher Färbung, ab, sondern das ergibt sich letztlich aus der Tatsache, daß die von Nietzsche ins Auge gefaßte Erfahrung (vgl. Erläuterung zu Text 108), im besonderen die Selbst-Erfahrung, sich nicht beliebig weitergeben läßt. Sie ist ausschließlich Sache jedes einzelnen. Vom psychologischen Standpunkt aus betrachtet gehört die Frage nach der wahren Selbst-Werdung des Menschen zu den wichtigsten ›Errungenschaften‹ innerhalb der psychologischen Spekulation Nietzsches überhaupt, – ehe dieses Mysterienwissen in ihm jener ›Inflation‹ verfiel, deren Opfer er werden sollte.

Morgenröte

Morgenröte, wie Nietzsche seine Gedanken über moralische Vorurteile betitelte, entstand 1880/ 81, in einer Zeit, in der der schwer Leidende einen »Winter von unglaublichem Elend in Genua, abseits von Ärzten, Freunden und Verwandten« verbrachte. Wie er in einem mit autobiographischen Daten versehenen Brief an Georg Brandes am 10. April 1888 aus Turin schrieb, vermutete man zur Zeit der Abfassung der *Morgenröte,* daß sich Nietzsche in einem Irrenhaus aufhalte. Doch »nichts ist irrtümlicher. Mein Geist wurde sogar in dieser fürchterlichen Zeit erst reif... Das Buch ist eine Art ›Dynamometer‹ für mich: ich habe es mit einem Minimum von Kraft und Gesundheit verfaßt... Die Krise war überwunden« (III, 1287).

Diese biographische Notiz wird man mitzubedenken haben, wenn man die Texte auf sich wirken läßt, die sich beinahe bruchlos an die *Unzeitgemäßen Betrachtungen* anfügen.

(110 – 118)

Unter der Voraussetzung, daß Selbsterkenntnis das Ziel menschlichen Strebens und der ›ganzen Wissenschaft‹ sei (112), sind Nietzsches Äußerungen psychotherapeutischen Inhalts zu verstehen. Dazu gehört im besondern die Neubewertung des Leidens. Aus ihr resultiert die Einsicht, daß Genesung von der Krankheit etwas qualitativ anderes ist als die Beseitigung der Krankheit durch »augenblicklich wirkende, betäubende und berauschende Mittel« (113), so angenehm diese auch empfunden werden. Wer den Weg-Charakter des menschlichen Lebens und damit auch der Krankheit erkannt hat, der versteht, warum Nietzsche vor den angeblich ›kürzeren Wegen‹ (115) warnt. Er weiß etwas von einer Menschenführung, durch die die Individualität – gleichsam von innen her – geleitet wird, weshalb sogenannte ›moralische Vorschriften‹ (117), die von außen an den Menschen herangetragen werden, sich als unangemessen erweisen müssen. Das um der Selbsterkenntnis und um der Selbstwerdung willen geradezu selbstverordnete Leiden vermittelt einen neuen Blick auf die umgehende Wirklichkeit (118). Damit beginnt bereits eine Umwertung aller Werte, indem ›jene kleinen lügnerischen Zaubereien‹ als das durchschaut werden, was sie für den Gesunden im allgemeinen sind. Eine Intensivierung, eine Erweiterung und Transzendierung des Alltagsbewußtseins ist die Folge.

(119 – 122)

Auch wenn diese Aphorismen nicht im Kontext mit den früheren, etwa in den *Unzeitgemäßen Betrachtungen* behandelten Themen gelesen werden, läßt sich aus ihnen heraus verstehen, was Nietzsche unter Selbsterkenntnis versteht, nämlich nicht allein diejenige, die sich auf den vom Ich überschaubaren Bereich der Bewußtseinswelt erstreckt, sondern auch auf jene, die die ›unbekannte Welt des Subjekts‹ (120) umfaßt. Das ›sogenannte Ich‹ (119) ist eben der Mensch noch nicht in seiner Totalität. Die Triebstruktur und die in ihr sich darstellende Triebökonomie will mitberücksichtigt werden. Dabei mag es als besonders bemerkenswert erscheinen, daß Nietzsche die kompensierende Funktion des Traumes kennt; – ja, er legt damit der späteren Tiefenpsychologie sogar terminologische Formulierungen nahe (121). Was des weiteren über die dichterische Flexibilität der im Traum sich auslebenden Psyche und ihrer Interpretationskunst gesagt wird, macht offenkundig, wie sehr der Seelen-Errater des 19. Jahrhunderts der tiefenpsychologischen Forschung und Theoriebildung vorgearbeitet hat.

(124)

In *Einige Nachträge zum Ganzen der Traumdeutung* hat Freud dem Thema der Verantwortlichkeit für den Inhalt unserer Träume ein besonderes Kapitel gewidmet (Ges. Werke XIV, S. 565): »Selbstverständlich muß man sich für seine bösen Traumregungen verantwortlich halten...« Sie seien in jedem Fall ein Teil von uns. Und sollte ich das Negative in den Hervorbringungen meines Unbewußten zu leugnen suchen, so könne ich »erfahren, daß dies von mir Verleugnete nicht nur in mir ›ist‹, sondern gelegentlich auch aus mir ›wirkt‹«. Und unter Berufung auf Ludwig Binswanger bemerkt Werner Kemper *(Der Traum und seine Be-Deutung.* Hamburg 1955, S. 116): »Verdanken wir der frühen Psychoanalyse bereits die schwerwiegende Entdeckung, daß es in jeder Neurose und Psychose immer auch um das Problem der subjektiven Schuld geht, so ist in konsequenter Verfolgung dieser Entdeckung die moderne psychosomatische Medizin auf dem besten Wege, nicht nur bei den ›psychogenen‹, sondern auch bei den sogenannten organischen Erkrankungen das Schuldgefühl als wesentlichen krankheitsbedingenden Faktor anzuerkennen.«

(127/ 128)

Vgl. auch die Erläuterungen zu den Abschnitten 119 – 122.

(130)

Vgl. Anmerkung zu den Abschnitten 110 – 118.

(132)

Einem, der unter so starker Schlaflosigkeit litt wie Nietzsche, wird man abnehmen dürfen, daß er die Wohltat des Schlafs und damit die Bereicherung aus der unbewußten Sphäre heraus zu schätzen wußte.

(136 – 138)

Unablässig arbeitet Nietzsche daran, den Menschen zu sich selbst zu führen, ihn die Einsamkeit der Selbst-Erfahrung erleben zu lassen (136), ohne den ›Schüler‹ an seine Person zu binden (137), deshalb wünscht er sich »Bedürftige des Geistes«, die sich beschenken lassen, ohne daß sich der Beschenkende aufdrängen oder auch nur als Beschenkender zu erkennen geben muß.

(139)
Die ›zweite Natur‹, die Bildung und Erziehung im landläufigen Sinne vermitteln, entspricht weitgehend einem Training zur Anpassung an die Gesellschaft mit ihrer Eigengesetzlichkeit und ihrem zivilisatorischen Kanon (Über-Ich usw.) Doch damit ist noch nicht das Eigentliche erreicht, sondern bestenfalls Vorläufiges. Die Reifung der ›ersten Natur‹ beginnt dort, wo der Mensch inne wird, daß er mehr ist als nur Funktions- und Rollenträger, und wo es ihm gelingt, diese falsche Identifikation wie eine Haut abzustreifen. Man sieht, wie wichtig Nietzsche diese Aufgabe der Selbstverwirklichung nimmt.

(144)
Vgl. Anmerkung zu Abschnitt 110 ff.

Die Fröhliche Wissenschaft

Dieses dritte Aphorismenbuch (1881/ 82) nach den *Unzeitgemäßen Betrachtungen* und nach der *Morgenröte* mutet wie ein Auftakt zu Neuem an. Eine nie dagewesene Euphorie ergreift den einsamen Denker, als er im Jahre 1881 seinen ersten Sommer in Sils-Maria verbringt, in jener Gebirgslandschaft also, in der er seinem Zarathustra begegnen sollte

Der Titel *Fröhliche Wissenschaft* (la gaya scienza) verweist auf die provenzalische Tradition der Troubadoure, so sehr anders die ›Minne‹ des in das Zukünftige Verliebten auch sein mag. Alles, auch das psychologische Erspüren und Erraten muß sich in den Dienst des Kommenden stellen. So ist es kein Zufall, daß Nietzsche in diesem Präludium zu *Also sprach Zarathustra* den Verkünder des Übermenschen bereits namentlich vorstellt. Dem Kommenden muß schließlich auch die Mitteilung jenes Epochenerlebnisses zugeordnet werden, von dem der Aphoristiker in diesem Buch berichtet, nämlich die Kunde vom ›Tod Gottes‹. War die bisherige psychologische Anamnese und Bestandsaufnahme in erster Linie auf den einzelnen bezogen, so geht es bei der Ankündigung dieses »größten neueren Ereignisses« (169) um einen Tatbestand von kollektiver, die ganze Menschheit betreffender Bedeutung, wenngleich es zunächst erst wenige sind, die den sich abzeichnenden Bewußtseinsumschwung zu registrieren und seinem vollen Ausmaß nach zu erfassen vermögen.

Andere, meist schon bekannte Motive und Themen kehren in neuer Formulierung wieder, bisweilen unter einem anderen Blickwinkel betrachtet, so daß Nietzsche selbst zum Interpreten seiner Psychologie wird: wenn er beispielsweise den psychosomatischen Aspekt aufs neue zur Geltung bringt (149/ 150), wenn er die Dimension der Tiefe gegen die Verteufelung durch die ›dunklen Männer‹ (151) verteidigt oder wenn er die Unentbehrlichkeit des schattenhaften und Widerstand leistenden Bösen verständlich zu machen versucht (155; 159); wenn er die Reichweite des Unbewußten (156/ 157) mit dem Oberflächencharakter des Bewußtseins (158; 170/ 171) konfrontiert, um einer ›lächerlichen Überschätzung‹ des Bewußtseins zu wehren.

(164; 169)

Als Mitte der sechziger Jahre dieses Jahrhunderts in Amerika und dann auch in Europa das Schlagwort ›Gott ist tot‹ von Theologie und Kirche leidenschaftlich diskutiert wurde und so etwas wie eine ›Theologie nach dem Tode Gottes‹ (u. a. Dorothee Sölle) entworfen wurde, da zeigte es sich, welchen Weg die einst von Dichtern (Jean Paul) und Philosophen (Hegel; Nietzsche) ausgegebene Parole genommen hatte.

Auf den ersten Blick scheint es, daß dieses Thema im besonderen von theologischer oder religiöser Relevanz sei. Inwiefern betrifft es Nietzsche als ›Tiefenpsychologen‹? – Seit den frühen Schriften, mindestens aber seit *Menschliches, Allzumenschliches* ist bei ihm das Bestreben festzustellen, nicht allein ›Seelen-Errater‹ des Einzelmenschen zu sein, sondern auch die Menschheitsvergangenheit und dann in gesteigertem Maße die Menschheitszukunft mit seinem diagnostizierenden Blick zu durchdringen. So gesehen ist Nietzsches Rede vom ›Tod Gottes‹ der dichterische (164), dann der mehr und mehr prophetisch werdende Ausdruck (169) einer Wahrnehmung aufzufassen. Es ist die Kundgabe, dann die apokalyptische Exegese eben des »größten neueren Ereignisses«, das »seine ersten Schatten über Europa zu werfen beginnt«. Und wenn Ivo Frenzel im aufschlußreichen Nachwort zu seiner zweibändigen Nietzsche-Ausgabe (München 1973, Bd. II, S. 731) davon spricht, daß die Gott-ist-tot-Parole den Hauptschlüssel zum Verständnis des gesamten Werkes liefere, dann kann diese Auffassung angesichts unserer speziellen Fragestellung bestätigt werden. Nietzsche räumt selbst ein: »Das Ereignis selbst ist viel zu groß, zu fern, zu abseits vom Fassungsvermögen vieler, als daß auch nur seine Kunde schon angelangt heißen dürfte...«

Es bedurfte also des überempfindlichen Sensoriums eines Menschen, der in der Lage war, jenen Umbruch im Bewußtseinsprozeß der modernen Menschheit wahrzunehmen. Zweifellos ist die These und der ihr zugrunde liegende Tatbestand unterschiedlicher Auslegung zugänglich. Es wird aber nicht zu leugnen sein, daß Nietzsche zu den Allerersten gehörte, die einen immer stärker um sich greifenden Schwund an originärer religiöser Erfahrung festgestellt haben, wodurch die Gültigkeit der traditionellen Werte und Normen auf allen Gebieten in Frage gestellt wurde. Es entstand jenes in unseren Tagen oft beschriebene geistig-seelische, somit auch auf das religiöse Leben und auf die Sinnfrage übergreifende Vakuum, das zu Fluchtbewegungen und Ersatzhandlungen aller Art geführt hat. Zweifellos hat Nietzsche einen, vielleicht den entscheidenden neuralgischen Punkt bezeichnet, ohne dessen Berücksichtigung eine geistige Standortbestimmung ebensowenig möglich ist wie das psychotherapeutische Handeln am Einzelmenschen, ganz zu schweigen von äußeren Modernisierungsbestrebungen der Kirchen, die diese Diagnose vom ›Tode Gottes‹ und seiner Bewältigung zu wenig beachten (ausführlicher: Gerhard Wehr: *C. G. Jung und das Christentum*. Olten-Freiburg: Walter Verlag 1975).

Also sprach Zarathustra

»Zarathustra – 1883 bis 1885 (jeder Teil in ungefähr zehn Tagen. Vollkommener Zustand eines ›Inspirierten‹. Alles unterwegs auf starken Märschen konzipiert: absolute Gewißheit, als ob jeder Satz einem zugerufen wäre. Gleichzeitig mit der Schrift größte körperliche Elastizität und Fülle –).«

187

Dies meldet Nietzsche in dem schon erwähnten Brief aus dem Jahr 1888 an Georg Brandes (III, 1285).

In dieser seiner bedeutendsten philosophischen Dichtung *Also sprach Zarathustra* hört Nietzsche nicht auf, ›Tiefenpsychologe‹ zu sein. Worin sein Auftrag besteht, wird in der einleitenden ›Zarathu-stra-Vorrede‹ so zum Ausdruck gebracht: »Ich muß in die Tiefe stei-gen.« – ›Zarathustras Untergang‹ ist ein Gang in die Tiefe, und zwar um all jener Menschen willen, die er ebenso reich beschenken will, wie die abendliche Sonne, die im Horizont versinkt, indem sie die Welt in ihr goldenes Licht taucht. Und Zarathustra will als Dichtung ein sol-ches Geschenk sein, insofern ihre Titelgestalt den Übermenschen als den ›Sinn der Erde‹ lehrt, jener Erde, der der Mensch treu sein muß, wenn er seiner Bestimmung folgen will.

C. G. Jung, der – wie erwähnt – bei aller psychologisch begründeter Distanz dem Werk Nietzsches im allgemeinen, seinem *Zarathustra* im besonderen große Beachtung geschenkt hat, erblickt in der Titelge-stalt die Inkarnation eines überlegenen Geistes, der sich als Verkünder von Nietzsches eigener ›dionysischer Erleuchtung und Entzückung‹ präsentiert: »Zarathustra ist für Nietzsche mehr als poetische Figur, er ist ein unwillkürliches Bekenntnis. Auch er hat sich in den Dunkelhei-ten eines gottabgewandten, entchristlichten Lebens verirrt und darum trat zu ihm der Offenbarende und Erleuchtende, als redender Quell seiner Seele. Daher stammt die hieratische Sprache des *Zarathustra,* denn das ist der Stil dieses Archetypus...« (Ges. Werke 9, I, S. 47). Dabei ist zu bemerken, daß Archetypen als zu allen Zeiten in der Menschheit wirkende urtümliche ›Bilder‹ sowohl einen positiven, auf-bauenden, als auch einen negativ-störenden Aspekt haben.

Was es bei Nietzsche mit diesem Archetypus auf sich hat, wird in Jungs Typenlehre u. a. so erläutert:

»Sein [Nietzsches] Zarathustra hebt die Inhalte des kollektiven Un-bewußten unserer Zeit überhaupt ans Licht, daher wir auch bei ihm die entscheidenden Grundzüge finden: die ikonoklastische Empörung ge-gen die herkömmliche Moralatmosphäre und das Aufnehmen des ›häßlichsten‹ Menschen, das bei Nietzsche zu jener in Zarathustra sich darstellenden, erschütternden unbewußten Tragödie führt. Was aber schöpferische Geister aus dem kollektiven Unbewußten heraufholen, das ist wirklich auch darin und tritt darum auch als massenpsychologi-sche Erscheinung früher oder später zutage... Darum können uns die Dichter nicht kalt lassen, denn in ihren Hauptwerken und in ihren tief-

sten Inspirationen schöpfen sie aus den Tiefen des kollektiven Unbewußten und sprechen laut aus, was andere nur träumen« (Ges. Werke
6, S. 203 f.).

Jenseits von Gut und Böse

Als ein »Vorspiel zu einer Philosophie der Zukunft«, ebenso unsyste-
matisch konzipiert wie seine vorausgegangenen Werke, wollte Nietzsche seine Aufzeichnungen aus dem Jahre 1886 aufgefaßt wissen. Was
die psychologisch-tiefenpsychologischen Gesichtspunkte anlangt, so
wird nun – in enger Verbindung mit Nietzsches zumindest ins Auge ge-
faßter *Entwicklungslehre des Willens zu Macht* (181; 184) – mit aller
Deutlichkeit ausgesprochen, in welche Dimensionen der Tiefe vorzustoßen sei, damit die Psychologie »nunmehr wieder der Weg zu den
Grundproblemen« (181) werden könne. Darüber hinaus gilt es zwei
verschiedene Betrachtungsweisen und Kriterien der Bewertung zu unterscheiden: die im Vordergründigen bleibende, von außen kom-
mende exoterische Sicht und die esoterische, die die Wirklichkeit von
der Innenerfahrung her, aber zugleich auch von »höherer Warte« aus
zu beurteilen vermag (182). Die Skepsis, die der psychologisierende
Denker den Bewußtseinsakten entgegenbringt, erfährt nochmals eine
Steigerung, wenn er sich dafür ausspricht, daß das Leben weitgehend
von *unbewußter* Aktivität und Produktivität geleitet sei, wodurch
selbst das Denken erst durch seine Abhängigkeit von der Instinkt-Tä-
tigkeit als das erkannt werden kann, was es von seiner Basis her ist
(197). So bahnt er sich unter anderem auch einen Zugang zum Wesen
der Geschlechtlichkeit, die offensichtlich weder auf Körperpartien
oder auf gewisse Bezirke der Leiblichkeit zu beschränken ist, sondern
die mit menschlicher Ganzheit zusammenhängt und begründet ist,
weshalb sie ›bis in den letzten Gipfel des Geistes‹ hinaufreicht (191).
Umgekehrt gilt es, die ›unbelehrbare‹ und damit zutiefst konservative
Instanz des Menschen ›da unten‹ zu respektieren, wenn Selbsterkenntnis erreicht werden soll (201). Der Schritt zu rassetheoretischen
Folgerungen und Praktiken, die erst im 20. Jahrhundert schaurige
Wirklichkeit werden sollten, ist für Nietzsche freilich naheliegend
(202).

Nietzsches eigener Bestimmung zufolge ist das in großer Eile in den Julitagen des Jahres 1887 niedergeschriebene Buchmanuskript als »Ergänzung und Verdeutlichung« des vorausgegangenen Buches *Jenseits von Gut und Böse* gedacht.

Daß Nietzsches genealogische Erklärung der Moral Elemente enthält, die als Beiträge zu einer Deutung der Bewußtseinsgeschichte des Menschen und seiner psychischen Gefährdung herangezogen werden können, mögen die gebotenen Textausschnitte veranschaulichen (z. B. 206). Der vom Autor längst angetretene Angriff auf das ›Priestertum‹ und dessen moralische Normensetzung verschärft sich (208). Lange bevor die heutigen Analytiker ihre Befunde zu einer religiösen Psychopathologie formulierten, wußte Nietzsche um die ekklesiogene, d.h. um die durch die Kirche, ihre Verkündigung und Bußpraxis bedingte Neurose bei Ungezählten. Aus dem Kranken wurde der als ›Sünder‹ gebrandmarkte Mensch (208). Kein Wunder, daß der Psychotherapeut den Seelsorger alten Stils inzwischen vielfach abgelöst hat; kein Wunder auch, daß der Argwohn des ›Priesters‹ dem psychotherapeutischen Handeln und aller Psychologie im Jahrhundert nach Nietzsche noch keinesfalls überwunden ist.

Götzen-Dämmerung

Diese *Streifzüge eines Unzeitgemäßen,* wie der Verfasser der *Götzen-Dämmerung* wenige Monate vor dem Ende seines bewußten Lebens diese Aphorismensammlung betitelt, setzen die psychologische Argumentationsweise fort. Hier beschränken wir uns auf einige wenige Passagen, die geeignet erscheinen, an frühere Gedankengänge anzuknüpfen. Nietzsche blickt selbst auf die Anfänge zurück, wenn er z. B. sich nochmals um die Klärung seines Gegensatzpaares des Dionysischen und des Apollinischen bemüht (211 vgl. auch 247). So mißverständlich auf den ersten Blick das ist, was Nietzsche (212) über den Verbrecher als ›Typus des starken Menschen‹ sagt, so wichtig ist das

Exempel Goethes (215), an dem deutlich wird, wie sehr auch noch dem späten Nietzsche an der ›Disziplinierung zur Ganzheit‹ des Menschen gelegen ist, an dem Streben nach einer ›Totalität‹, in der Vernunft und Sinnlichkeit, Gefühl und Wille bis in die Gründe und Abgründe des Instinktlebens hinein nach Integration verlangen. Damit ist das durchgängige Thema der Selbst-Werdung bis ins Spätwerk hinein nachweisbar. Auf keinen anderen als auf ihn, den ›frei gewordenen Geist‹, blickt Nietzsche hin.

Die Tragik des ›mit dem Hammer‹ philosophierenden, psychologisierenden Seelenerraters ist freilich nicht zu übersehen: Einerseits will er den Menschen zu seinem unvertauschbaren Selbst führen, auf dem ›heiligen Weg‹, der Schmerz und Leiden sowie alle Tiefen menschlicher Existenz bewußt einschließt, selbst die Integrationsaufgabe des Schattenhaft-Bösen; auf der anderen Seite orientiert sich der Philosoph der Zukunft an einer ›Psychologie des Orgiasmus‹ als eines überströmenden Lebens und Kraftgefühls. Als ›letzter Jünger des Philosophen Dionysos‹ bekennt er sich, als ›Lehrer der ewigen Wiederkehr‹. Seine Zurückweisung des Christlichen ist somit radikal und nun nicht mehr allein auf die Erscheinungsform zu seiner Zeit beschränkt. Die ›ewige Wiederkunft des Gleichen‹ auf der einen Seite und auf der anderen die Verklärung von Erde und Mensch im Zeichen des christlichen Wandlungsmysteriums von Tod und Auferstehung schließen sich prinzipiell gegenseitig aus. Dionysos hat endlich über Christus gesiegt, der ›Antichrist‹ über den »Gekreuzigten«. Der seit langem angekündigte »Tod Gottes« ist perfekt.

Nietzsche contra Wagner

Wenngleich es sich in dieser kleinen Arbeit um eine späte Abrechnung mit Wagner handelt, von der Nietzsche in der an Weihnachten 1888 in Turin geschriebenen Vorrede behauptet, daß einige Kapitel darin bis auf das Jahr 1877 zurückgehen, so ist doch der Untertitel nicht zu übersehen: *Nietzsche contra Wagner* hat der Autor hier ausdrücklich als ›Aktenstücke eines Psychologen‹ deklariert. Das hinderte ihn jedoch nicht, in Übereinstimmung mit den schon bekannten Gedankengängen seine Einwände gegen die Wagnersche Musik als ›physiologische Einwände‹ auszugeben, physiologische statt nur ästhetische. Im übrigen erscheint ihm ausgemacht: »Ästhetik ist ja nichts als eine angewandte Physiologie« (II, 1041).

Die beiden Textbeispiele mögen genügen, um zu zeigen, wie sehr dieses reduktive Denken durch die Existenz des Philosophen bestimmt ist, zumal dies von den vorausgegangenen Aphorismen her hinreichend bekannt ist.

Ecce Homo

Das Stundenglas des großen Analytiker, Entlarvers und Umwerters aller Werte ist beinahe abgelaufen. Die Nähe seines Endes dokumentiert sich in diesen in ihrer Art faszinierenden, von innerer Geschlossenheit geprägten autobiographischen Aufzeichnungen. Wer zögert, *Ecce Homo* als eine Art von Selbstanalyse zu bezeichnen, der wird in seinem Zweifel durch die geradezu inflatorische Selbsteinschätzung Nietzsches bestärkt. Wie den nachgelassenen Papieren zu entnehmen ist (z. B. 246), hat er es ausdrücklich abgelehnt, sich einer Selbstanalyse zu unterziehen. Dieser »Psychologe, der nicht seinesgleichen hat« (221), legt nun besonderen Wert auf die Feststellung, daß ihm die Fähigkeit des ›Um-die-Ecke-Sehns‹ eignet (II, 1071) und daß seine ›psychologischen Fühlhörner‹ (219) ihm dank einer Physis zugewachsen seien, die eine bestimmte, sorgfältig zu beachtende Diät verlangt. Auch darüber gibt sich der Autobiograph Rechenschaft, denn ›alle Vorurteile kommen aus den Eingeweiden‹ (II, 1085). Als einer, der »selbst in Zeiten schwerer Krankheit nicht krankhaft geworden« sei (II, 1097) fordert Nietzsche: »Diese kleinen Dinge – Ernährung, Ort, Klima, Erholung, die ganze Kasuistik der Selbstsucht – sind über alle Begriffe hinaus wichtiger als alles, was man bisher wichtig nahm. Hier gerade muß man anfangen, *umzulernen*« (II, 1096). Erst auf dieser physiologischen Basis ist dem Philosophen mit dem Hammer die ›Formel der höchsten Bejahung‹ (223) geschenkt worden.

Zu den bemerkenswertesten Einsichten, die Nietzsche seiner

Ecce-Homo-Schrift anvertraut, gehört sicher die Charakteristik der Inspiration als Vorgang und als Widerfahrnis (225). Dieser Text, der an innerer Evidenz und Wirklichkeitsnähe kaum etwas zu wünschen übrig läßt, löst freilich durch die im Nachsatz sich manifestierende Selbstüberschätzung (»ich zweifle nicht, daß man Jahrtausende zurückgehn muß...«) Widerspruch aus. Doch damit rechnet der Autor. Ja, als ›Immoralist‹ ruft er geradezu die ganze Menschheit zum Widerpart auf (226). Er ist es zufrieden, als Psychologe seiner Geistesart ›der Erste‹ zu sein und dabei dem ›Ekel am Menschen‹ zum Opfer zu fallen – um des prophezeiten Übermenschen willen...

Aus dem Nachlaß

Was die nachgelassenen, oft fragmentarischen Aufzeichnungen betrifft, so ist bezüglich der Entstehungszeit, der Erstpublikation usw. auf die detaillierten Angaben zu verweisen, die Karl Schlechta im Anhang seiner dreibändigen Nietzsche-Edition als »philologischen Nachbericht« (III, 1383 ff.) gibt.

Inhaltlich gesehen stellen diese nachgelassenen Texte unserer Auswahl eine Art Nachlese dar. Teilweise muten sie wie Vorstudien oder Modifikationen zu den bereits bekannten Äußerungen an. Bisweilen wird der Entlarver zum Agitator gegen die ›ungeheuere Fälschung der Psychologie des bisherigen Menschen‹ (239) oder gegen die ›Reue und ihre rein psychologische Behandlung‹ (242). Getroffen werden sollen die Hüter und Gefolgsleute einer zum Untergang reifen Moral, damit ›mehr Gesundheit der Seele‹ (243) entstehe, wo zuvor das ›Siechtum der Selbsttortur‹ geherrscht hat. Wohin Nietzsche letztlich strebt, darüber läßt er auch in diesen Fragmenten keinen Zweifel aufkommen: »Zuletzt handelt es sich gar nicht um den Menschen: er soll überwunden werden« (257). Auch der Zufall kann dem Kommenden, vorzubereitenden Neuen dienen, insofern er das ›Aufeinanderstoßen der schaffenden Impulse‹ (258) der Evolution zum Übermenschen hin in Kraft setzt.

Zeittafel

1844 15. Oktober: Friedrich Wilhelm Nietzsche wird in Röcken bei Lützen als erstes Kind des Pfarrers Karl Ludwig Nietzsche und dessen Ehefrau Franziska, geborene Oehler, geboren.

1849 Tod des Vaters.

1850 Übersiedelung der Familie nach Naumburg; Besuch der Knaben-Bürgerschule, dann des Domgymnasiums.

1858 In der Landesschule Pforta.

1864 Abitur. Beginn des Studiums – zwei Semester Philologie und Theologie in Bonn.

1865 Ab Herbst vier Semester Philologie in Leipzig. Erste Bekanntschaft mit dem Werk Schopenhauers.

1868 Erste persönliche Begegnung mit Richard Wagner in Leipzig.

1869 13. Februar: Der noch nicht promovierte Nietzsche wird zum außerordentlichen Professor der klassischen Philologie an der Universität Basel ernannt.
23. März: Erteilung des Doktordiploms ohne jede Prüfung, lediglich auf Grund der bereits publizierten philologischen Arbeiten, durch die Universität Leipzig.
28. Mai: Antrittsvorlesung über *Homer und die klassische Philologie* (III, 155 ff).

1870 9. April: Beförderung zum ordentlichen Professor in Basel.
11. August: Beurlaubung für den Sanitätsdienst.
7. September: An der Ruhr erkrankt.

1871 Regelmäßig wiederkehrende Erschöpfungszustände; deshalb zeitweise beurlaubt.

1872 *Die Geburt der Tragödie aus dem Geiste der Musik* (1869/71 entstanden).

1873 *Unzeitgemäße Betrachtungen.*
/76

1876 Nietzsche in Bayreuth. Oktober/November: Letztes Zusammensein mit Wagner in Sorrent.

1876 *Menschliches, Allzumenschliches.* – Das Augen- und Kopfleiden ver-
/78 schlimmert sich.

1878 Bruch mit Wagner.

1879 2. Mai: Entlassungsgesuch an den Regierungspräsidenten von Basel infolge der angegriffenen Gesundheit. Abschied von Basel.

1880 März – Juni: Erster Aufenthalt in Venedig.
Ab November: Erster Winter in Genua.

1880 *Morgenröte.*
/81

1881 Erster Sommeraufenthalt in Sils-Maria.

1881 *Die Fröhliche Wissenschaft.*
/82

1882 Freundschaft mit Lou Salomé.
1883 *Also sprach Zarathustra.*
 /85
1884 *Jenseits von Gut und Böse* (Druck 1886).
 /85
1887 *Genealogie der Moral.*
1888 April: Erster Aufenthalt in Turin.
     Der Däne Georg Brandes hält an der Universität Kopenhagen Vorlesungen über den Philosophen Friedrich Nietzsche.
     Mai – August: *Der Fall Wagner.*
     Abschluß der *Dionysos-Dithyramben.*
     August – September: *Götzendämmerung* (Erstausgabe Januar 1889).
     Ecce homo (Erstausgabe 1908).
1889 Januar: Zusammenbruch in Turin. Einlieferung in die Nervenklinik in Basel. Diagnose: Paralysis progressiva. Dann Aufnahme in die Nervenklinik Jena.
1890 Der Kranke wird von der Mutter in Naumburg gepflegt.
1897 Nach dem Tod der Mutter Übersiedelung mit der Schwester nach Weimar.
1900 25. August: Nietzsche stirbt in Weimar.

Bibliographische Hinweise

Eine bibliographische Übersicht, die die wichtigste Nietzsche-Literatur bis 1966 berücksichtigt und Hilfsmittel, Erstausgaben, Gesamtausgaben, Briefwechsel, Gesamtdarstellungen sowie Einzeluntersuchungen umfaßt, ist enthalten in
Ivo Frenzel: *Friedrich Nietzsche in Selbstzeugnissen und Bilddokumenten* (Rowohlt Monographie 115). Reinbek 1966.

I. Gesamtausgaben der Werke

Werke. 16 Bände. Leipzig 1895 – 1904 (erste Gesamtausgabe).
Kröner-Taschenausgabe, 12 Bände. Leipzig 1930 ff.
Musarion–Ausgabe, 23 Bände. München 1920 – 1929.
Historisch-kritische Gesamtausgabe der Werke und Briefe (Hg. vom Nietzsche-Archiv). München 1933 ff.
Werke, 3 Bände. Hg. von Karl Schlechta, 2. durchges. Aufl. München 1960; 7. Aufl. 1973.
Sämtliche Werke. (Dünndruckausgabe). Stuttgart 1965.
Werke. Kritische Gesamtausgabe. Hg. von Giorgio Colli und Mazzino Montinari. Berlin 1967 f.
Gesammelte Briefe, 5 Bände. Berlin-Leipzig 1900 ff.

II. Sekundärliteratur (Auswahl)

Andreas-Salomé, Lou: *Friedrich Nietzsche in seinen Werken* (1894) Dresden 1924.
Dies.: *Lebensrückblick*. Hg. von E. Pfeiffer. Zürich-Wiesbaden 1951.
Bäumler, Alfred: *Nietzsche, der Philosoph und Politiker*. 3. Aufl. Leipzig 1937.
Barthel, Ernst: *Nietzsche als Verführer*. Baden-Baden 1947.
Baudouin, Charles: *Nietzsche as a Forerunner of Psychoanalysis*, in: *Contemporary Studies*. London 1924, S. 40 ff.
Benz, Ernst (Hg.): *Der Übermensch*. Eine Diskussion. Zürich 1961.
Bertram, Ernst: *Nietzsche, Versuch einer Mythologie*. Berlin 1929; 8. Aufl. Bonn 1965.
Brock, Werner: *Nietzsches Idee der Kultur*. Bonn 1930.
Bubnoff, Nicolai von: *Nietzsches Kulturphilosophie und Umwertungslehre*. Leipzig 1924.

Bueb, Bernhard: *Nietzsches Kritik der praktischen Vernunft.* Stuttgart 1970.

Cysarz, Herbert: *Von Schiller zu Nietzsche.* Halle 1928.

Ellenberger, Henry F.: *Die Entdeckung des Unbewußten. (The Discovery of the Unconscious)* Aus dem Amerikanischen von Gudrun Theusner-Stampa. Bern-Stuttgart-Wien 1973; hier speziell Band I, S. 373-385: »Prophet einer neuen Ära – Nietzsche«.

Fink, Eugen: *Nietzsches Philosophie.* 2. Aufl. Stuttgart 1968.

Fischer-Dieskau, Dietrich: *Wagner und Nietzsche.* Stuttgart 1974.

Förster-Nietzsche, Elisabeth/Lichtenberger, Henri: *Nietzsche und sein Werk.* Dresden 1929.

Frenzel, Ivo: *Friedrich Nietzsche in Selbstzeugnissen und Bilddokumenten.* Reinbek 1966 (Rowohlt Monographie 115).

Freyer, Hans: »Nietzsche«, in: *Die Großen Deutschen,* Band 4. Berlin 1935.

Gerber, Hans Erhard: *Nietzsche und Goethe.* Studien zu einem Vergleich. (Philos. Dissertation) Bern 1972.

Greiner, Bernhard: *Friedrich Nietzsche.* Versuch und Versuchung in seinen Aphorismen. München 1972.

Heidegger, Martin: *Nietzsche.* 2 Bände. Pfullingen 1961.

Heller, Erich: *Nietzsche.* Frankfurt 1964 (Edition Suhrkamp 67).

Heller, Peter: *Von den ersten und letzten Dingen.* Studien und Kommentar zu einer Aphorismenreihe von Friedrich Nietzsche. Berlin/New York 1972.

Hofmiller, Josef: *Nietzsche.* Lübeck 1953.

Howald, Ernst: *Friedrich Nietzsche und die klassische Philologie.* Gotha 1920.

Jaspers, Karl: *Nietzsche.* Einführung in das Verständnis seines Philosophierens (1936). 3. Aufl. Berlin 1950.

Ders.: *Nietzsche und das Christentum.* Hameln 1947.

Jünger, Friedrich Georg: *Nietzsche.* Frankfurt/Main 1949.

Kaufmann, Walter: *Nietzsche, Philosopher – Psychologist – Antichrist.* Princeton 1950.

Klages, Ludwig: *Die psychologischen Errungenschaften Nietzsches.* Leipzig 1926; 3. Auflage Bonn 1958.

Köster, Peter: *Der sterbliche Gott.* Nietzsches Entwurf übermenschlicher Größe. Meisenheim 1972.

Landmann, Michael: »Geist und Leben«. *Varia Nietzscheana.* Bonn 1951.

Lessing, Theodor: *Schopenhauer – Wagner – Nietzsche.* Einführung in moderne deutsche Philosophie. München 1906.

Litt, Theodor: »Nietzsche und die Philosophie des Lebens«, in: *Handbuch der Philosophie.* München 1931.

Löwith, Karl: *Nietzsches Philosophie der ewigen Wiederkunft des Gleichen.* Berlin 1935.

Ders.: *Von Hegel bis Nietzsche.* Zürich 1941; Stuttgart 1950.

Ders.: *Gott, Mensch und Welt in der Metaphysik von Descartes bis zu Nietzsche.* Göttingen 1967.

Mann, Thomas: *Nietzsches Philosophie im Lichte unserer Erfahrung.* Berlin 1948.

Mittasch, Alwin: *Friedrich Nietzsche als Naturphilosoph.* Stuttgart 1952.

Müller-Lauter, Wolfgang: *Nietzsche.* Seine Philosophie der Gegensätze und die Gegensätze seiner Philosophie. Berlin/New York 1971.

Nigg, Walter: *Prophetische Denker.* Zürich 1957.

Pannwitz, Rudolf: *Einführung in Nietzsche.* München 1920.

Pfeiffer, Ernst (Hg.): *F. Nietzsche, P. Reé, Lou Salomé.* Frankfurt/M. 1970.

Podach, Erich F.: *Nietzsches Zusammenbruch.* Heidelberg 1930; 1961.

Ders.: *Friedrich Nietzsches Werke des Zusammenbruchs.* Heidelberg 1961.

Pütz, Peter: *Friedrich Nietzsche.* Stuttgart 1967.

Prinzhorn, Hans: *Nietzsche und das XX. Jahrhundert.* Heidelberg 1928.

Reé, Paul: *Der Ursprung der moralischen Empfindungen.* Chemnitz 1875.

Reininger, Robert: *Friedrich Nietzsches Kampf um den Sinn des Lebens.* Der Ertrag seiner Philosophie für die Ethik. Wien 1925.

Röttges, Heinz: *Nietzsche und die Dialektik der Aufklärung.* Berlin/New York 1972.

Rohrmoser, Günter: *Nietzsche und das Ende der Emanzipation.* Freiburg/Brg. 1971.

Rosenberg, Alfred: *Friedrich Nietzsche.* München 1944.

Schestow, Leo: *Dostojewski und Nietzsche.* Philosophie der Tragödie. Berlin 1928.

Schilling, Kurt: *Nietzsches Schicksal und Werk.* Leipzig 1940 (Archiv für Religionswissenschaft Nr. 36).

Schipperges, Heinrich: *Am Leitfaden des Leibes.* Zur Anthropologik und Therapeutik Friedrich Nietzsches. Stuttgart 1975 (Edition Alpha).

Schlechta, Karl: *Der Fall Nietzsche.* München 1959.

Schlechta, Karl und Anders, Anni: *Nietzsche.* Von den verborgenen Anfängen seines Philosophierens. Stuttgart 1965.

Schubart, Walter: *Dostojewski und Nietzsche.* Luzern 1939.

Seidmann, Peter: *Der Weg der Tiefenpsychologie in geistesgeschichtlicher Perspektive.* Zürich-Stuttgart 1959.

Seidmann, Peter: »Die perspektivische Psychologie Nietzsches. Eine geistesgeschichtliche Studie«, in: *Die Psychologie des 20. Jahrhunderts,* Band I: »Die europäische Tradition«, hg. von Heinrich Balmer. Zürich 1976.

Simmel, Georg: *Schopenhauer und Nietzsche.* Leipzig 1907.

Steiner, Rudolf: *Friedrich Nietzsche, ein Kämpfer gegen seine Zeit.* Weimar 1895; 3, Auflage (Gesamtausgabe) Dornach/Schweiz 1963.

Ulmer, Karl: *Nietzsche.* Einheit und Sinn seines Werks. Bern/München 1962.

Ulrich, Hans Günter: »Anthropologie und Ethik bei Friedrich Nietzsche. Interpretationen zu Grundproblemen theologischer Ethik«. München 1975 *(Beiträge zur evangelischen Theologie,* Band 68).

Vaihinger, Hans: *Nietzsche als Philosoph.* Berlin 1902.

Vetter, August: *Nietzsche.* München 1926.

Volkmann-Schluck, Karl Heinz: *Leben und Denken.* Interpretationen zur Philosophie Nietzsches. Frankfurt/Main 1968.

Wenzl, Alois: »Nietzsche, Versuchung, Verhängnis und Aufgabe«. Berlin 1950/51 *(Philosophische Studien* 2).

Wolff, Hans M.: *Friedrich Nietzsche.* Der Weg zum Nichts. Bern 1956.

Wolff, Paul: *Friedrich Nietzsche und das christliche Ethos.* Regensburg 1946.

Anmerkungen

1 Sigmund Freud: *Vorlesungen zur Einführung in die Psychoanalyse* (1916-17) in: Studienausgabe. Frankfurt/Main 1969, S. 284.

2 Der Begriff des Übermenschen, der nach allgemeiner Auffassung so gut wie ausschließlich mit Nietzsche in Verbindung gebracht wird, reicht bis in neu-testamentlich-frühchristliche Ansätze zurück. Seitdem spielt er in Anthro-pologie und Geistesgeschichte eine wichtige Rolle. Vgl. Ernst Benz (Hg.): *Der Übermensch,* Zürich-Stuttgart 1961.

3 Ernst Bloch: *Das Prinzip Hoffnung.* Frankfurt/Main 1959, S. 1115.

4 Rudolf Steiner: *Die Rätsel der Philosophie in ihrer Geschichte als Umriß dar-gestellt* (1914). Stuttgart 1955, S. 545.

5 Nietzsche im Brief vom 11. Juni 1865 an seine Schwester Elisabeth III, 953.

6 Walter Nigg: *Prophetische Denker.* Zürich 1957, S. 461.

7 Friedrich Nietzsche: *Aus dem Nachlaß der Achtzigerjahre* III, 662.

8 Leopold Zahn: *Friedrich Nietzsche, eine Lebenschronik.* 1950, S. 283.

9 Walter Nigg a.a.O. S. 461 f.

10 Friedrich Nietzsche: Aus dem Nachlaß III, 453.

11 Heinrich Schipperges: *Am Leitfaden des Leibes* – Zur Anthropologik und Therapeutik Friedrich Nietzsches. Stuttgart 1975 (Edition Alpha), S. 20: »In seiner Schule des Verdachts darf Nietzsche sich prinzipiell aller nur mög-lichen Disziplinen bedienen: Er ist jener ›alte Philologe‹, der nun einmal ein-fach ›von der Bosheit nicht lassen kann‹, auf schlechte Interpretationskünste den Finger zu legen« (II,586). Er ist der Psychologe, dem die Psychologie als ›Weg zu den Grundproblemen‹ dient und damit zur Herrin der Wissenschaft wird, ›zu deren Dienste und Vorbereitung die übrigen Wissenschaften da sind‹ (II, 587). Er will vor allem aber der Physiologe sein, der Wissende um die Physis, das Physische der ›Natur‹ und des ›eigenen Lebens‹. Seine letzten Fragen sind ›nicht aus der Metaphysik, sondern der Tier-Physiologie ge-nommen‹ (III, 906).«

12 Vgl. Gerhard Wehr: *Martin Buber in Selbstzeugnissen und Bilddokumenten.* Reinbek 1968 (Rowohlt Bildmonographie 147), S. 18 f.

13 Ludwig Klages: *Die psychologischen Errungenschaften Nietzsches* (1926) 3. Aufl. Bonn 1958, S. 11.

14 Sigmund Freud: *Selbstdarstellung.* Schriften zur Geschichte der Psychoana-lyse. Hg. und eingeleitet von Ilse Grubrich-Simitis. Frankfurt/Main (Fi-scherbücherei 6096), S. 87.

15 Sigmund Freud, a.a.O.

16 Vgl. Max Schur: *Sigmund Freud – Leben und Sterben.* Frankfurt/Main 1973, S. 243 f.

17 Lou Andreas-Salomé: *In der Schule bei Freud.* Tagebuch eines Jahres 1912/13. Aus dem Nachlaß hg. von Ernst Pfeiffer. München (Geist und Psy-che 2014) 1965.

18 Sigmund Freud/Arnold Zweig: *Briefwechsel.* Hg. von Ernst L. Freud. Frankfurt/Main 1969, S. 35 f. Vgl. hierzu Max Schur: *Sigmund Freud* S. 20 f.

19 Freud/Zweig: *Briefwechsel* S. 37

20 Henry F. Ellenberger: *Die Entdeckung des Unbewußten.* (Aus dem Amerikanischen von Gudrun Theuser-Stampa). Bern-Stuttgart-Wien 1973, Bd. I, S. 73 – 385: Prophet einer neuen Ära – Nietzsche.

21 Peter Seidmann: *Die perspektivische Psychologie Nietzsches.* Eine geistesgeschichtliche Studie; in: Die Psychologie des 20. Jahrhunderts, Band I hg. von Heinrich Balmer. Zürich 1976, Anmerkung 6. – Vgl. auch Peter Seidmann: *Der Weg der Tiefenpsychologie in geistesgeschichtlicher Perspektive.* Zürich 1959.

22 Alfred Adler: *Über den nervösen Charakter* (1912). Frankfurt/Main 1972 (Fischerbücherei 6174), S. 32.

23 Manès Sperber: *Alfred Adler oder das Elend der Psychologie* (1970). Frankfurt/Main (Fischerbücherei 6139), S. 78.

24 Alfred Adler/Carl Furtmüller: *Heilen und Bilden.* Ein Buch der Erziehungskunst für Ärzte und Pädagogen (1913), zit. bei Josef Rattner: *Alfred Adler in Selbstzeugnissen und Bilddokumenten.* Reinbek 1972 (Rowohlt Bildmonographie 189), S. 82

25 Josef Rattner a.a.O. S. 124.

26 Manès Sperber: *Alfred Adler* S. 75.

27 Ders., a.a.O. S.154.

28 Von seinem 11. Lebensjahr an besuchte Jung das Gymnasium in Basel. Er studierte von 1895 bis 1900 an der dortigen Universität. Nietzsche war 1869 bis 1879 Professor der klassischen Philologie an der Basler Universität. Vgl. auch Gerhard Wehr: *C. G. Jung in Selbstzeugnissen und Bilddokumenten.* Reinbek 1969 (Rowohlt Bildmonographie 152).

29 C. G. Jung: *Briefe III,* S. 370 f.

30 C. G. Jung: *Erinnerungen, Träume, Gedanken,* aufgezeichnet und hg. von Aniela Jaffé. Zürich-Stuttgart 1963, S. 109 f.

31 Vgl. Gerhard Wehr: *C. G. Jung und das Christentum.* Olten-Freiburg 1975. Siehe auch das Kapitel über C. G. Jung in: Gerhard Wehr: *Esoterisches Christentum.* Stuttgart 1975.

32 C. G. Jung: *Über die Psychologie des Unbewußten,* in: Gesammelte Werke, (GW) Bd. 7, S. 128.

33 C. G. Jung: *Kryptomnesie,* in: GW 1, S. 113 f.

34 C. G. Jung: Briefe I, S. 35.

35 C. G. Jung: *Psychologische Typen,* in GW 6, S. 150.

36 Ders. a.a.O. S. 151.

37 Ders. a.a.O. S. 152 f.

38 Ders. a.a.O. S. 154 f.

39 C. G. Jung: *Über das Unbewußte,* in: GW 10, S. 25.

40 a.a.O. S. 26.

41 Walter Nigg: *Prophetische Denker,* S. 460.

42 Friedrich Georg Jünger: *Nietzsche* (1949), zit. bei Nigg, a.a.O. S. 465.

43 Harald Landry: *Friedrich Nietzsche,* Berlin 1931, zit. bei Hans Joachim Schoeps: *Was ist der Mensch?* Philosophische Anthropologie als Geistesgeschichte der neusten Zeit. Göttingen 1960, S. 113 f.

[44] Karl Schlechta: *Philologischer Nachbericht,* in: Friedrich Nietzsche – Werke in drei Bänden, III, 1383 ff.

[45] Ludwig Klages: *Die psychologischen Errungenschaften Nietzsches* S. 10.

[46] Ders., a.a.O. S. 12.

[47] Walter Jens: *Friedrich Nietzsche, Pastor ohne Kanzel,* in: Frankfurter Allgemeine Zeitung vom 9. März 1974: »Von der *Geburt der Tragödie* bis zu den Konvoluten der achtziger Jahre: eine Summe von Selbstauslegungen. Hier wird keine Philosophie entwickelt – hier spricht ein Mensch sich aus: als Ästhet zunächst, dann als Wissenschaftler, endlich als Prophet.... Er, Friedrich Nietzsche, war der Zauberer, der es fertigbrachte, sich als einen Propheten auszugeben, in dessen Händen das Schicksal kommender Jahrhunderte läge – und diese Prophetie in Räumen anzusiedeln, die, wie Venedig, aus einem Museum bestehen. Der Verkündiger des kommenden Menschen war in Wahrheit ein Schriftsteller, der in der Vergangenheit lebte. Seine scheinbar so jugendlichen Helden sind Greise – Zarathustra ist älter als Jesus, und der erste Mensch, dem er begegnet, ist – ein Toter...«

Als gälte es, einer solchen Deutung zuvorzukommen, verlangte bereits der dreißigjährige Nietzsche (1874), der Mensch müsse die Kräfte entwickeln, Vergangenheit aufzulösen, um wirklich leben zu können. »Dies erreicht er (der Mensch) dadurch, daß er sie vor Gericht zieht, peinlich inquiriert und endlich verurteilt; jede Vergangenheit aber ist wert, verurteilt zu werden – denn so steht es nun einmal mit den menschlichen Dingen: immer ist in ihnen die menschliche Gewalt und Schwäche mächtig gewesen...« (I, 229).

Nicht zu übersehen ist schließlich die futuristische Komponente seiner Anschauungen, wenn man einen Blick auf die Wirkungsgeschichte des Seelen-Erraters wirft. (Vgl. die Arbeiten Seidmanns, Anmerkung 21). Er sah sich nicht nur selbst als einen Denker und Wegbereiter der Zukunft, »der mit brutalistischem Pathos ein Ziel für das Später setzte, den ›Übermenschen‹ als Sinn der Erde« (P. Seidmann), er wurde auch von Ungezählten als der empfunden, der er sein wollte. »Das futuristische Element verband sich bei Nietzsche explosiv mit den aktualistischen Anteilen.« Es wirkte tief in den gesellschaftlich-politischen und in den kulturellen Raum hinein, wie immer man diese Wirkung im großen und ganzen bewerten mag. Völlig eliminieren lassen sich die prospektiven Faktoren nicht, so sehr die Zukunftssehnsucht bei Nietzsche von Vergangenheitskräften infiziert gewesen sein mögen.

Namenverzeichnis